众从人法律系列

借款合同纠纷法律宝典

众从人　夏　鹃 / 著

法律出版社
LAW PRESS · CHINA
北京

图书在版编目（CIP）数据

借款合同纠纷法律宝典 / 众从人，夏鹃著 . -- 北京：法律出版社，2023
ISBN 978-7-5197-7790-6

Ⅰ . ①借… Ⅱ . ①众… ②夏… Ⅲ . ①借贷—经济合同—经济纠纷—中国 Ⅳ . ① D923.6

中国国家版本馆 CIP 数据核字（2023）第 068129 号

借款合同纠纷法律宝典
JIEKUAN HETONG JIUFEN FALÜ BAODIAN

众从人
夏　鹃　著

责任编辑 朱铁佳
装帧设计 鲍龙卉

出版发行 法律出版社
编辑统筹 司法实务出版分社
责任校对 王　丰　郭艳萍
责任印制 胡晓雅
经　　销 新华书店

开本 710 毫米 ×1000 毫米　1/16
印张 18.5　**字数** 283 千
版本 2023 年 6 月第 1 版
印次 2023 年 6 月第 1 次印刷
印刷 固安华明印业有限公司

地址：北京市丰台区莲花池西里 7 号（100073）
网址：www.lawpress.com.cn
投稿邮箱：info@lawpress.com.cn
举报盗版邮箱：jbwq@lawpress.com.cn

销售电话：010-83938349
客服电话：010-83938350
咨询电话：010-63939796

书号：ISBN 978-7-5197-7790-6　　**定价**：66.00 元
凡购买本社图书，如有印装错误，我社负责退换。电话：010-83938349

写作说明

在民事纠纷诉讼中，借款合同纠纷很普遍，且十分复杂，任何一个环节没有依法进行，均可能导致当事人合法权益得不到全面保护，甚至在诉讼中节节败退。《借款合同纠纷法律宝典》是读者参与借款合同纠纷诉讼的必备手册，助胜锦囊。本书具有如下特点：

第一，"借款官司纷繁复杂，法律宝典保驾护航。"借款合同纠纷涉及的法律繁多，包括《民法典》总则编、物权编、合同编、婚姻家庭编、继承编，以及《公司法》《合伙企业法》《企业破产法》《刑法》《仲裁法》《民事诉讼法》及相关司法解释等。一些人片面地认为，只要了解《民法典》中合同编的相关法律规定，就能打赢借款合同纠纷官司，或者只要将抵押人的不动产登记证拿到手就可以行使优先受偿权。本书通过对借款合同纠纷中存在的实务问题进行分类归纳、全面解答、系统论述，帮助读者摒弃片面的认识，树立正确、全面、系统的法律观。

第二，"零级法律基础，决胜借款官司。"这是本书追求的目标。本书采用"八合一"式的结构：法律实务中存在的问题、简明扼要的要点解答、指导性强的典型案例、直观简单的法律关系图表、深入浅出的案例评析、言简意赅的裁判要点、精准适用的法律条文、实用性强的模板。同时，本书运用文字与视频相结合的方式全面解析借款合同纠纷相关法律知识，读者可以通过"众从人法律"微信视频号、抖音号的同步讲解，与本书结合学习，全面了解借款合同纠纷的相关法律知识。

第三，体例完整、结构灵活、重点突出。本书对借款合同纠纷实务问题进行归类总结，通过通用篇、婚姻家庭继承篇、担保篇、公司篇、刑法篇、程序篇六篇全面阐述。以疑问式标题展开，疑难复杂、常见频繁的问题重点评析，联系紧密的问题集中评析，辅以直观简单的法律关系图表等，都是为了让读者能轻松了解和接受借款合同纠纷法律知识。

第四，“全是实务操作干货，适用类案检索释惑。”本书中 108 个法律实务问题、要点解答、法律关系图、模板均来自实务操作中的提炼、总结，读者可对照适用。本书中的案例源于中国裁判文书网，均是《民法典》颁布实施后的最新典型案例，具有典型性和可参考性。在面临借款合同纠纷诉讼实务问题时，读者可以通过“类案检索”的方式，依据案例间的语义相似性，从本书案例库中检索与求解案例相似的案例，指导自己的诉讼行为。

第五，“抓住忽视点，成就闪亮点。”在借款合同纠纷实务中涉及公司类诉讼主体时，其他相关主体亦可能被纳入其中，成为诉讼主体。如在公司应承担民事责任时，公司股东、发起人、实际控制人、董事、高级管理人员、清算组成员等可能要承担相应的责任。这些问题在实务操作中往往被忽视，故在本书中笔者特别列明公司及相关主体的责任，提醒读者在实务中予以足够重视，切实维护好自身的合法权益。对比其他借款合同纠纷方面的书籍，这也是本书的亮点之一。

感谢“众从人法律”的全体人员，感谢其他为本书默默付出的亲友，是你们照亮了我们前行的道路，是你们给了我们无穷的动力。

我们期盼着此书早日来到您的手中。同时，也期待您向我们提出宝贵意见，您的意见可发送至我们的邮箱：392100205@qq.com。

众从人

2023 年 5 月 18 日于湖南

目　录

通用篇

001　借条应当写明哪些事项？　// 3
002　出借人仅有支付凭证，可否提起民间借贷诉讼？　// 4
003　出借人仅有借条向法院起诉的，能否胜诉？　// 8
004　借条未载明出借人的，借条持有人可否向法院起诉？　// 13
005　借条中借款人姓名与身份证姓名不一致，怎么办？　// 16
006　自然人之间的借款合同何时成立？　// 17
007　借款人擅自改变借款用途的，出借人怎么办？　// 20
008　借款人是否可以提前偿还借款？　// 21
009　民间借贷的清偿顺序如何确定？　// 22
010　借款合同的解除时间如何认定？　// 25
011　借款用途不合法，借款合同是否有效？　// 27
012　借款超过诉讼时效期间后，借款人可否提出诉讼时效抗辩而免于偿还债务？　// 30
013　如何认定诉讼时效的起算点？　// 31
014　债权即将超过诉讼时效的，出借人怎么办？　// 32
015　怎样理解诉讼时效抗辩权对人效力的相对性？　// 36

016 借贷双方约定由第三人偿还债务，第三人未履行的，由谁承担违约责任？ // 38
017 借款人怠于行使到期债权的，出借人是否可以自己的名义要求借款人的债务人偿还到期借款债务？ // 39
018 借款人恶意实施减少其财产且危害债权的行为，出借人是否可以向法院申请撤销该行为？ // 43
019 借款人可能丧失履行债务能力的，出借人可否中止支付借款？ // 47
020 出借人预先扣除利息，合法吗？ // 50
021 借款利率的法定上限是如何规定的？ // 53
022 “利滚利”是否受法律保护？ // 55
023 复利超过了一年期贷款市场报价利率四倍的，超过部分法院是否支持？ // 55
024 借贷双方未约定借款利息，出借人主张支付利息，能否得到支持？ // 59
025 借贷双方当事人对利息约定不明确，出借人主张支付利息，能否得到支持？ // 62
026 借贷双方未约定利息，出借人主张逾期利息，能否得到支持？ // 65
027 民间借贷逾期利率的法定上限是如何规定的？ // 66
028 如何计算民间借贷的逾期利率？ // 66
029 出借人是否可以同时主张逾期利率和违约金？ // 69
030 借款利息的支付期限如何确定？ // 72

婚姻家庭继承篇

031 夫妻共同借款是否属于夫妻共同债务？ // 77
032 夫妻一方借款是否应由夫妻共同偿还？ // 77
033 夫妻一方以个人名义借款用于超出家庭日常生活需要的，能否由夫妻双方共同偿还？ // 81
034 结婚前所借款项，可能属于夫妻共同债务吗？ // 84

035 夫妻双方约定由一方偿还共同借款的，能否对抗善意出借人？ // 85
036 出借人明知借款人夫妻财产 AA 制的，夫妻一方以个人名义借款应由谁偿还？ // 87
037 夫妻一方在赌博中的借款，其配偶是否需要偿还？ // 89
038 法院判决夫妻财产分割后，出借人能否要求男女双方偿还共同借款？ // 90
039 夫妻一方死亡的，夫妻共同借款如何偿还？ // 93
040 夫妻之间的借款，离婚时借款一方是否需要偿还？ // 94
041 子女对父母生前所借款项是否有偿还义务？ // 96
042 法定继承人、遗嘱继承人、受遗赠人如何清偿被继承人生前所负债务？ // 96
043 出借人的继承人可否要求借款人清偿债务？ // 100

担保篇

044 他人在借条上签名的，能否直接推定为担保人？ // 105
045 民间借贷中的担保范围是否包括利息？ // 108
046 担保人主体资格不适格导致合同无效的情形有哪些？ // 111
047 土地所有权能否抵押？ // 114
048 学校的财产可否作为担保物？ // 117
049 抵押担保中“房地一体”原则的具体表现有哪些？ // 118
050 抵押担保中“房地一体”原则的例外情形有哪些？ // 119
051 以违法建筑物抵押的，抵押合同是否有效？ // 122
052 当事人订立房屋买卖合同作为民间借款合同的担保，出借人请求履行买卖合同的，法院按哪类法律关系审理？ // 124
053 出借人拿到抵押人的不动产所有权证后，不动产是否就真的抵押了？ // 130
054 以动产抵押的，抵押权何时设立？ // 132
055 质权生效的时间如何确定？ // 135
056 第三人提供担保的，债务转移的法律效果如何？ // 136

057 第三人为借款提供的担保合同无效的，担保人是否承担责任？ // 138
058 同一财产上数个抵押权并存的，债权的清偿顺序如何确定？ // 141
059 同一财产上抵押权与质权并存的，债权的清偿顺序如何确定？ // 143
060 物的担保和人的担保并存时，债权的清偿顺序如何确定？ // 144
061 未约定保证方式的，属于何种保证方式？ // 147
062 一般保证人先诉抗辩权的例外情形有哪些？ // 148
063 保证期间如何计算？ // 152
064 保证责任消灭后，保证人仅在请求其承担保证责任的通知书上签字、盖章或者按指印的，保证人是否承担保证责任？ // 153
065 保证债务的诉讼时效如何计算？ // 157
066 主债权债务合同变更对保证责任有何影响？ // 158
067 主债权转让和主债务转移对保证责任有何影响？ // 160
068 共同保证人如何承担保证责任？ // 163
069 共同担保人之间是否可以相互追偿？ // 164

公司篇

070 个体工商户的借款债务如何承担？ // 169
071 普通合伙人对合伙企业到期不能清偿的借款债务承担何种责任？ // 172
072 公司对其借款债务承担何种责任？ // 173
073 公司合并、分立后的借款债务如何承担？ // 176
074 法定代表人以个人名义借款用于公司生产经营的，该借款由谁偿还？ // 179
075 法定代表人超越权限对外担保会产生怎样的法律效果？ // 181
076 公司对外担保时，无须公司机关决议的情形有哪些？ // 185
077 公司分支机构超越权限对外担保的法律效力如何？ // 186

078 公司以将有的生产设备抵押，借款人不能偿还到期债务时，出借人能否就抵押财产确定时的动产优先受偿？ // 188
079 借款人公司破产，出借人可否要求担保人承担担保责任？ // 190
080 如何认定公司之间借款合同的法律效力？ // 194
081 公司以借款形式向职工筹资，用于本公司生产经营的，借款合同是否有效？ // 196
082 滥权股东严重损害出借人利益的，对公司借款债务承担何种责任？ // 197
083 公司不能清偿借款债务的，出借人是否有权要求已认缴出资但未届缴资期限的股东提前缴纳出资？ // 201
084 抽逃出资的股东对公司借款债务承担何种责任？ // 205
085 公司不能清偿借款债务的，名义股东是否应承担赔偿责任？ // 210
086 有限公司不能清偿借款债务的，知道或者应当知道出资瑕疵的股权受让人承担何种责任？ // 212
087 分公司不能清偿到期借款债务的，总公司应当承担何种责任？ // 214
088 清算组成员故意损害出借人利益的，对公司借款债务承担何种责任？ // 215
089 清算义务人未及时履行清算义务的，出借人可否要求其对公司借款债务承担相应的清偿责任？ // 216
090 公司实际控制人以虚假的清算报告骗取法人注销登记的，出借人可否要求其对公司借款债务承担清偿责任？ // 221
091 承担资产评估、验资或者验证的机构给公司的出借人造成损失的，应当承担何种责任？ // 222

刑法篇

092 出借人套取金融机构贷款转贷的行为是否构成犯罪？ // 229
093 借款人非法吸收公众存款或者变相吸收公众存款，扰乱金融秩序的，是否构成非法吸收公众存款罪？ // 232

094 借款人以非法占有为目的，使用诈骗方法非法集资，数额较大的，构成什么罪？ // 236
095 出借人提起虚假的民间借贷诉讼的，法院应当如何裁判？ // 238
096 法院如何审理民间借贷诉讼中的刑民交叉案件？ // 242

程序篇

097 出借人起诉借款人偿还借款的，应该向哪个法院提起诉讼？247
098 借款人被监禁或被采取强制性教育措施的，出借人应向哪个法院起诉？ // 251
099 出借人同时起诉债务人和担保人的，如何确定管辖法院？ // 252
100 借贷双方约定仲裁协议的，可否排除法院的管辖权？ // 253
101 借贷双方可否同时约定争议既可申请仲裁又可向法院提起诉讼解决？ // 255
102 出借人起诉借款人个体工商户的，如何列明个体工商户的诉讼地位？ // 257
103 出借人起诉借款人时，应向法院提交哪些证据？ // 258
104 在诉讼过程中，借贷一方当事人应举证的书证被对方控制的，借贷一方可采取什么措施？ // 259
105 在诉讼过程中，借贷一方当事人陈述于己不利事实的，对方是否需要举证？ // 261
106 在诉讼过程中，借贷一方当事人可否就查明事实的专门性问题向法院申请鉴定？ // 264
107 借款人不偿还到期债务，出借人能否向法院申请支付令？ // 265
108 借款人不偿还到期债务的，享有担保物权的出借人可采取何种措施？ // 267

附录一 相关法条 // 269
附录二 相关文书模板 // 279

通用篇

001 借条应当写明哪些事项?

要点解答

借条应当写明的事项包括:(1)借款种类;(2)借款用途,如投资入股、购买房屋等;(3)借贷双方的身份信息,包括身份证号码(并附身份证复印件)、联系方式(住所地或经常居所);(4)借款数额,具体数额用大、小写数字同时写明;(5)利息,包括借期内利息和逾期利息,借贷双方没有约定支付利息或在自然人之间的借贷中对利息约定不明的,视为没有利息;(6)借款期限;(7)支付方式,包括借款及还款的支付方式。

借条是借款合同纠纷诉讼中的基础证据,是决定诉讼胜负的重要证据之一。

典型案例

裁判要点

借条中仅写明"今借某某款项……"而非"今借到某某款项……"的,并不能证明所借款项已交付的事实。

案情简介[①]

柳某甲与张某原系夫妻关系,2019 年 10 月 20 日,张某向柳某甲出具借条一张,上书:"今借柳某甲人民币 10000"。2020 年 8 月 30 日,柳某甲向张某出具借条一张,上书:"今借柳某甲人民币 5100 元"。案外人柳某乙的银行交易流水明细清单显示,2019 年 10 月 26 日,该账号自助取款 10,000 元。

裁判观点

法院认为,本案的争议焦点为当事人双方是否存在民间借贷法律关系。本案中柳某甲主张其与张某在婚姻关系存续期间因张某父母装修房屋、购置家具,张某向其借款共计 15,100 元,其分别从自己父母处分两次借现金向张某支付。首先,在张某向柳某甲出具借条后的第 6 天,案外人柳某乙的银行账户才显示取款 10,000 元,该 10,000 元与证人陈某所称的 5100 元

---

① 参见柳某甲与张某民间借贷纠纷案,陕西省咸阳市中级人民法院(2022)陕 04 民终 2417 号民事判决书。

是否交付张某，无其他证据佐证。其次，在婚姻关系存续期间，除有法律规定的情形或特殊约定的前提下，夫妻双方的资金往来以及处置，一般应为夫妻对共同财产的处置行为，不产生借贷关系。本案中，柳某甲与张某婚姻关系存续期间的资金往来，除有明确的证据证明系借贷关系且有支付的明确证据的外，不应认定为借贷，柳某甲在本案中提供的借条未明确借款用途，不能排除款项用于家庭共同生活，同时借条中仅写明“今借柳某甲……”而非“今借到……”并不能证明款项的交付，故柳某甲提供的证据不足以证明其与张某在婚姻关系存续期间的资金往来成立借贷关系。

002 出借人仅有支付凭证，可否提起民间借贷诉讼？

要点解答

出借人没有借条，仅有支付凭证，也可以向法院提起民间借贷诉讼。最高人民法院《关于审理民间借贷案件适用法律若干问题的规定》第16条规定：“原告仅依据金融机构的转账凭证提起民间借贷诉讼，被告抗辩转账系偿还双方之前借款或者其他债务的，被告应当对其主张提供证据证明。被告提供相应证据证明其主张后，原告仍应就借贷关系的成立承担举证责任。”

在借款过程中，出借人应要求借款人出具借条，以便与支付凭证相结合，形成证据链。

典型案例

裁判要点

原告仅依据转账凭证提起民间借贷诉讼，被告抗辩转账系其他债务，但其所提交的证据不足以支持其主张的，法院认定双方当事人之间存在借贷关系。

案情简介[①]

李某、朱某系夫妻关系，黄某、孙某系夫妻关系，双方均做玉石生意。

李某称，2010年2月10日，其通过现金交付的方式向孙某、黄某出借

① 参见孙某、黄某与李某、朱某民间借贷纠纷案，新疆维吾尔自治区高级人民法院（2022）新民申1017号民事裁定书。

400万元。2011年6月16日，李某向孙某转账550万元。

孙某、黄某向李某共计支付309.66万元。2018年7月4日，孙某、黄某通过王某银行账号向朱某转账3笔，合计120万元。

庭审中，李某、朱某抗辩称，该120万元系孙某、黄某让其帮忙向案外人张某支付的执行款，并向法庭提交了2018年7月4日向案外人张某转账120万元的凭证及案外人张某出具的收条打印件。2018年10月22日，孙某、黄某通过王某银行账号向朱某转账39,760元。

庭审中，李某、朱某称，以上两笔借款，孙某、黄某均向其出具了借条，但其在2017年搬家过程中不慎将借条丢失，借条中双方对于借款约定了年利率为30%的利息，利息一年一付。

裁判观点

原审中，李某、朱某诉称2010年2月10日以现金方式向孙某、黄某出借400万元，2011年6月16日以银行转账方式出借550万元，已经归还部分，请求判令黄某、孙某归还借款本金850万元，支付利息1558万元；孙某、黄某则辩称没有收到400万元现金，550万元虽汇入孙某账户，但性质为合作款，并非借款。再审法院对本案双方是否建立民间借贷法律关系的问题具体分析如下：

（1）孙某、黄某是否收到李某、朱某交付的400万元现金及款项性质问题。李某、朱某针对出借400万元的事实，提交了2010年取款凭证和2020年4月27日双方的谈话录音，可以证实孙某、黄某收到李某、朱某交付400万元现金的事实，以及双方之间建立民间借贷的法律关系，另证实已经归还100万元的事实。

（2）汇入孙某账户550万元的性质问题。最高人民法院《关于审理民间借贷案件适用法律若干问题的规定》第9条规定："自然人之间的借款合同具有下列情形之一的，可以视为合同成立：（一）以现金支付的，自借款人收到借款时；（二）以银行转账、网上电子汇款等形式支付的，自资金到达借款人账户时；……"第16条规定："原告仅依据金融机构的转账凭证提起民间借贷诉讼，被告抗辩转账系偿还双方之前借款或者其他债务的，被告应当对其主张提供证据证明。被告提供相应证据证明其主张后，原告仍应就借贷关系的成立承担举证责任。"孙某、黄某认可550万元汇入孙某账户的事实，但不认可与李某、朱某之间形成民间借贷法律关系，认为双方系合作关系。孙某、黄某原审中提交了微信聊天，李某、朱某称微信聊天内容针对双方2018年合作事项，并提交了孙某的民事起诉状，孙某认可系其本人出具。孙某在该起诉状中称，“2018年12月到2019年1月期间，李某从孙某处多次购买玉石”。该起诉状所述时间与本案2010年、2011年双方发生经济往来非同一时期，非同一法律关系，且两起纠纷非同一事实，故该合作事项与本案民间借贷无关，亦不能证明本案所涉款项是基于合作关系形成。因孙某、黄某实际收到转账550万元，虽抗辩称该款项系基于合作而形成，但其所提交的证据不足以支持其主张，结合之前已经发生的400万元民间借贷法律关系，故原审认为该转账550万元同为民间借贷关系，并无不当。（本案法律关系参见图1）

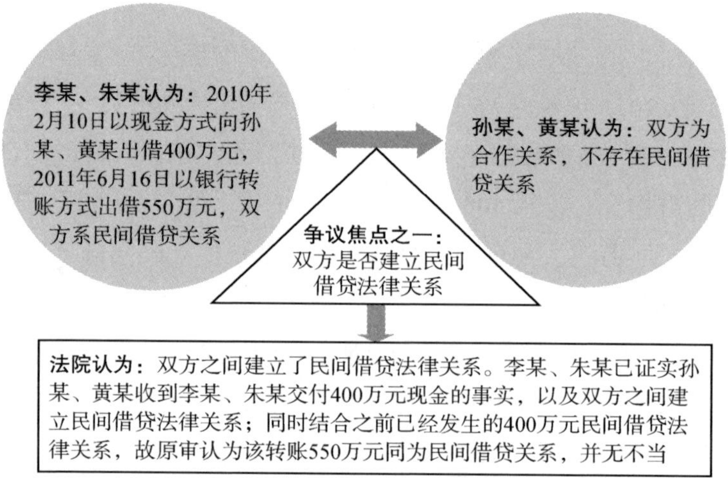

图1　本案法律关系示意

案例评析

本案是关于出借人仅依转账凭证提起民间借贷诉讼的典型案例。

首先，出借人的转账凭证是双方借贷关系成立的初步证据，借款人没有异议的，法院可认定借贷关系成立。出借人提起的民间借贷诉讼中，其仅提供了金融机构的转账凭证，即已完成了借贷关系成立的初步举证责任，若借款人没有异议的，法院可认定借贷关系成立。实践中，借款合同关系发生的情形比较复杂，若法院在审判过程中仅强调出借人应就借贷双方当事人之间存在借款合意的事实予以证明才认定借贷关系成立，对于缺乏法律意识的出借人来说是不公平的，因此，最高人民法院在制定《关于审理民间借贷案件适用法律若干问题的规定》时，加强了对出借人的司法保护。

其次，出借人仅依据金融机构的转账凭证提起民间借贷诉讼，借款人抗辩转账是其他法律关系形成的，借款人应当对其主张提供证据证明，未提供相应的证据予以证明的，法院认定借贷关系成立。借款人在接收出借人支付的款项后未及时向出借人提出异议的，且借款人没有证据证明出借人支付款项存在其他原因的情况下，可认定双方存在借贷关系，借款人应承担清偿责任。

最后，出借人仅依转账凭证提起民间借贷诉讼，借款人抗辩转账系偿还双方之前借款或其他债务，且借款人提供相应的证据予以证明，出借人若不能进一步举证的，法院认定借贷关系不成立。民间借贷的成立应当同时具备两个要件：其一，双方的借款合意；其二，出借人的资金交付。对于借贷关系成立而言，转账凭证仅是具备了证据能力和一定程度上的证明力，并不具备当然的证明力。出借人仅依据转账凭证提起民间借贷诉讼的，若借款人抗辩转账是偿还双方之前借款或其他债务，且就其抗辩意见进行了举证，在借款人提供的反驳性证据使得借款合意的存在与否不能确定时，出借人应进一步举证。根据最高人民法院《关于审理民间借贷案件适用法律若干问题的规定》第 16 条的规定："原告仅依据金融机构的转账凭证提起民间借贷诉讼，被告抗辩转账系偿还双方之前借款或其他债务，被告应当对其主张提供证据证明。被告提供相应证据证明其主张后，原告仍应就借贷关系的成立承担举证证明责任。"若出借人不能就借贷关系的成立进一步举证，则法院认定借贷关系不成立。

类案参考

裁判要点

原告仅依据金融机构的转账凭证提起民间借贷诉讼，被告抗辩转账系垫付款项且双方存在多种资金往来的，原告应就双方存在借贷合意进行充分举证，否则，法院对原告的诉讼请求不予支持。

裁判观点

在董某与张某民间借贷纠纷案[①]中，再审法院认为，最高人民法院《关

① 参见湖北省高级人民法院民事裁定书，(2021)鄂民申 6685 号。

于审理民间借贷案件适用法律若干问题的规定》第2条第1款规定："出借人向人民法院提起民间借贷诉讼时，应当提供借据、收据、欠条等债权凭证以及其他能够证明借贷法律关系存在的证据。"第16条规定："原告仅依据金融机构的转账凭证提起民间借贷诉讼，被告抗辩转账系偿还双方之前借款或者其他债务的，被告应当对其主张提供证据证明。被告提供相应证据证明其主张后，原告仍应就借贷关系的成立承担举证责任。"根据上述规定，借贷纠纷中，原告对于借贷合意负有举证责任，应当提供借据、收据、欠条等债权凭证以及其他能够证明借贷法律关系存在的证据；在原告缺乏借据、收据、欠条等用于直接证明借款合意的债权凭证时，双方当事人对交付款项的性质均具有证明责任。在证明标准上，被告的举证应达到排除合理怀疑的标准（而无须达到高度盖然性的证明标准，否则无须原告继续就借贷关系的成立承担举证责任），因此在被告对款项交付行为进行初步证明后，原告应对借贷合意继续举证，不因被告举证未及高度盖然性标准而减免原告的举证责任。本案中，董某主张双方当事人之间存在10万元借贷关系，其应提交证据证明借款合意及款项交付事实。原审中，董某仅提交了证据证明双方之间存在10万元款项的交付行为，但对于双方就该10万元是否存在借贷合意没有提交充分证据。张某抗辩双方存在其他债务，并提交了其向董某转账的相应证据，根据该转账数额及附言，结合双方认可原系男女朋友关系，亦存在垫付保费等业务往来，原审认定在张某提交证据证明双方当事人存在多种往来的情况下，董某应就借贷合意的存在继续举证，符合上述司法解释的规定。因董某未就双方当事人存在借贷合意进行充分举证，原审法院未支持其主张并无不当。

003 出借人仅有借条向法院起诉的，能否胜诉？

要点解答

出借人仅有借条向法院起诉，不一定能胜诉。出借人仅有借条向法院起诉的，在司法实践中，会出现以下几种情形：(1)被告认可借款事实的，法院判定被告偿还借款;(2)被告抗辩借款已经偿还且被告对其主张提供了相应证据的,原告须证明借贷关系存续的事实,否则法院不支持其诉讼请求;(3)被告抗辩借贷行为未发生并能作出合理说明的,法院结合借贷金额、款项交付、当地或者当事人之间的交易方式以及证人证言等事实和因素,综合判断查证借贷事实是否发生。

在借款过程中出借人应保存好借条及支付凭证。

典型案例

裁判要点

借条原件不存在的,应结合借条、协议、收条、欠条等关键书证的出具时间和过程综合认定借款事实是否真实存在。

案情简介①

2012 年 8 月 18 日,刘某出具一张借条,载明:“今借到胡某现金 120 万元正,此款于 2013 年底开始还款,每年还款不低于 20 万元,于 2016 年底还清,此款不计息”。朱某在该借条借款人处签字。后刘某另在借条下补充签写“如不归还本人承担同期贷款利息的 4 倍利息,并承担诉讼产生的诉讼费,包括律师费、诉讼费、保全费,若发生纠纷在出借人所在地法院处理”,朱某对该补写内容未签字确认。胡某未提供该借条原件。

2014 年 7 月 15 日,刘某在借条复印件反面书写一份欠条,载明:“今欠胡某废钢款 50 万元正,此款分三年还清,到 2015 年 7 月还第一批款,还款不低于 17 万元”。

2014 年 7 月 19 日,刘某与胡某签订一份协议,约定:刘某的两处房产以 68.13 万元出售给胡某。后刘某出具已收到购房款的收条。

2019 年 3 月 7 日,刘某、朱某办理了房屋不动产登记,登记所有权人为刘某、朱某。

在胡某诉刘某、朱某房屋买卖合同纠纷案中,法院以不足以认定胡某向刘某、朱某付清了房款为由,判决驳回胡某要求过户的诉讼请求,本案诉讼发生时,该判决已发生法律效力。

① 参见刘某、朱某与胡某民间借贷纠纷案,江苏省无锡市中级人民法院(2022)苏 02 民终 1732 号民事判决书。

刘某与朱某曾系夫妻，两人于2015年5月12日签订自愿离婚协议书并办理离婚登记，离婚协议书中对夫妻共同财产、共同债务的分割均未涉及本案案涉的两套房屋。

裁判观点

二审法院认为，关于案涉借款是否真实存在，应结合借条、协议、收条、欠条等关键书证出具时间和过程综合认定。首先，胡某主张本案借款系2012年刘某出具借条之前其陆续帮刘某垫付货款形成，虽未提供垫付款项的全部证据，但提供了刘某出具的120万元借条，该借条虽为复印件，但刘某陈述系其在原件上签字并复印后给胡某，双方仅就借条原件销毁原因存在分歧，故该借条复印件可作为认定本案事实的证据。至于借条原件销毁是否意味着借款消灭或者不存在，应结合后续书证认定。其次，在该借条出具后，刘某与胡某于2014年7月19日签订协议，约定刘某将两套安置房以总价68.13万元出售给胡某，并由刘某出具收到购房款的收条，并在借条复印件反面另立金额为50万元分期还款的欠条。上述书证出具时间及经过与胡某主张借款120万元后以房抵债，就剩余50万元另行出具欠条的陈述基本相符。胡某因房屋买卖合同纠纷中要求过户的诉讼请求未得到法院支持，提起本案诉讼，主张继续按照120万元借款要求返还亦符合逻辑。最后，朱某提出的案涉借条、协议、欠条等均系刘某与胡某串通所为并未提供证据予以证明，且事实上刘某在借条原件出具后还主动提供复印件，并在复印件背面出具欠条；胡某长期占有房屋，刘某、朱某在离婚后，胡某起诉前，未提出收回房屋，与离婚协议书中未涉及本案两套房屋的事实能够印证刘某、朱某签订协议、收条系作出以房抵债的真实意思表示。朱某在上述借条、协议、收条上签字，虽辩称系受胁迫签署，但并未提出充分的证据证明，且也未提出撤销或报警。

综合案涉各方举证以及陈述，胡某陈述基本能够与证据相互印证，一审法院认定案涉借款具有高度盖然性并无不当，刘某、朱某的请求均不能成立，应予驳回。一审判决认定事实清楚，适用法律正确，应予维持。（本案法律关系参见图2）

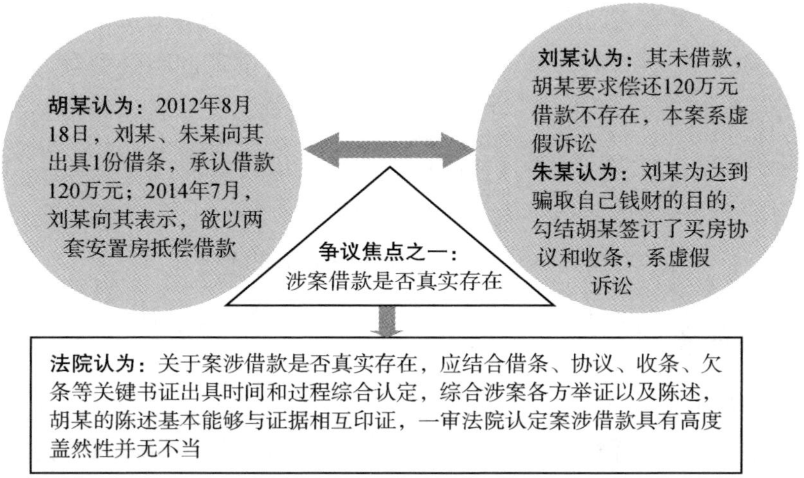

图 2　本案法律关系示意

案例评析

本案是关于仅有债权凭证提起民间借贷诉讼的典型案例。

首先，借款人对借款事实没有异议的，法院可认定借贷关系成立。借据、收据、欠条等债权凭证属于直接证据，能证明借贷双方当事人之间存在借贷合意。出借人仅有债权凭证提起民间借贷诉讼，若借款人对借款事实没有异议，法院可认定双方存在借贷关系。若借款人对借款事实有异议，并提供了相应证据证明的，法院可根据查明的案件事实，要求出借人补强证据并予以综合判断。

其次，借款人抗辩已经偿还借款，但未提供相应证据予以证明的，法院认定双方存在借贷关系。最高人民法院《关于适用〈中华人民共和国民事诉讼法〉的解释》第 91 条第 2 项规定："主张法律关系变更、消灭或者权利受到妨害的当事人，应当对该法律关系变更、消灭或者权利受到妨害的基本事实承担举证责任。"出借人仅有债权凭证提起民间借贷诉讼，借款人认可借款事实存在，抗辩已经偿还借款，即借款人主张借贷法律关系消灭，主张法律关系消灭的当事人应当对该法律关系消灭的基本事实承担举证证明责任，若其未提供相应证据予以证明，则法院认定双方存在借贷关系。

最后，出借人仅有债权凭证提起民间借贷诉讼，借款人抗辩借贷行为尚未实际发生并能作出合理说明的，法院应当结合相关事实和因素，综合判断查证借贷事实是否发生。《民法典》第 679 条规定："自然人之间的借款合同，自贷款人提供借款时成立。"由此可见，自然人之间的借款合同属于实践性合同，当事人之间除双方达成意思表示一致外，还需要出借人完成交付（提供借款），借款合同才成立。出借人的债权凭证可证明借贷双方当事人之间存在借款合意，但借款合同并不必然成立，借款人抗辩借贷行为尚未实际发生并能作出合理说明的，法院应综合考虑借贷金额、款项交付、当事人的经济能力、当地或者当事人之间的交易方式、交易习惯、当事人财产变动情况以及证人证言等事实和因素，判断借贷事实是否发生。

类案参考

裁判要点

出借人仅依据债权凭证提起民间借贷诉讼，被告抗辩借贷行为尚未实际发生并能作出合理说明的，法院结合借贷金额等事实和因素，综合判断查证借贷事实是否发生。

裁判观点

在陈某与中某公司、常某甲、环某公司、常某乙民间借贷纠纷案[①]中，法院认为，根据原审查明，2010 年 7 月 2 日，陈某通过银行电汇向环某公司出借 499.3 万元，同日，陈某通过银行向环某公司出借现金 500.7 万元，以上合计 1000 万元。陈某在一审庭审时明确表述其所主张的 3000 万元借款，系由毛某转让的 1680 万元和上述 1000 万元转款，加上结算的利息，汇总共计 3000 万元，其在本案所主张的 3000 万元借款，不包括 2010 年 7 月 7 日向环某公司转款 500 万元。陈某在二审诉状中表述 3000 万元借款本金组成含直接借款即 2010 年的 1500 万元和受让债权 1500 万元。二审庭审时，陈某称 3000 万元债权包括其本人享有的 2200 万元加上毛某享有的 800 万元债权，其中 2200 万元包含 2010 年转账的 500 万元。原审法院根据以上情况认定在案证据能够证明的出借款项为 1000 万元。原审期间，陈某就前述款项中是否包含其于 2010 年 7 月 7 日向环某公司转账的 500 万元，前后陈述不一。原审法院根据其在一审庭审时的自认情况认定其在本案所主张债权未包括该 500 万元，并无不当。

对于陈某所主张受让毛某的债权，其未提供毛某向借款人交付款项的具体凭证。陈某对于受让债权的具体数额情况，前后陈述不一。在常某甲、

① 参见最高人民法院民事裁定书，（2021）最高法民申 2012 号。

常某乙、环某公司、中某公司抗辩相关借贷行为并未实际发生的情况下，原审判决认为依据现有证据不能确认借贷的事实，并无不当。原审判决已经指出陈某可在取得证据后另行主张权利，陈某的实体利益不会因此受损。陈某所称原审法院在达成结算债权凭证后仍按民间借贷纠纷审理适用法律有误的意见，缺乏事实和法律依据。

004 借条未载明出借人的，借条持有人可否向法院起诉？

要点解答

依据最高人民法院《关于审理民间借贷案件适用法律若干问题的规定》第2条第2款的规定，当事人持有的借据、收据、欠条等债权凭证没有载明债权人，持有债权凭证的当事人提起民间借贷诉讼的，法院应予受理。借条持有人享有诉讼权，而不是胜诉权。借款人对原告债权人资格提出有事实依据的抗辩时，借条持有人应对其确系出借人这一事实进行举证；其无法举证的，法院认定借条持有人不具有债权人资格，裁定驳回起诉。

借条未载明出借人的，借条持有人可以向法院提起诉讼。

典型案例

裁判要点

原告提交的债权凭证没有载明债权人，被告对原告债权人资格提出有事实依据的抗辩而原告未能证明其向被告出借涉案款项事实的，法院裁定驳回起诉。

案情简介[①]

于某向法院提出如下诉讼请求：(1)判令李某甲向于某清偿借款本金200,000元，利息118,506元，共计318,506元；(2)判令李某甲承担诉讼费。

事实与理由：2017年11月30日，李某甲向于某借款20万元，并向于某出具借条，约定利率为月息3.5%，约定于2017年12月30日前归还，但

① 参见于某与李某甲民间借贷纠纷案，河南省郑州市中级人民法院(2021)豫01民终5305号民事裁定书。

经于某多次催要，至于某提起诉讼时，李某甲仍未偿还任何本息。

裁判观点

二审法院认为，本案的争议焦点是于某是否具备债权人资格，即于某作为原告主体是否适格。双方对于某所提交的借条上的出借人争议较大，该出借人信息并非借款人李某甲书写并加捺指印，李某甲亦否认其向于某借款，称双方并不认识，该笔借款是其向李某乙所借，并非向于某所借。李某乙在二审出庭作证时称李某甲找其借钱，其丈夫李某丙不同意，其就问赶到办公室的于某有没有钱借给李某甲，于某同意将其准备购买车库的钱借给李某甲，在其办公室楼下达成协议。当天其用自己的钱转给李某甲 20 万元，大概过了一个星期于某将 20 万元现金交给其，其又将该笔现金借给了别人。李某甲对李某乙的证言不予认可，称李某乙证言前后矛盾，在一审庭审时于某称其没有向李某甲催要过，都是向李某乙打电话要的。在长达两年多的时间内李某乙和于某均未向李某甲提起过该笔借款，而是在 2020 年 3 月 6 日才提交有李某乙与于某的聊天记录，该聊天记录系二人自导自演。李某乙的证言与其一审时提交的情况说明并不相符，其并未作出合理解释，根据李某乙的陈述，其与李某甲存在亲属关系，其所出具的证言前后有诸多不一致的地方，亦与于某在一审庭审中的陈述有诸多矛盾之处，故对其证言真实性及证明目的法院无法确认。截至本案二审期间，于某并未提交有力证据证明其向李某甲出借涉案款项，其作为本案原告主体并不适格，故二审法院认为，原审法院裁定驳回其起诉并无不当。（本案法律关系参见图 3）

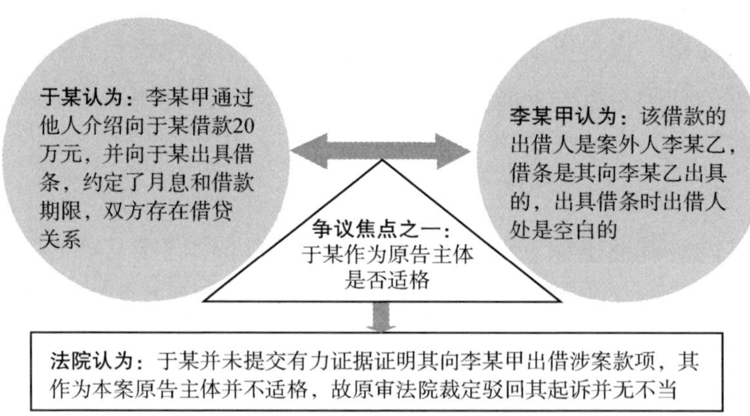

图 3　本案法律关系示意

案例评析

本案是关于债权凭证没有载明债权人的典型案例。

首先，当事人持有没有载明债权人的债权凭证提起诉讼的，法院应予以受理。根据《民事诉讼法》的规定，当事人起诉的条件之一为“原告与本案有直接利害关系”。债权凭证是证明双方存在借贷合意及借贷事实已实际发生的直接证据，若当事人持有没有载明债权人的债权凭证向法院起诉，符合起诉的条件，法院可以作出其为真正债权人的初步推定，从而受理其起诉。

其次，原告提交的债权凭证没有载明债权人，被告提出原告不是实际债权人的抗辩，但没有提交事实依据的，法院认定原告系实际债权人。原告提交的债权凭证没有载明债权人的，法院推定其为实际债权人，其与债务人之间存在借贷关系，这一推定结论符合证据规则的高度盖然性。被告提出原告不是实际债权人的抗辩，但是没有提交事实依据的，法院不因此支持被告的抗辩，而是认定原告系实际债权人，被告的此抗辩属于附理由的否认，故被告应以新的事实否认原告主张事实的真实性，与通常所称否认作为消极事实而无须提出方举证证明的规定是不同的。

最后，原告提交的债权凭证没有载明债权人，被告对原告债权人资格提出有事实依据的抗辩且法院认为原告不具有债权人资格的，法院裁定驳回起诉。原告提交的债权凭证没有载明债权人的，法院推定其为实际债权人，这一初步推定，足以让法院立案受理该案件，但毕竟这只是司法实践中推定的结果，并非完全符合客观事实，若被告提出相反事实予以抗辩，如证明债权人另有他人，且法院综合其他证据判断认为原告不具有债权人资格的，则裁定驳回起诉。

类案参考

裁判要点

原告提交的债权凭证没有载明债权人，被告提出原告不是实际债权人的抗辩，但未向法院提交有效证据证明其主张的，法院认定原告系实际债权人。

裁判观点

在王某与冯某民间借贷纠纷案[①]中，法院认为，关于王某作为本案原告

① 参见河北省邯郸市中级人民法院民事判决书，(2021)冀04民终7971号。

起诉，诉讼主体是否适格的问题。根据最高人民法院《关于审理民间借贷案件适用法律若干问题的规定》第2条的规定，出借人向人民法院提起民间借贷诉讼时，应当提供借据、收据、欠条等债权凭证以及其他能够证明借贷法律关系存在的证据。本案中，王某持有冯某向其出具的收据，该收款收据并未载明债权人，冯某称本案实际债权人为金某，但其并未向法院提交有效证据证明其主张，且王某与金某系夫妻关系，故王某持有收款收据，其作为原告起诉符合本案的诉讼主体资格。冯某的该项理由不能成立，法院不予支持。

005 借条中借款人姓名与身份证姓名不一致，怎么办？

要点解答

实践中，经常有借款人将姓名写成别名、外号等，如王武写成“王五”或“五哥”，导致借条中借款人姓名与身份证姓名不一致。双方当事人均认可借款事实的，法院可依据《民法典》的规定，依法认定借款合同有效，判定借款人偿还借款；借款人否认借款事实的，出借人应提供支付凭证、在场人证明、申请法院进行笔迹鉴定等证据证明实际借款人与诉讼被告系同一人，出借人不能证明的，法院将以被告主体不适格而裁定驳回起诉。

借款过程中，出借人须核对借款人身份信息。

典型案例

裁判要点

借条中的借款人姓名与其身份证上的姓名不一致时，出借人应提供证据证明实际借款人与诉讼被告系同一人。

案情简介[①]

冯某甲曾借康某甲现金10万元，偿还部分借款后，向康某甲出具利息欠条一张、借条一张。康某甲称，冯某甲于2012年2月20日向康某甲出具

① 参见康某甲与冯某甲民间借贷纠纷案，河北省邯郸市中级人民法院(2021)冀04民终5637号民事判决书。

利息欠条一张，欠条中载明：“证明今欠到康某乙现款 11000 元整，欠利息款截止日期 2012 年 2 月 10 号（壹万壹仟元整）。冯某乙 2012 年 2 月 20 日”；于 2019 年 1 月 30 日就下欠的借款向康某甲出具借条一张，借条中载明：“今借到康某乙款 46700 元整（肆万陆仟柒佰元整），还款自 2019 年年底还清，如到期没还清以某处房产作为抵押，如手头方便随时还款。2019 年元月 30 号冯某乙 1304××××××”。后冯某甲向康某甲偿还过 1300 元借款本金。

裁判观点

法院认为，冯某甲向康某甲借款，在陆续偿还部分借款后重新向康某甲出具借条，虽然借条中载明“康某乙”“冯某乙”，借条中出现借款金额大小写不一致情形，但康某甲和冯某甲在庭审中均认可截至 2019 年 1 月 30 日尚欠借款 46，700 元的事实，冯某甲对借条真实性没有异议，且借条中“冯某乙”的身份证号码与冯某甲身份证号码相同，可以认定康某甲与冯某甲之间存在借贷关系。

006 自然人之间的借款合同何时成立？

要点解答

自然人之间的借款合同自出借人提供借款时成立，具体情形如下：(1) 以现金支付的，自借款人收到借款时成立；(2) 以银行转账、网上电子汇款等形式支付的，自资金到达借款人账户时成立；(3) 以票据交付的，自借款人依法取得票据权利时成立；(4) 出借人将特定资金账户支配权授权给借款人的，自借款人取得对该账户实际支配权时成立；(5) 出借人以与借款人约定的其他方式提供借款并实际履行完成时成立。

若自然人之间的借款合同未成立，守约方可要求对方承担缔约过失责任。

典型案例

裁判要点

出借人未提供借款的，自然人之间的借款合同未成立。

案情简介[①]

魏某提交借条一张，载明："今借魏某现金壹佰万元整（1000000元）"落款为"枣庄市国某公司、王某，2016.3.11号"。借条上同时载明："（其中8个月利息壹拾陆万元正）程某2016.11.6"及"程某、王某，2018.3.6，2016.11.6以后利息未算，370××××××××××××，370403××××××××××"。

个人账户对账单载明：2015年6月29日魏某向程某转账53万元，摘要记载为"还款"；2015年7月25日魏某向程某转账30万元，摘要记载为"网银转账"；2015年10月20日魏某向王某转账20万元，摘要记载为"网银转账"。

枣庄市国某公司的股东系程某、王某。枣庄市国某公司现已吊销。程某、王某系夫妻关系。

裁判观点

法院认为，合法的民间借贷关系受法律保护。魏某主张王某、程某、枣庄市国某公司应共同向其偿还借款本金100万元及利息120万元。根据最高人民法院《关于适用〈中华人民共和国民事诉讼法〉的解释》第90条的规定，魏某对借款事实及款项交付等事实负有举证责任。一审时魏某提交的借条上载明："今借魏某现金壹佰万元整（1000000元）"落款为"枣庄市国某公司、王某，2016.3.11号"。借条上同时载明："（其中8个月利息壹拾陆万元正）程某2016.11.6"及"程某、王某，2018.3.6，2016.11.6以后利息未算"等内容。通过其提交的三笔银行转账来看，魏某于2015年6月29日向程某的银行账户转账53万元，摘要记载为"还款"，魏某的委托诉讼代理人一审时解释称系魏某转款时操作失误导致的错误备注，实际应为交付给程某的借款，但该陈述缺乏其他证据相印证，因此该笔转账不能认定为本案借款中的交付款项；魏某于2015年7月25日通过网银向程某转款30万元、于2015年10月20日通过网银向王某转款20万元，备注均为"网银转账"，该两笔款项共计50万元可以认定为本案的借款本金。

案例评析

本案是关于自然人之间借款合同成立的典型案例。

---

① 参见魏某与程某、王某、枣庄市国某公司民间借贷纠纷案，山东省枣庄市中级人民法院（2021）鲁04民终2693号民事判决书。

首先，自然人之间借款合同是实践合同。自然人之间借款合同除了借贷双方当事人意思表示一致外，还须出借人支付借款才能成立，是典型的实践合同，若借贷主体一方为非自然人，借款合同属于诺成合同。《民法典》第679条规定："自然人之间的借款合同，自贷款人提供借款时成立。"自然人之间借款合同不是在双方达成协议时成立，而是在出借人提供借款时成立，即使借贷双方当事人在借款合同中明确约定借款合同经双方签名，盖章或者按指印时成立并生效，亦不能认定借款合同此时已成立。

其次，自然人之间借款合同自出借人提供借款时成立。如前所述，自然人之间的借款合同系实践合同，自出借人提供借款且借款人对所借款项拥有控制权时成立。司法实践中，出借人向借款人支付借款的方式多种多样：出借人以现金支付借款的，借款人收到现金时借款合同成立；出借人以电子资金转账形式支付借款的，自资金到达借款人账户时借款合同成立；出借人以票据支付借款的，自借款人依法取得该票据权利时借款合同成立；出借人以特定资金账户支配权授权给借款人的，自借款人取得该资金账户的实际支配权时借款合同成立；当事人对交付方式有约定的，在不违反法律、行政法规的禁止性规定的情形下，从其约定。

最后，在自然人之间借款中，出借人未提供借款的，借款人可要求出借人承担缔约过失责任。出借人未提供借款的，自然人之间借款合同未成立，借款人无权请求法院强制出借人履行支付，提供借款，但借款人可根据诚实信用原则要求出借人承担缔约过失责任。《民法典》第500条规定："当事人在订立合同过程中有下列情形之一，造成对方损失的，应当承担赔偿责任：(一)假借订立合同，恶意进行磋商；(二)故意隐瞒与订立合同有关的重要事实或者提供虚假情况；(三)有其他违背诚信原则的行为。"借款人在订立借款合同过程中存在的损失可要求出借人承担赔偿责任，如借款人基于信赖借款合同有效而支出的公证费用等。

类案参考

裁判要点

出借人未能提供合法有效的证据证明双方当事人之间存在真实合法的民间借贷关系的，其应承担举证不能的法律后果。

裁判观点

在钟某与张某民间借贷纠纷案[①]中，二审法院认为，当事人对自己提出的诉讼请求所依据的事实或者反驳对方诉讼请求所依据的事实有责任提供证据加以证明。没有证据或者证据不足以证明当事人的事实主张的，由负有举证责任的当事人承担不利后果。钟某称“借款是现金交付”，但其未能提供证据证明款项来源及款项流向，且张某对现金交付不予认可，钟某应承担举证不能的不利后果。张某称涉案款项系赌债。经查，双方当事人之间存在多笔微信转账记录，其中金额有200元、500元、800元、1400元等，大小不一、有零有整，且多次微信转账时间为夜里0时左右，更有凌晨2时38分转账。一审中，钟某称上述转账款项系偿还以往借款；二审中，钟某称上述转账款项系购买超市货品使用。在本案诉讼过程中，钟某的多次陈述前后矛盾，其未能提供合法有效的证据证明双方当事人之间存在真实合法的民间借贷关系，故一审法院判决驳回钟某诉讼请求并无不当。

007 借款人擅自改变借款用途的，出借人怎么办？

要点解答

借款人应当按照约定的借款用途使用借款，不得擅自改变借款用途，借款人擅自改变借款用途对出借人造成损害的，出借人可以采取相应的措施来保护自己的合法权益。《民法典》第673条规定：“借款人未按照约定的借款用途使用借款的，贷款人可以停止发放借款、提前收回借款或者解除合同。”借款用途与借款人能否按期偿还借款有直接关系，借款人擅自改变借款用途的，增加了出借人的风险，同时，在特定情形下，甚至可能导致保证人的保证责任免除。

出借人明知借款人改变借款用途仍向其支付借款的，与保证人的真实意思不一致，保证人无须承担保证责任。

---

① 参见辽宁省辽阳市中级人民法院民事判决书，(2021)辽10民终1851号。

典型案例

裁判要点

借款人改变借款用途的，贷款人可以提前收回借款。

案情简介[①]

2021年12月16日，王某甲夫妻二人从王某乙处借款3万元，约定借款期限为2021年12月16日到2022年12月16日，利息月付300元，约定该款用于家庭投资和农业生产。2022年1月中旬，王某甲丈夫高某去世，王某甲未将王某乙的借款用于生产经营，而是用于偿还其他债务。

裁判观点

法院认为，借款人未按照约定的借款用途使用借款的，贷款人可以停止发放贷款、提前收回借款或者解除合同。本案中，王某甲未按照约定的借款用途使用借款，未投入农业生产经营，已构成违约，贷款人王某乙要求提前收回借款的诉讼请求成立，法院予以支持。

008 借款人是否可以提前偿还借款？

要点解答

在民间借贷中，借款人应按借款期限归还借款。在借款期限尚未届满时，借贷双方未约定不能提前偿还借款的，借款人可以提前偿还借款。最高人民法院《关于审理民间借贷案件适用法律若干问题的规定》第30条规定："借款人可以提前偿还借款，但是当事人另有约定的除外。借款人提前偿还借款并主张按照实际借款期限计算利息的，人民法院应予支持。"

民间借贷中借款人提前偿还借款的，应按实际借款期限计算利息。

典型案例

裁判要点

借款人提前偿还借款的，可按照实际借款期限计算利息，借款人偿还的款项超出法定利率上限的，超出部分应视为偿还借款本金。

---

① 参见王某甲与王某乙民间借贷纠纷案，吉林省安图县人民法院（2022）吉2426民初313号民事判决书。

案情简介[①]

王某于2020年11月7日向张某出具欠条（借条）一张，载明："王某欠张某1万元。已欠数月，今立此证据，预定二十天内还清。如果在2020年11月底未还清10000元，王某需付给张某本金加利息，日利息1.5%计算（即每日150元利息），按下面签字日期起算，如有违约，可向鲅鱼圈公安或法院起诉解决。"张某陈述该欠条系王某签字，涂改也是王某涂改，王某向其支付了2000元的利息。

裁判观点

法院认为，关于利息部分，因双方约定：如果在2020年11月底未还清10,000元，王某需付给张某本金加利息，日利息按1.5%计算（每日150元利息），按签字日期起算，故利息可从张某主张之日（2020年11月22日）起计算，至王某实际给付之日止，利率按照2020年11月7日时全国银行间同业拆借中心公布的一年期贷款市场报价利率四倍计算，超出司法保护上限部分，法院不予支持。张某自述王某已经偿还了2000元，但王某未提供证据证明具体付款时间，故从2020年11月22日计算至2021年11月21日的利息合计为1540元，其余2000–1540=460元应视为偿还借款本金。根据最高人民法院《关于审理民间借贷案件适用法律若干问题的规定》第30条"借款人可以提前偿还借款，但是当事人另有约定的除外。借款人提前偿还借款并主张按照实际借款期限计算利息的，人民法院应予支持"之规定，王某应偿还张某借款本金9540元，及从2021年11月22日起至王某实际给付之日止的利息，按照2020年11月7日时全国银行间同业拆借中心公布的一年期贷款市场报价利率四倍计算利息。

009 民间借贷的清偿顺序如何确定？

要点解答

民间借贷中借款人向出借人偿还借款的顺序，按以下几种情形来确定：

---

① 参见张某与王某民间借贷纠纷案，辽宁省营口市鲅鱼圈区人民法院（2021）辽0804民初5577号民事判决书。

(1)双方当事人有约定的，按其约定；(2)双方当事人没有约定或者约定不明确的，可以协议补充；(3)双方当事人没有约定或者约定不明确且不能达成补充协议的，则按照合同的相关条款或者交易习惯来决定；(4)按以上三种情形仍不能确定的，则按照先息后本的清偿顺序。

在民间借贷中，双方当事人未约定清偿顺序，借款人一方主张先本后息的清偿顺序的，法院不予支持。

典型案例

裁判要点

借款人向出借人提议偿还款项抵充借款本金，出借人未予以明确认可的，偿还款项按“先息后本”的方式予以抵充。

案情简介①

谢某与潘某系夫妻关系。2014年3月10日至2015年9月13日，肖某共计向谢某、潘某转款80万元。款项交付后，谢某向肖某出具抬头为“盈某公司”的收款凭证3份，载明：“今收到肖某交来存款款项人民币伍拾柒万元整/叁万元整/壹拾万元整备注月息1分”，上述收款凭证加盖盈某公司印章，并有谢某在制单处签字；谢某于2015年3月9日向肖某出具收据1份，载明：“今收到肖某交来存款壹拾万元收款单位月息1分”，该收据有谢某在经手人处签字。

2015年12月，潘某以其个人账户偿还肖某本金40万元后，双方就款项进行结算。潘某于2021年1月28日、2月27日、3月28日分别支付肖某款项500元，共计1500元，并于2021年1月28日在微信中告知肖某，谢某计划自2021年起每月偿还本金500元，肖某未在微信中予以回复。双方均认可潘某在2014年3月10日后，以潘某的个人账户向肖某支付过利息。

裁判观点

法院认为，潘某于2019年1月30日、2020年1月22日向肖某支付的两笔款项2000元并未约定是偿还借款本金还是偿还借款利息，依据《民法典》第561条“债务人在履行主债务外还应当支付利息和实现债权的有关费用……”的规定，前述两笔款项应以“先息后本”的方式予以抵充。潘某

① 参见盈某公司、谢某、潘某与肖某民间借贷纠纷案，湖南省怀化市中级人民法院(2021)湘12民终1901号民事判决书。

于2021年1月28日、2月27日、3月28日分别支付肖某款项500元，并于微信中告知肖某还款为本金的行为系其单方行为，在肖某与潘某没有事先约定的情况下，依据《民法典》第140条第2款的规定："沉默只有在有法律规定、当事人约定或者符合当事人之间的交易习惯时，才可以视为意思表示。"肖某接收款项且未对潘某的转款作出相反的意思表示，不能视为肖某同意潘某的提议，故前述单笔款项亦应以"先息后本"的方式予以抵充。（本案法律关系参见表1）

表1　争议焦点之一：偿还款项应冲抵借款本金还是利息

诉讼主体		观点
当事人	肖某	偿还款项应抵充利息
	潘某	在微信中已告知肖某偿还款项抵充本金，故应抵充借款本金
法院		虽潘某在微信中已告知肖某偿还款项抵充借款本金，肖某未明确认可，不能推定为同意，应按照先息后本的方式予以抵充

案例评析

本案是关于借款清偿顺序的典型案例。

首先，借贷双方当事人可以约定清偿顺序。借款人与出借人可以对实现债权的费用、利息和主债务的清偿顺序事宜达成合意，若双方有约定的，则从其约定，此乃尊重当事人意思自治的应有之义。法院能够从当事人提供的证据中推知双方对于清偿顺序有约定的，则应按双方约定顺序偿还借款本金、利息、违约金等。若借款人单方向出借人提议偿还款项抵充借款本金，出借人未明确认可的，不能推定出借人的"默认"而视为同意。

其次，借贷双方当事人未约定清偿顺序的，按照"先息后本"的方式予以抵充。借款人的给付不足以清偿全部债务且借贷双方当事人未约定清偿顺序的，按照法定的清偿顺序，即实现债权的有关费用、利息、借款本金的抵充顺序予以抵充，借款人不能指定充抵的顺序。实现债权的有关费用包括诉讼费用及执行费等。

最后，借贷双方当事人之间约定的利率超过法定上限，且未约定清偿顺序或者对抵充顺序的意见不一致的，则按照法定利率的上限标准及"先息后本"的顺序予以抵充，即以偿还款项先行抵充法定利率上限标准的利息，剩余部分再行抵充借款本金。

类案参考

裁判要点

保全保险费系为实现债权的合理必要的费用，借款人应当承担。

裁判观点

在张某与王某、慧某公司民间借贷纠纷案[1]中，法院认为，本案的争议焦点是张某应否承担保全保险费。《民法典》第561条规定："债务人在履行主债务外还应当支付利息和实现债权的有关费用，其给付不足以清偿全部债务的，除当事人另有约定外，应当按照下列顺序履行：（一）实现债权的有关费用；（二）利息；（三）主债务。"第577条规定："当事人一方不履行合同义务或者履行合同义务不符合约定的，应当承担继续履行、采取补救措施或者赔偿损失等违约责任。"本案中，张某逾期未能偿还借款构成违约，王某为保障债权实现，申请法院采取保全措施，为此支出的保全保险费系维护债权支出的合理必要的费用，张某应予承担。

010 借款合同的解除时间如何认定？

要点解答

借贷双方当事人可以依照合同约定或者法律规定，解除借款合同。借款合同解除时间的认定具体有以下几种情形：(1)协商一致解除的，合同自双方确定的时间解除；(2)单方解除借款合同的，解除通知到达对方时合同解除；(3)解除通知载明债务人在一定期限内不履行债务则合同自动解除，债务人在该期限内未履行债务的，合同自通知载明的期限届满时解除；(4)当事人一方未通知对方，直接以提起诉讼或者申请仲裁的方式依法主张解除合同，法院或者仲裁机构确认该主张的，合同自起诉状副本或者仲裁申请书副本送达对方时解除。

合同的解除时间是发生合同解除法律效力的起算点。

---

① 参见山东省济南市中级人民法院民事判决书，(2021)鲁01民终11570号。

典型案例

裁判要点

出借人解除合同未通知借款人，直接以提起诉讼的方式依法主张解除合同，法院确认该主张的，合同自起诉状副本送达借款人时解除。

案情简介①

2019 年 12 月 10 日，信用社与艺某公司签订借款合同，约定贷款金额为 490 万元，贷款期限为 2019 年 12 月 10 日至 2020 年 12 月 9 日，年利率为 7.83%，借款用途为偿还原贷款。同日，双方签订抵押合同，抵押人为艺某公司，抵押物为艺某公司名下的六处房产。

2020 年 12 月 27 日，信用社与艺某公司签订借款合同。约定贷款金额为 485 万元，贷款期限为 2020 年 12 月 27 日至 2021 年 12 月 20 日，年利率为 6.95%，借款用途为偿还原艺某公司所欠债务。同日，双方签订抵押合同。同日，吴某甲、郑某、吴某乙分别与某信用社签订保证合同，约定保证人吴某甲、郑某、吴某乙愿意就借款人履行借款合同项下的义务向债权人提供保证担保。2020 年 12 月 30 日，信用社为艺某公司出具借款凭证，借款金额为 485 万元，执行利率为 6.95%，起息日为 2020 年 12 月 30 日。

裁判观点

法院认为，某信用社与艺某公司签订的借款合同、抵押合同及与吴某甲、郑某、吴某乙签订的保证合同，是各方当事人真实意思表示，合法有效。某信用社按照合同约定履行了放款义务，艺某公司收到贷款后没有按照合同约定按月向某信用社支付贷款利息，艺某公司的行为系违约，应承担违约责任。《民法典》第 562 条规定："当事人协商一致，可以解除合同。当事人可以约定一方解除合同的事由。解除合同的事由发生时，解除权人可以解除合同。"据此，信用社按照合同约定要求解除合同，判令艺某公司偿还贷款本金及未收利息、罚息诉讼请求，于法有据，应予支持。《民法典》第 565 条第 2 款规定："当事人一方未通知对方，直接以提起诉讼或者申请仲裁的方式依法主张解除合同，人民法院或者仲裁机构确认该主张的，合同自起诉状副本或者仲裁申请书副本送达对方时解除。"本案起诉状副本送达时间为

---

① 参见某信用社与艺某公司、吴某甲、郑某、吴某乙金融借款合同纠纷案，辽宁省法库县人民法院（2021）辽 0124 民初 1435 号民事判决书。

2021 年 5 月 18 日，因此本案主债权债务合同的解除时间应为 2021 年 5 月 18 日。

011 借款用途不合法，借款合同是否有效？

要点解答

最高人民法院《关于审理民间借贷案件适用法律若干问题的规定》第 13 条第 4 项明确规定，“出借人事先知道或者应当知道借款人借款用于违法犯罪活动仍然提供借款的”，民间借款合同无效。日常生活中，有的借款是合法的，如投资入股或者购买房产等，而有些借款用于赌博等不合法的事项，借款用途不合法将导致借款合同无效。出借人明知借款人借款用途不合法的，其在借贷活动中亦存在过错，即借贷双方均有过错，故应各自承担相应的责任。

借款用途不合法，将导致借款合同无效。

典型案例

裁判要点

出借人未取得金融监管部门批准从事对外放贷业务的，其出借行为具有反复性、经常性，借款目的亦具有营利性，属于从事非法金融业务活动的行为，应将其认定为职业放贷人，其签订的借款合同无效。

案情简介[①]

巨某公司、红某公司、某银行西安分行三方签订委托贷款借款合同，约定红某公司委托某银行西安分行向巨某公司发放 1.5 亿元贷款。自 2015 年 1 月 14 日起至 2018 年 3 月 20 日止，巨某公司通过某银行西安分行共计向红某公司偿还 162,908,012.06 元。

红某公司的经营范围为：从事网上贸易（不含专营、专卖、专控商品）；经济信息咨询、网上提供经济信息咨询服务、投资咨询（以上均不含限制项

---

① 参见红某公司与巨某公司、第三人徐某、吴某、某银行西安分行民间借贷纠纷案，最高人民法院（2021）最高法民申 2140 号民事裁定书。

目）；计算机软件系统开发与销售、网络技术服务；企业形象策划；从事广告业务（法律法规、国务院规定需另行办理广告经营审批的需取得许可后方可经营）。信息服务业务（仅限互联网信息服务业务）。依据红某公司网络借贷平台的显示，截至本案审理期间，该平台已向不特定对象出借资金4500多亿元。依据中国裁判文书网显示，截至2020年7月8日，涉及红某公司的案件已审结1235起。

裁判观点

法院认为，红某公司贷款对象主体众多，截至本案二审审结，其已向不特定对象出借大量资金。红某公司从事经常性放贷业务活动收取高额利息，未取得金融监管部门批准从事对外放贷业务，扰乱金融市场和金融秩序，违反《银行业监督管理法》和《商业银行法》等法律。红某公司通过向社会不特定对象提供资金以赚取高额利息，出借行为具有反复性、经常性，借款目的也具有经营性，未经批准，擅自从事经常性的贷款业务，属于从事非法金融业务活动，故其与巨某公司某银行西安分行签订的委托贷款借款合同无效。（本案法律关系参见表2）

表2　争议焦点之一：《委托贷款借款合同》是否有效

诉讼主体		观点
当事人	红某公司	其为对出借人与借款人进行居间撮合，未从事银行业金融机构的业务，也未从中获取不当利益，不属于职业放贷人，合同有效
	巨某公司	红某公司出借资金来源不合法且其超越其经营范围从事非法金融业务活动
第三人	某银行西安分行	支持红某公司的观点
	徐某、吴某	支持巨某公司的观点，红某公司与巨某公司之间的借贷关系无效，担保合同亦无效
法院		红某公司从事非法金融业务活动，《委托贷款借款合同》无效

案例评析

本案是关于借款合同无效的典型案例。

首先，借款合同无效的几种情形。依据《民法典》及最高人民法院《关于审理民间借贷案件适用法律若干问题的规定》的相关规定，借款合同无效的情形有：（1）无民事行为能力人实施的借贷行为；（2）行为人与相对人以虚假的意思表示实施的借贷行为；（3）违反法律、行政法规的强制性规定的；

（4）违背公序良俗的；（5）行为人与相对人恶意串通，损害他人合法权益的；（6）套取金融机构贷款转贷的；（7）以向其他营利法人借贷、向本单位职工集资，或者以向公众非法吸收存款等方式取得的资金转贷的；（8）未依法取得放贷资格的出借人，以营利为目的向社会不特定对象提供借款的；（9）出借人事先知道或者应当知道借款人借款用于违法犯罪活动仍然提供借款的；（10）未依法取得放贷资格的出借人，以营利为目的向社会不特定对象提供借款的。

其次，高利贷不必然导致借款合同无效。最高人民法院《关于审理民间借贷案件适用法律若干问题的规定》第 25 条第 1 款明确规定，“出借人请求借款人按照合同约定利率支付利息的，人民法院应予支持，但是双方约定的利率超过合同成立时一年期贷款市场报价利率四倍的除外”。高利贷约定的利率超过法定利率标准的部分，法院不予支持，故高利贷属于合同部分无效的情形，而并非借款合同无效。

最后，借款合同无效的处理。借款合同依法被认定无效后，借款人取得的借款应当返还给出借人；出借人无过错的，借款人还应支付资金占用费，该费用的支付标准参照“合同成立时一年期贷款市场报价利率”。仅出借人一方有过错的，出借人应当赔偿借款人由此所受到的损失。各方均有过错的，应当各自承担相应的责任。

类案参考

裁判要点

出借人事先知道借款人借款用于违法犯罪活动仍然提供借款的，借款合同无效，借款人应返还借款本金。

裁判观点

在韩某与刘某民间借贷纠纷案[①]中，二审法院认为，本案属民间借贷纠纷。本案争议焦点为：一审法院认定的韩某与刘某之间的民间借款合同属无效合同，韩某应偿还刘某借款本金，以及刘某向韩某儿女所借款项在本案中不做处理，是否适当。最高人民法院《关于审理民间借贷案件适用法律若干问题的规定》第 13 条规定：“具有下列情形之一的，人民法院应当认定民

① 参见广东省梅州市中级人民法院民事判决书，（2022）粤 14 民终 917 号。

间借贷合同无效：……（四）出借人事先知道或者应当知道借款人借款用于违法犯罪活动仍然提供借款的；……”一审法院根据双方当事人在法庭上的陈述，认定刘某明知韩某经常赌博而向其提供资金，双方签订的借款合同属无效合同准确。根据《民法典》第155条、第157条的规定，民事法律行为被认定无效，行为人因该行为取得的财产仍应返还，故一审法院依据上述法律规定判决韩某应返还刘某借款本金并无不当。

012 借款超过诉讼时效期间后，借款人可否提出诉讼时效抗辩而免于偿还债务？

要点解答

出借人要求借款人偿还借款有时间限制，若出借人在法定诉讼时效期间内未行使权利，其债务可能会成为自然债务。具体来说，三年诉讼时效期间届满后，出借人向法院提起诉讼的，法院不主动适用诉讼时效的规定，借款人提出诉讼时效抗辩的，出借人丧失胜诉权利。

法律不保护“躺在权利上的睡眠者”，出借人应在诉讼时效期间内向借款人行使权利。

典型案例

裁判要点

诉讼时效期间届满后，借款人承诺同意履行债务的，其不得以诉讼时效期间届满为由抗辩。

案情简介①

2014年5月29日，陈某以需要资金周转为由向肖某借款10万元，肖某通过现金支付的方式向陈某出借10万元，陈某于同日向肖某出具一张借条，内容为：“今借到肖某人民币壹拾万元整（￥100000.00元），借款期限

① 参见肖某与陈某民间借贷纠纷案，湖南省怀化市鹤城区人民法院（2021）湘1202民初8402号民事判决书。

2个月，月息4分”。借款后，陈某仅向肖某还款16,000元。2021年11月1日，陈某向肖某出具一张还款承诺，内容为：“本人承诺欠肖某壹拾万元（¥100000.00元），定于2022年6月底偿还，最迟不超过2022年12月底还清”。同日，肖某在陈某出具的还款承诺上书写：“不同意陈某延期还款”。

裁判观点

法院认为，陈某于2014年5月29日出具的借条约定借款期限为2个月，即借款应于2014年7月29日到期，肖某未提交证据证明诉讼时效发生中断、中止、延长的事由，因此诉讼时效已于2017年7月29日届满。但在2021年11月1日，陈某向肖某出具一份还款承诺，承诺欠肖某100,000元于2022年6月底偿还，最迟于2022年12月底偿还，根据《民法典》第192条“诉讼时效期间届满后，义务人同意履行的，不得以诉讼时效期间届满为由抗辩”的规定，陈某在诉讼时效期间届满后作出了同意履行还款义务的表示，故对陈某主张诉讼时效届满的抗辩理由，法院不予支持。

013 如何认定诉讼时效的起算点?

要点解答

在借款合同纠纷审判实践中，对于诉讼时效起算点的认定，通常有下几种情形：(1)有约定履行期限的，以期限届满之日作为诉讼时效的起算点；(2)没有约定履行期限的，自出借人首次要求借款人偿还债务之日起计算；(3)出借人同意贷款展期的，自贷款展期届满之日起计算；(4)有约定附条件履行的，以该条件成就之日作为诉讼时效的起算点；(5)分期履行的，诉讼时效自最后一期履行期限届满之日起计算。

诉讼时效的起算点是诉讼时效的开始。

典型案例

裁判要点

借贷双方约定债务分期履行的，诉讼时效期间自最后一期履行期限届满之日起计算。

案情简介[1]

吕某与陈某曾系恋人关系。2017 年 10 月至 2018 年 2 月，陈某多次通过微信、支付宝向吕某借款并还款，至 2018 年 2 月底止，尚有 95，783 元未还。

裁判观点

法院认为，陈某辩称吕某主张借款已经超过诉讼时效，根据《民法典》第 189 条的规定，当事人约定同一债务分期履行的，诉讼时效期间自最后一期履行期限届满之日起计算。本案双方在 2018 年 4 月口头约定上述债务分期履行，每月归还 5000 元，则最后一期履行期限届满日为 2019 年 11 月。诉讼时效期间为 3 年，吕某于 2021 年 12 月 9 日起诉，尚未超过诉讼时效。故对陈某的抗辩意见，法院不予采信。

014 债权即将超过诉讼时效的，出借人怎么办？

要点解答

债权即将超过诉讼时效的，出借人可以审查是否存在诉讼时效中断或中止的情形。诉讼时效期间因中断而重新计算。在出现以下情形时，诉讼时效期间中断：出借人要求借款人偿还债务、提起诉讼或者申请仲裁的；借款人同意偿还债务的。

债权即将超过诉讼时效的，出借人可以要求借款人偿还债务、提起诉讼或者申请仲裁而使诉讼时效期间重新计算。

典型案例

裁判要点

债权人向债务人催要款项，符合诉讼时效中断的，诉讼时效期间重新计算。

---

① 参见吕某与陈某民间借贷纠纷案，浙江省永康市人民法院（2021）浙 0784 民初 7874 号民事判决书。

案情简介[①]

2015 年 5 月 26 日，孙某甲因工程资金周转困难，与孙某乙共同向卢某之夫付某乙借款人民币 100，000 元并写下借条，借条载明："今借到付某乙现金 100000 元整，人民币大写：壹拾万元整（月息 2%），借期一年，6 月付息一次。担保人：付某甲，借款人：孙某甲、孙某乙，2015 年 5 月 26 日"。借款期限届满后，孙某甲向卢某之夫付某乙偿还了一年借款利息，但 100，000 元本金一直未予偿还。2016 年后孙某甲下落不明。2020 年 1 月 17 日付某乙因病去世，其法定继承人王某、付某丙、付某丁、付某戊书面声明放弃对该项债权的继承权，愿由卢某一人继承。后卢某作为付某乙继承人继续向孙某甲、孙某乙催要借款，但孙某甲、孙某乙均外出下落不明，无法联系。2021 年 3 月 4 日卢某向法院起诉。

裁判观点

法院认为，《民法典》第 195 条规定："有下列情形之一的，诉讼时效中断，从中断、有关程序终结时起，诉讼时效期间重新计算：（一）权利人向义务人提出履行请求；（二）义务人同意履行义务；（三）权利人提起诉讼或者申请仲裁；（四）与提起诉讼或者申请仲裁具有同等效力的其他情形。"本案中，2015 年 5 月 26 日，孙某甲因工程资金周转困难，与孙某乙通过付某甲介绍共同向卢某之夫付某乙（已故）借款人民币 100，000 元并写下借条，担保人为付某甲。由于以上当事人之间对保证方式没有约定，付某甲应按照一般责任保证承担保证责任。因此，孙某甲、孙某乙、付某甲均为涉案欠款的还款义务人。孙某甲、孙某乙在 2016 年清偿卢某一年利息后即外出下落不明，付某乙、卢某曾数次去孙某甲、孙某乙家中寻找并催要借款。其间，付某乙、卢某亦曾多次找到涉案欠款担保人付某甲催要借款，并要求其帮忙联系孙某甲、孙某乙。按照上述法律规定和事实，付某乙、卢某向孙某甲、孙某乙、付某甲提出履行请求的行为，符合诉讼时效中断的法定事由，已致诉讼时效中断。因此，孙某甲请求驳回卢某的诉讼请求的观点不能成立，法院不予支持。（本案法律关系参见表 3）

---

① 参见卢某与孙某甲、孙某乙民间借贷纠纷案，陕西省商洛市中级人民法院（2021）陕 10 民终 599 号民事判决书。

表 3　争议焦点之一：卢某主张欠款是否超过诉讼时效期间

诉讼主体		观点
当事人	卢某	债权未超过诉讼时效期间，孙某甲、孙某乙、付某甲应当偿还借款
	孙某甲	不发生诉讼时效中断的效力，卢某举证不能，应承担不利的法律后果
	孙某乙	未陈述
法院		卢某向付某甲催要款项并要求其帮忙联系孙某甲、孙某乙，符合诉讼时效中断，诉讼时效期间重新计算

案例评析

本案是关于诉讼时效中断的典型案例。

首先，关于诉讼时效中断的含义。诉讼时效中断，是指在诉讼时效期间进行中，出现了权利人积极行使权利等法定事由，致使已经过的时效期间归于消灭，待时效中断的事由消除后，诉讼时效期间重新起算。诉讼时效中断发生在诉讼时效期间，诉讼时效尚未开始计算或者诉讼时效已经届满后，不能适用诉讼时效中断的规定。

其次，关于诉讼时效中断的事由。诉讼中断的事由有：(1)权利人向义务人提出履行请求，如公证催收、公告催收、邮政快递催收、现场催收、微信催收、短信催收；(2)义务人同意履行义务；(3)权利人提起诉讼或者申请仲裁；(4)权利人作出与提起诉讼或者申请仲裁具有同等效力的其他行为，如申请支付令，申请破产、申报破产债权，为主张权利而申请宣告义务人失踪或死亡，申请诉前财产保全、停止侵权行为等诉前措施，信访，向公安报案等。

针对银行卡民事纠纷案件的诉讼时效中断事由，最高人民法院《关于审理银行卡民事纠纷案件若干问题的规定》第 3 条规定："具有下列情形之一的，应当认定发卡行对持卡人享有的债权请求权诉讼时效中断：(一)发卡行按约定在持卡人账户中扣划透支款本息、违约金等；(二)发卡行以向持卡人预留的电话号码、通讯地址、电子邮箱发送手机短信、书面信件、电子邮件等方式催收债权；(三)发卡行以持卡人恶意透支存在犯罪嫌疑为由向公安机关报案；(四)其他可以认定为诉讼时效中断的情形。"

再次，关于诉讼时效中断与诉讼时效中止的异同。诉讼时效期间中断和中止的相同之处为：二者都是在时效期间届满前因一定的法定事由发生而产生阻碍诉讼时效完成的效力。

诉讼时效中断与中止的区别在于：(1)发生的时间不同。时效中断可发生在时效期间的任何阶段；时效中止只能发生在时效期间最后 6 个月内。（2）法定事由不同。时效中断的法定事由是当事人主观意志可以决定的事实，如起诉、请求；时效中止的法定事由是当事人主观意志不能左右的事实，如不可抗力、债务人失踪等。（3）法律后果不同。时效中断的法定事由发生前已经过去的时效期间不再计算，从法定事由消除后重新开始计算诉讼时效期间，实际是前后两个时效；时效中止则是将中止的期间暂停计算，待法定中止事由消除后，继续计算时效期间。

最后，关于诉讼时效中断的法律效果。因一定的法定事由出现导致诉讼时效存在的基础被推翻而使诉讼时效中断，诉讼时效中断的法律效果是待时效中断的事由消除后，已经进行的诉讼时效重新计算，以前经过的期间归于消灭。

类案参考

裁判要点

债权超过诉讼时效期间后，出借人向借款人提出履行请求的，不构成诉讼时效中断。

裁判观点

在农商行某支行与黄某、吴某金融借款合同纠纷案[①]中，法院认为，农商行某支行于 2017 年 5 月 13 日向黄某发出《逾期贷款（垫款）催收通知书》，黄某于 2017 年 5 月 15 日签收并签名，构成诉讼时效中断，诉讼时效期间应重新计算。该份《逾期贷款（垫款）催收通知书》载明应于接到通知之日起 30 个工作日内无条件履行还款责任，故本案诉讼时效期间应从 2017 年 6 月 28 日起算。《民法典》第 188 条规定："向人民法院请求保护民事权利的诉讼时效期间为三年。法律另有规定的，依照其规定。诉讼时效期间自权利人知道或者应当知道权利受到损害以及义务人之日起计算。法律另有规定的，依照其规定……" 据此，农商行某支行提起本案诉讼为 2021 年 3 月 3 日，已超过前述法定诉讼时效期间。

农商行某支行主张其多次采取电话、上门等方式向黄某催收贷款，且其工作人员曾于 2020 年 12 月 2 日上门催收，并在一审提交视频资料。对此，法

① 参见广东省珠海市中级人民法院民事判决书，（2021）粤 04 民终 2989 号。

院认为：其一，农商行某支行未提交证据证实其曾采取电话方式催收；其二，无法确定农商行某支行提交视频的拍摄时间；其三，即便如农商行某支行所称，该上门催收贷款的时间也已超过法定诉讼时效期间，并不构成诉讼时效中断，故法院对农商行某支行的上述主张不予采纳。

015 怎样理解诉讼时效抗辩权对人效力的相对性？

要点解答

诉讼时效期间届满后，权利人的请求权得以阻却的后果不必然产生，以义务人行使诉讼时效抗辩权为前提。借款人提出诉讼时效抗辩权的，借款债权的请求权被阻却，借款人免于履行偿还义务，但并不消灭债权本身，其仍可以作为抗辩其他权利的基础。在借款人众多的情形下，其中一人所为诉讼时效抗辩权的效力，或其中一人抛弃时效利益的，对其他人不产生影响，即诉讼时效抗辩权的主张只产生相对效力。

在借款人为多数时，其中一人主张诉讼时效抗辩权的，对其他借款人不产生影响。

典型案例

裁判要点

诉讼时效抗辩权的主张只产生相对效力，不能适用于其他未主张抗辩权的当事人。

案情简介①

2010年10月2日，李某与肖某共同向吴某借款300,000元，双方约定借款期限为6个月，月利率为2%。2015年2月27日，吴某向法院提起诉讼，请求李某、肖某共同偿还借款本息，李某未到庭参加诉讼，肖某在庭审中主张诉讼时效抗辩权，法院查明本案无诉讼时效中止、中断、延长的事由。

① 本案例系笔者根据实务中的真实案例改编。

案例评析

肖某主张诉讼时效抗辩权，其效力为肖某阻却吴某的债权，不导致债权的消灭，且这种阻却权利人行使其权利的抗辩权不能适用于李某，法院应当判决李某承担偿还责任。诉讼时效期间届满后，肖某和李某都享有拒绝履行债务的诉讼时效抗辩权，肖某主张了诉讼时效抗辩权，故肖某不承担偿还责任，李某未主张诉讼时效抗辩权，故李某应当承担偿还责任。

（1）诉讼时效抗辩权的效力是具有两个层面的复合结构，第一个层面，是诉讼时效发生的直接后果，义务人取得可以拒绝其应为给付之权利，即诉讼时效抗辩权，对于权利人而言，债权并不产生任何影响，债权仍是完全债权。由此可见，诉讼时效抗辩权之要旨，并非消灭权利本身、剥夺权利人之权利，而在于给予义务人一种保护手段。第二个层面，是诉讼时效抗辩权主张的效果，义务人主张诉讼时效抗辩权的，权利的请求权被阻却，义务免于履行。

（2）法院不能主动适用诉讼时效的规定进行裁判。诉讼时效抗辩权是私权利，是否行使属于抗辩权人自由行为的范畴，法院应当尊重当事人的意思自治。法院不能主动适用时效抗辩权的相关法律规定。依据《民法典》第 193 条“人民法院不得主动适用诉讼时效的规定”的规定。

（3）一项被提出时效抗辩的权利仍可作为抗辩其他权利的基础。如前所述，义务人主张诉讼时效抗辩权的法律后果为义务人阻却权利人的请求，免除义务人应当履行的义务，并不消灭权利本身。因而，即使权利被义务人主张时效抗辩权，权利仍然存在并可以作为抗辩其他权利的基础。《国际商事合同通则》规定“一项被提出时效抗辩的权利仍可作为抗辩其他权利的基础”，这也是当前的国际共识。

（4）义务人主张诉讼时效抗辩权的，其对人的效力具有相对性。诉讼时效届满后，权利人的请求权得以阻却的后果不必然产生，以义务人行使诉讼时效抗辩权为前提。在义务人众多的情形下，其中一人所为诉讼时效抗辩权之效力，或其中一人之抛弃时效利益，对于其他人不产生影响，即诉讼时效抗辩权的主张只产生相对效力。本案中肖某主张了诉讼时效抗辩权，其效力不能适用于李某。

综上所述，诉讼时效抗辩权对人的效力具有相对性，在本案中肖某主张了诉讼时效抗辩权，其效力不能适用于李某，李某仍应当承担偿还责任。

016 借贷双方约定由第三人偿还债务，第三人未履行的，由谁承担违约责任？

要点解答

借贷双方当事人约定由第三人向出借人偿还借款，第三人未履行该债务或者履行债务不符合约定的，出借人可要求借款人承担违约责任。第三人不是借款合同的当事人，合同对其不具有约束力，故出借人不能请求第三人承担违约责任。

第三人向出借人偿还债务的借款合同中，履行债务不全面的，借款人承担违约责任，第三人不承担违约责任。

典型案例

裁判要点

第三人向出借人偿还债务，第三人履行债务不符合合同约定的，借款人应承担违约责任。

案情简介[①]

2020年4月10日，柴某向宋某提出需要借款100万元用于资金周转，宋某将借款100万元转至柴某。借款后，柴某归还宋某借款75万元。柴某并于2021年5月23日向宋某出具了借条一份，内容为："借条 今借宋某人民币贰拾伍万圆整（小写：￥250000元整），在2021年7月31日前还清。"

因欧某公司股东进行清算，柴某、宋某及第三人张某作为该公司的股东参与签订了《欧某公司股东清算明细》和《具体支付方案》各一份。《具体支付方案》第4条约定："宋某47.2万元由张某收回的煤改电资金、地上物转让款中支付，原柴某借宋某25万元（总借款100万元，已还75万元）也由张某收回的煤改电资金、地上物转让款中支付，柴某所打借条作废，不再作为借款依据"。至本案诉讼发生时，第三人张某仍未能将柴某向宋某所借

① 参见宋某与柴某民间借贷纠纷案，山西省平陆县人民法院（2021）晋0829民初1522号民事判决书。

的25万元借款予以支付。

裁判观点

法院认为，本案的焦点问题之一是《具体支付方案》的第4条对柴某、宋某是构成第三人履行的合同关系，还是构成债务转移的合同关系的问题。《民法典》第523条规定，当事人约定由第三人向债权人履行债务，第三人不履行债务或者履行债务不符合约定的，债务人应当向债权人承担违约责任。本案第三人张某仅在《具体支付方案》的第4条中约定柴某借宋某的25万元由其收回的煤改电资金、地上物转让款中支付，第三人张某仅同意在收回的煤改电资金、地上物转让款中向债权人宋某履行支付义务，但并未明确表示愿意承担柴某对宋某所负的债务，故《具体支付方案》的第4条应当认定为由第三人履行的合同，不能认定是债务转移。现第三人张某不向宋某履行债务，故柴某应当向宋某承担违约责任，宋某起诉要求柴某归还借款25万元的请求，法院应予支持。

017 借款人怠于行使到期债权的，出借人是否可以自己的名义要求借款人的债务人偿还到期借款债务？

要点解答

借款人对第三人（次债务人）享有的债权已到期，其怠于行使该债权或者与该债权有关的从权利，影响了出借人已到期债权实现的，出借人可向法院请求以自己的名义要求第三人偿还该借款债务。第三人向出借人履行偿还义务后，出借人与借款人、借款人与第三人之间相应的权利义务终止。借款人对第三人的债权专属于借款人自身的，出借人不能行使代位权。

借款人怠于行使到期债权，影响出借人到期债权实现的，出借人可行使代位权，以保护自身合法权益。

典型案例

裁判要点

借款人怠于行使其债权或与该债权有关的从权利，影响出借人的到期债权实现的，出借人可向法院请求借款人的债务人履行偿还义务。

案情简介[①]

2015年6月29日，黄某甲、姜某与黄某乙、丁某签订《房屋买卖合同》。该合同约定，黄某甲、姜某将坐落在盱眙县盱城街道的一处房产以38万元的价格转让给黄某乙、丁某。协议签订后，丁某、黄某乙在该房屋内居住、生活，但该房屋仍然登记在黄某甲、姜某名下。丁某向黄某甲支付购房按揭贷款和购房款计80，600元，买卖合同后被解除。

2018年7月18日，丁某向陶某借款400，000元。陶某与丁某、黄某乙、唐某民间借贷纠纷案经法院审理，判决“丁某于判决生效后10日内清偿陶某借款400000元及利息……”该判决生效后，陶某申请法院强制执行，并申请查封盱城街道该处房产。后因黄某乙提出异议，法院裁定中止对登记在黄某甲、姜某名下该处房产的查封。2019年11月6日，陶某与丁某、黄某乙、黄某甲、姜某申请执行人执行异议之诉纠纷案中，法院驳回了陶某（申请执行人）的诉讼请求。

2018年7月20日，黄某乙与丁某签订《自愿离婚协议》。

裁判观点

二审法院认为，丁某欠付陶某借款400，000元及利息，该债权经生效法律文书确认，合法有效。黄某甲将涉案房屋出卖给丁某、黄某乙，丁某已给付黄某甲购房款80，600元，且黄某甲、丁某及黄某乙均认可《房屋买卖合同》后被解除。其中，因涉案房屋买受方为丁某、黄某乙，购房款亦涉及黄某乙的相关权利，丁某怠于行使的债权应为40，300元。一审依据查明的事实，认定陶某有权行使债权人代位权，要求黄某甲给付其40，300元，并无不当。依据相关法律规定，在代位权诉讼中，次债务人对债务人的抗辩，可以向债权人主张。次债务人可以对抗债务人的抗辩事由，包括诉讼时效期间届满、债务不存在及债务未到期等。本案中，黄某甲、姜某主张因丁某、黄某乙违约导致《房屋买卖合同》被解除，依照合同约定应扣减相应的违约金。经查，涉案合同第7条约定：“如因一方违约导致本合同解除或无法履行的，违约方按房价的20%向另一方支付违约金。”在涉案合同解除后，黄

---

① 参见黄某甲、姜某与陶某、丁某、黄某乙债权人代位权纠纷案，江苏省淮安市中级人民法院（2021）苏08民终3871号民事判决书。

某甲并未要求丁某、黄某乙支付违约金。现黄某甲、姜某主张在其向陶某履行的40,300元中扣除违约金，并不属于可以向债权人抗辩的内容，而是另外一个法律关系，况且丁某、黄某乙是否构成违约以及违约金的数额暂未确定。因两个债务系不同法律关系，黄某甲、姜某如有证据证明丁某、黄某乙应支付相应违约金，可另案主张，法院不予理涉。（本案法律关系参见表4）

表4　争议焦点之一：陶某向黄某甲、姜某主张代位权能否被支持

诉讼主体		观点
当事人	陶某	黄某甲、姜某应承担偿还责任
	黄某甲、姜某	无法确定其应否支付丁某、黄某乙的款项，陶某不能主张代位权
第三人	丁某	其与黄某甲、姜某的债权债务是私下处理的，陶某不能代位求偿
	黄某乙	黄某乙享有的债权，陶某不能代位求偿
法院		丁某对黄某甲、姜某的债权陶某有权行使代位权，黄某乙与陶某无法律上的权利义务关系

案例评析

本案是关于代位权的典型案例。

首先，借款人怠于行使其债权或与该债权有关的从权利，影响出借人的到期债权实现的，出借人可以行使代位权。代位权，是指债权人依法享有的为保全其债权，以自己的名义行使属于债务人对相对人的实体权利，代位权制度是对债之相对性的突破。《民法典》对代位权的规定较原《合同法》发生了较大的变化：（1）扩张了债权人代位权的客体，包括债权及“与该债权有关的从权利”，从权利通常指担保权利，包括抵押权、质权、留置权、保证及非典型担保权利。（2）代位权行使的必要性从“造成损害”转变为“影响到期债权实现”。（3）代位权行使的条件取消了债权须满足“双到期”标准，在债务人的债权或者与该债权有关的从权利存在诉讼时效期间即将届满或者未及时申报破产债权等情形时，债权人即可行使代位权。

其次，双重债之消灭是代位权行使后的法律效果。法院认定出借人代位权成立的，由次债务人向出借人履行偿还义务，次债务人履行偿还义务后，出借人与借款人、借款人与次债务人之间相应的权利义务终止，三者之间的双重债消灭。次债务人对借款人的抗辩可向出借人主张，若次债务人主张抗辩且法院认定抗辩成立的，则三者的双重债因此无法消灭。

最后，在行使代位权诉讼中，各当事人诉讼地位应列明。出借人行使代位权时，其向法院请求以自己的名义对次债务人行使权利，出借人作为诉讼原告，借款人为第三人，次债务人为被告。若借款人向法院提起代位权诉讼时未将借款人列为第三人，法院可追加借款人为无独立请求权的第三人，债务人的加入有助于法院查明案件事实。

类案参考

裁判要点

债权人不能举证证明债务人对次债务人享有到期债权的，债权人不能行使代位权。

裁判观点

在福建六某公司与松江五某公司、松江五某淮安分公司、新某公司债权人代位权纠纷案[①]中，法院认为，代位权，是指债务人怠于行使其对于第三人享有的权利而有害于债权人的债权时，债权人为保全自己的债权，可以以自己的名义代位行使债权人的权利，但该债权专属债务人本身的除外。故代位权的行使除债权人对债务的合法性外，还应具备债务人存在到期债权的事实。诉讼中，尽管福建六某公司提供生效判决证明在2014年1月17日新某公司代松江五某公司支付案外人5440万元款项事实，但从松江五某公司提供的土地竞拍协议书、江苏省行政事业单位结算凭证可以证明，在新某公司代付上述5440万元款项之前，松江五某公司已为新某公司垫付土地出让金额度远超5440万元代付款，证明双方之间存在资金代付事实，且从双方2015年前的结算中可以看出，双方的资金往来新某公司为负数，故不能仅以5440万元单笔往来作出松江五某公司欠付新某公司债务的结论。福建六某公司认为，新某公司与松江五某公司没有就该5440万元作出债务抵销约定，视为未抵销，如松江五某公司认为其不欠新某公司债务，应提供完整的财务账册审计确认。对此，二审法院认为，债务人是否享有次债务人到期债权，举证责任在代位权人。福建六某公司并没有提供新某公

① 参见江苏省淮安市中级人民法院民事判决书，(2021)苏08民终4824号。

司享有松江五某公司的到期债权的证据或双方结算凭证，其未完成举证责任，此时不发生举证责任倒置，更不符合以单笔的经济往来事实要求次债务人提供全部财务账册供审计的举证规则。故一审法院以福建六某公司证据不足，驳回其诉讼请求，法律适用正确，福建六某公司可待有新证据后再行主张。

018 借款人恶意实施减少其财产且危害债权的行为，出借人是否可以向法院申请撤销该行为？

要点解答

借款人恶意实施减少其财产的行为，且影响出借人债权实现的，出借人可向法院申请撤销该行为。借款人实施下列行为时，出借人可行使撤销权：(1)放弃其债权；(2)放弃债权担保；(3)无偿转让财产；(4)以其他方式无偿处分财产权益；(5)恶意延长其到期债权的履行期限；(6)以明显不合理的低价转让财产，且其相对人知道或者应当知道；(7)以明显不合理的高价受让他人财产，且其相对人知道或者应当知道；(8)为他人的债务提供担保，且其相对人知道或者应当知道。

出借人因借款人无偿处分财产影响债权实现的，其可行使撤销权，以保护其债权的实现。

典型案例

裁判要点

借款人在未完全清偿出借人的债务时，其实施赠与行为已影响出借人债权实现的，出借人有权主张撤销该行为。

案情简介[①]

法院判决晏某向黄某、江某清偿借款本金106.5万元、利息15.5万元

---

① 参见黄某、江某与晏某、唐某甲、唐某乙债权人撤销权纠纷案，江西省新余市渝水区人民法院(2021)赣0502民初1808号民事判决书。

及自2019年7月1日起按年利率24%计算至清偿之日止的利息。判决生效后，晏某未履行还款义务，黄某、江某向法院申请强制执行。因晏某尚有执行款未能执行到位，且无其他财产可供执行，法院裁定终结本次执行程序。

晏某、唐某甲于2008年12月17日登记结婚。2017年4月17日，唐某甲与唐某乙共同出资购买赣西大道的几处房产，二人各占50%份额。2018年12月6日，晏某与唐某甲协议离婚。2019年10月30日，唐某甲与唐某乙分别签订六份《不动产赠与合同》，约定唐某甲将其赣西大道几处房产的50%份额无偿赠与给唐某乙，双方为此办理了不动产权变更登记手续。

裁判观点

一审法院认为，《民法典》第538条规定："债务人以放弃其债权、放弃债权担保、无偿转让财产等方式无偿处分财产权益，或者恶意延长到期债权的履行期限，影响债权人的债权实现的，债权人可以请求人民法院撤销债务人的行为"。本案中，晏某、唐某甲将涉案六套房屋50%的份额全部赠与唐某乙所有，但晏某未完全清偿拖欠黄某、江某的债务，晏某、唐某甲向唐某乙赠与房屋份额的行为已经影响到黄某、江某债权的实现，根据前述法律规定，黄某、江某有权撤销债务人的行为，故对黄某、江某主张撤销唐某甲、唐某乙于2019年10月30日签订的六份《不动产赠与合同》的诉请，法院予以支持。《民法典》第542条规定："债务人影响债权人的债权实现的行为被撤销的，自始没有法律约束力"，据此，唐某乙依晏某、唐某甲赠与取得的房屋份额应当予以返还，故对黄某、江某主张唐某乙将涉案六套房屋50%的份额返还给晏某和唐某甲并办理产权过户登记的诉请，法院予以支持。至于唐某乙辩称涉案房屋不属于无偿赠与且其已向唐某甲支付合理对价的答辩意见，虽唐某乙在庭审中提交了《房屋转让协议》、银行流水和凭证拟证明其答辩意见，但唐某乙分多次支付购房款的行为明显与通常交易习惯相悖，且唐某乙与唐某甲签订六份《不动产赠与合同》并据此办理房屋产权过户登记的行为亦与其答辩意见不符，故唐某乙的此项答辩意见，证据不足，理由不充分，法院不予采纳。后二审维持原判。（本案法律关系参见表5）

表 5　争议焦点之一：黄某、江某主张撤销权有无事实和法律依据

诉讼主体		观点
当事人	黄某、江某	其有权撤销唐某甲、唐某乙签订的六份《不动产赠与合同》
	唐某甲	原告不是其债权人，对其不享有撤销权
	晏某	其不是《不动产赠与合同》《房屋转让协议》的合同主体，原告起诉对象错误，且唐某乙支付了对价，黄某、江某再次起诉超过了一年的除斥期间
	唐某乙	唐某甲和唐某乙不是债务人，且其已经支付了合理对价，黄某、江某无权撤销六份《不动产赠与合同》
法院		晏某、唐某甲在未完全清偿原告债务时，实行赠与行为已经影响原告债权的实现，黄某、江某有权主张撤销唐某甲、唐某乙签订的六份《不动产赠与合同》

案例评析

本案是关于债权人撤销权的典型案例。

首先，借款人恶意实施减少其财产的行为，且影响出借人债权实现的，出借人可以行使撤销权。债权人撤销权，是指债权人依法享有的为保全其债权，对债务人无偿或者低价处分作为债务履行资力的现有财产，以及废弃其债权或者债权担保、恶意延长到期债权履行期限的行为，请求法院予以撤销的权利。出借人以借款人恶意实施减少其财产行为，且影响了债权实现为由行使撤销权，必须符合客观要件和主观要件，且缺一不可。客观要件，是指借款人实施了有害于出借人债权的处分行为。主观要件，是指借款人具有恶意，借款人知道其处分财产的行为将会导致其无资产清偿债务或者其责任财产减少，仍实施该处分行为。

其次，出借人可撤销的行为类型。借款人实施下列行为的，出借人可行使撤销权：(1)借款人放弃其债权，借款人负有借款债务不能清偿，其放弃对第三人享有的债权，这属于故意损害出借人利益的行为。但若借款人有偿还能力，其放弃债权的行为不会影响出借人的债权实现，则出借人不能行使撤销权。(2)放弃债权担保，债权的效力及于从权利，借款人放弃债权担保的行为影响出借人债权实现的，担保人不能免责，出借人可行使撤销权。(3)无偿转让财产，借款人对其所有的财产享有处分权，无关的第三人不得干涉，但此行为若影响出借人债权实现，则出借人可以行使撤销权。

(4)其他无偿处分财产权益的行为。(5)恶意延长其到期债权的履行期限,如借款人为了逃避债务或拖延履行债务,故意延长其对第三人的到期债权的履行期限,出借人可行使撤销权。(6)以明显不合理的低价转让财产,且其相对人知道或者应当知道的。若转让价格达不到交易时交易地的指导价或者市场价格的70%,一般可以认定为明显不合理的低价。(7)以明显不合理的高价受让他人财产,且其相对人知道或者应当知道的。若转让价格高于交易时交易地的指导价或者市场价格的30%,一般可以认定为明显不合理的高价。(8)为他人的债务提供担保,且其相对人知道或者应当知道的。

最后,出借人行使撤销权的期限。债权人撤销权的性质是形成权,存在权利失权的情形。《民法典》第541条规定:"撤销权自债权人知道或者应当知道撤销事由之日起一年内行使。自债务人的行为发生之日起五年内没有行使撤销权的,该撤销权消灭。"故出借人行使撤销权的期限有两种情形,即知道撤销事由期限和行为发生期限。出借人在知道或者应当知道撤销事由之日起一年内未行使撤销权的,则丧失了撤销权;出借人因客观原因不可能知道借款人实施了影响其债权实现的行为,则出借人应当在借款人实施该行为之日起5年内行使撤销权。

类案参考

裁判要点

人寿保险合同的现金价值系投保人的责任财产,债务人将保险合同投保人变更为第三人的行为,减损了其责任财产,损害了债权人利益的,债权人可行使撤销权。

裁判观点

在郭某与齐某银行临淄支行、见某债权人撤销权纠纷案[①]中,二审法院认为,涉案11份保险合同均属于人寿保险,该类保险以人的生命和身体为保险标的,兼具人身保障和投资理财功能,保险本身具有储蓄性和有价性,具体体现在投保人可以通过解除保险合同提取合同的现金价值,故保险合同的现金价值系投保人的责任财产。郭某在负有债务且无证据证明尚有其

① 参见山东省淄博市中级人民法院民事判决书,(2021)鲁03民终4142号。

他财产可以偿还的情况下，将涉案 11 份保险合同的投保人变更为见某，减损了自己的责任财产，降低了偿债能力，损害了债权人的利益。一审判决认定齐某银行临淄支行有权行使撤销权，撤销上述行为，符合《民法典》第 538 条的规定，并无不当。

019 借款人可能丧失履行债务能力的，出借人可否中止支付借款？

要点解答

出借人有确切证据证明借款人存在以下情形之一：(1)经营状况严重恶化；(2)转移财产、抽逃资金，以逃避债务；(3)丧失商业信誉；(4)有丧失或者可能丧失履行债务能力的其他情形时，可以中止支付借款。出借人中止支付借款的，应当及时通知借款人，借款人提供适当担保的，应当恢复履行。借款人未提供担保的，出借人可在合理期限内解除合同并可以请求借款人承担违约责任。

借款人经营状况严重恶化的，出借人享有不安抗辩权。

典型案例

裁判要点

出借人已履行了发放贷款义务，合同约定贷款加速到期条件已成就的，出借人按约定主张合同加速到期，而借款人抗辩出借人不能行使不安抗辩权使借款合同加速到期的，法院不支持借款人的抗辩意见。

案情简介[①]

2019 年 4 月 15 日，某银行上海分行与王某签订《综合授信协议》，约定某银行上海分行为王某提供 830 万元的综合授信额度，额度有效使用期限为 2019 年 4 月 15 日至 2029 年 4 月 15 日。同日，贾某与某银行上海分

① 参见王某与某银行上海分行、贾某金融借款合同纠纷案，上海金融法院(2021)沪 74 民终 961 号民事判决书。

行签订了《最高额保证合同》，约定由贾某为王某自 2019 年 4 月 15 日起至 2029 年 4 月 15 日止在某银行上海分行处形成的债务本金、利息、复利、罚息、违约金、损害赔偿金以及诉讼费、律师费、差旅费等债权人实现债权的一切费用和所有其他应付费用在 830 万元的最高余额内承担连带担保责任。同日，王某、贾某与某银行上海分行签订了《最高额抵押合同》，约定以二人名下的坐落于上海市浦东新区的某处房产为王某自 2019 年 4 月 15 日起至 2029 年 4 月 15 日止在某银行上海分行处形成的债务本金、利息、复利、罚息、违约金、损害赔偿金以及诉讼费、律师费、抵押物处置费、过户费等抵押人实现债权的一切费用和所有其他应付费用在 830 万元的最高余额内提供最高额抵押担保，并办理了抵押登记。2019 年 4 月 28 日，王某通过网上银行在线签订了《借款合同》一份，约定：借款额度为 500 万元，借款额度使用期限不超过 12 个月；还款方式为按月结息，借款利率为年利率 7.6%。借款人未按约定用途使用借款、未按约定方式使用借款资金以及未履行本合同项下其他义务，或者违背其在本合同项下所作的任何承诺的，贷款人有权停止发放借款、提前收回已发放借款或采取其他资产保全措施。同日，某银行上海分行向王某发放贷款 500 万元，借款期限为 2019 年 4 月 28 日至 2021 年 4 月 27 日。后支付利息逾期，经多次催收无果，某银行上海分行向王某寄送了《某银行债务提前到期通知书》，宣布贷款提前到期。

裁判观点

二审法院认为，关于某银行上海分行是否有权提前收回贷款的问题，《综合授信协议》《借款合同》多处明确约定，当王某出现逾期、欠息等违约行为时，贷款人有权提前收回全部借款本息。王某自 2020 年 1 月 20 日起即发生利息逾期未归还之情形，合同约定贷款加速到期之条件已成就，故某银行上海分行有权提前收回全部借款本息。一审法院将诉讼文书送达日 2021 年 2 月 2 日作为贷款提前到期日，并无不妥。《民法典》第 527 条、第 528 条是关于先履行义务方不安抗辩权的规定。本案中，某银行上海分行已按合同约定于 2019 年 4 月 28 日履行了向王某发放贷款的相应义务，故王某以上述规定为依据主张某银行上海分行无权中止、无权宣布合同加速到期，法院不予支持。（本案法律关系参见图 4）

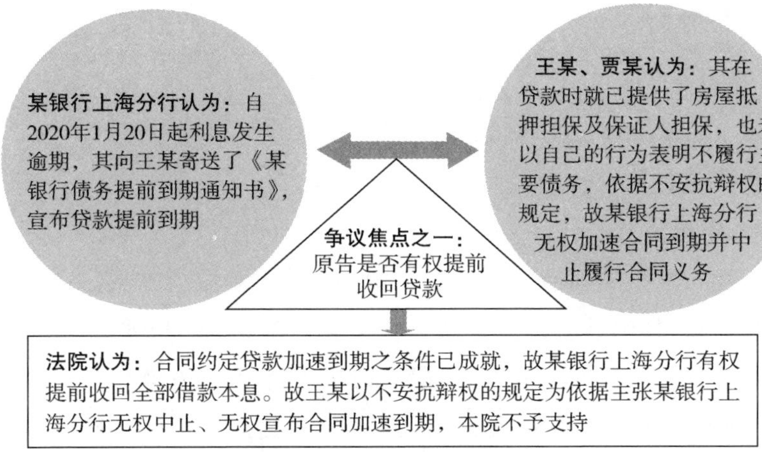

图4　本案法律关系示意

案例评析

本案是关于不安抗辩权的典型案例。

首先，不安抗辩权，是指双务合同成立后，应当先履行的当事人有确切证据证明对方不能履行义务，或者不履行合同义务的可能性较高时，在对方恢复履行能力或者提供担保之前，有权中止履行合同义务。不安抗辩权是一种延期抗辩权，其适用条件包括以下几点：（1）须基于同一双务合同且具有对价关系的互负债务；（2）当事人履行义务有顺序，且先履行义务一方的义务已届履行期；（3）后履行的当事人发生了丧失或者可能丧失债务履行能力的情形。先履行债务人有确切证据证明对方有以下情形的，可以中止履行：（1）经营状况严重恶化；（2）转移财产、抽逃资金以逃避债务；（3）丧失商业信誉和其他丧失、可能丧失履行债务能力的情形。

其次，先履行方行使不安抗辩权时，应当及时通知对方，对方提供适当担保的，恢复履行，不安抗辩权消灭。若对方未提供担保或在合理期限内未恢复履行能力的，先履行方可以解除合同并请求对方承担违约责任。

最后，不安抗辩权行使错误的法律后果如下：（1）当事人行使不安抗辩权之后未及时通知对方当事人的，无权解除合同；（2）先履行方缺乏确切证据证明对方履行能力降低而单方行使不安抗辩权的，应当承担违约责任；（3）先履行方于缔约时已知对方当事人无履行合同能力的，不得行使不安抗辩权，若单方行使不安抗辩权，应当承担违约责任。

类案参考

裁判要点

出借人已经履行了支付借款义务的，不能通过行使不安抗辩权要求借款人提前履行还款义务。

裁判观点

在左某与魏某民间借贷纠纷案[①]中，法院认为，左某向魏某支付出借资金，魏某向左某出具借条，原告、被告之间存在民间借贷关系。借条中明确约定出借资金于3年内还清，根据出具借条的时间2020年3月19日推算，履行期限届满之日应为2023年3月19日，因此案件审理时借款的还款期限尚未届满，左某无权要求魏某履行还款义务。左某称其要求魏某提前还款是履行不安抗辩权，《民法典》第527条规定："应当先履行债务的当事人，有确切证据证明对方有下列情形之一的，可以中止履行：（一）经营状况严重恶化；（二）转移财产、抽逃资金，以逃避债务；（三）丧失商业信誉；（四）有丧失或者可能丧失履行债务能力的其他情形。当事人没有确切证据中止履行的，应当承担违约责任。"左某为民间借款合同的出借方，如果在尚未向魏某履行出借义务时出现上述法律规定的情形，其作为先履行债务的当事人有权行使不安抗辩权；而左某已经履行了出借义务，已无法行使不安抗辩权，其要求魏某提前还款的请求并非行使不安抗辩权，故左某要求魏某提前偿还借款和支付利息的诉讼请求，没有事实和法律依据，法院不予支持。

020 出借人预先扣除利息，合法吗？

要点解答

借款10万元而出借人预先扣除部分利息只给9万元，合法吗？不合法，这是我们通常所说的"砍头息"。"砍头息"，是指出借人向借款人支付借款本

① 参见新疆维吾尔自治区乌鲁木齐市水磨沟区人民法院民事判决书，（2021）新0105民初6145号。

金时预先扣除的利息。《民法典》第670条规定："借款的利息不得预先在本金中扣除。利息预先在本金中扣除的，应当按照实际借款数额返还借款并计算利息。""砍头息"不受法律保护，借款人遇到"砍头息"时，可请求法院不按借条载明金额来确定借款本金，而按实际借款数额来计算本息。借款10万元出借人只给9万元的，按9万元计算本息。

出借人预先扣除利息的，借款人有权按实际借款数额偿还本息。

典型案例

裁判要点

借贷双方约定从借款本金中预先扣除部分利息的，应当按照实际借款数额计算本金和利息。

案情简介[①]

吕某于2019年1月13日向迁某借款，并出具借据一份，该借据记载："现吕某向迁某借款200000元，大写：贰拾万元整，还款时间：2019年4月13日，立此为据。还款按月偿还利息，如有一个月不按时还款，出借人可以起诉追缴全部借款总额。借款人承诺承担超期未还款造成的经济损失。双方发生纠纷，可在出借人户口所在地起诉"。

迁某于2019年1月13日向崔某转款182，000元，吕某、崔某于该日向迁某出具收据一份，该收据记载："今收到迁某现金或转账款200000元，大写：贰拾万元整"。

裁判观点

法院认为，合法的借贷关系受法律保护。关于借款本金数额的问题，出借人在提供借款时预先扣除利息的，应按照实际借款出借的金额认定借款本金，迁某也自认其实际转款182，000元，故法院以182，000元认定借款本金。（本案法律关系参见图5）

---

① 参见迁某与吕某、崔某民间借贷纠纷案，辽宁省海城市人民法院（2021）辽0381民初10019号民事判决书。

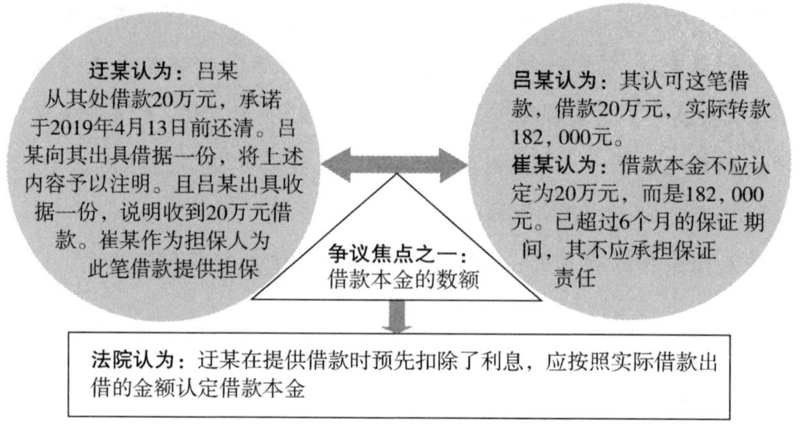

图 5　本案法律关系示意

案例评析

本案是关于出借人预先扣除利息的典型案例。

首先，出借人预先扣除利息的，借款人按实际借款还本付息。出借人预先扣除的利息俗称“砍头息”，是指出借人在向借款人支付本金时预先扣除的利息。虽然预先扣除利息在经得借款人同意的前提下才能实现，但这不符合公平原则。出借人应按照合同约定的借款金额向借款人支付本金，若预先扣除利息，实际借款本金小于借款合同约定的金额，出借人应承担违约责任。《民法典》第 670 条规定：“借款的利息不得预先在本金中扣除。利息预先在本金中扣除的，应当按照实际借款数额返还借款并计算利息。”最高人民法院《关于审理民间借贷案件适用法律若干问题的规定》第 26 条规定：“借据、收据、欠条等债权凭证载明的借款金额，一般认定为本金。预先在本金中扣除利息的，人民法院应当将实际出借的金额认定为本金。”由此可见，出借人预先扣除利息的行为是不合法的，借款人按实际借款数额返还借款并计算利息。

其次，借款人承担“预先扣除利息”的举证责任。出借人要求以借据、收据、借条等债权凭证所载明借款数额还款，如不存在疑点事实，法院认定该证据证明的借款本金数额，出借人完成了自己的举证。借款人以提前扣除利息抗辩的，依据“谁主张，谁举证”原则，借款人应当就此事实进行举证，借款人可提供银行转账记录、收据、证人证言等证明利息已经提前扣除的事实。借款人举证后，法院对预先扣除利息的事实产生合理怀疑时，可要求出借人补强证据。若出借人不能补强，则法院可能支持借款人的观点。

本案中，出借人自认实际转款 182，000 元，故法院以 182，000 元认定借款本金。出借人自认的情形下，借款人可以免于举证。

类案参考

裁判要点

出借人发放贷款次日收取利息的，属于非典型的“预先在本金中扣除利息”，借款人按扣除利息后的实际借款还本付息。

裁判观点

在黄某与驰某公司民间借贷纠纷案[①]中，法院认为，原告、被告虽签订的是商品房买卖合同，但双方实际上并没有真实的买卖房屋的意思表示，二者实际形成的应是民间借贷法律关系，原告、被告双方在商品房买卖合同中约定的租金实际应系借款利息，驰某公司在第一次庭审中亦陈述是“以租金的方式来支付原告的利息”。黄某于 2021 年 1 月 6 日向驰某公司支付借款 600 万元后，次日即收取驰某公司利息 15 万元，剥夺了驰某公司对该 15 万元享有的期限利益，属于非典型的预先在本金中扣除利息的情形，故该 15 万元应当从借款本金 600 万元中予以扣除，驰某公司应偿还黄某借款本金 585 万元。

021 借款利率的法定上限是如何规定的?

要点解答

借款利率的法定上限有以下几种情形：

（1）2020 年 8 月 20 日之前受理的案件，利率上限为年利率 24%。

（2）2020 年 8 月 20 日之后受理的案件，合同成立于 2020 年 8 月 20 日前的，自合同成立到 2020 年 8 月 19 日的利率上限为年利率 24%；自 2020 年 8 月 20 日到借款返还之日的利率上限为起诉时一年期贷款市场报价利率的四倍（年利率约 15.4%）。

（3）案件受理和合同成立均在 2020 年 8 月 20 日后的，利率上限为合同成立时一年期贷款市场报价利率的四倍。

① 参见河北省高碑店市人民法院民事判决书，（2021）冀 0684 民初 3201 号。

借贷双方当事人对借款利率的约定应当符合法律规定。

典型案例

裁判要点

在2020年8月20日后受理的案件，合同成立时间在2020年8月20日前的，以2020年8月20日为时间点，利率的法定上限不同。

案情简介①

2017年7月6日，苏某向王某的银行账户转款200,000元，王某出具了一张借条，载明“今借到苏某现金人民币200000元，月利息2%”。后王某向苏某还款58,000元。

裁判观点

法院认为，关于计息标准。涉案借贷行为发生于2017年7月6日，并于当日出具借条，借条载明“月利息2%”。根据最高人民法院《关于审理民间借贷案件适用法律若干问题的规定》第25条“出借人请求借款人按照合同约定利率支付利息的，人民法院应予支持，但是双方约定的利率超过合同成立时一年期贷款市场报价利率四倍的除外。前款所称‘一年期贷款市场报价利率’，是指中国人民银行授权全国银行间同业拆借中心自2019年8月20日起每月发布的一年期贷款市场报价利率”以及第31条第1款、第2款“本规定施行后，人民法院新受理的一审民间借贷纠纷案件，适用本规定。2020年8月20日之后新受理的一审民间借贷案件，借款合同成立于2020年8月20日之前，当事人请求适用当时的司法解释计算自合同成立到2020年8月19日的利息部分的，人民法院应予支持；对于自2020年8月20日到借款返还之日的利息部分，适用起诉时本规定的利率保护标准计算”的规定，涉案借款成立于2020年8月20日之前，苏某于2021年7月19日起诉要求按照月利率2%计息。故从借款之日2017年7月6日至2020年8月19日的利息按照月利率2%计算，2020年8月20日以后的利息按照起诉时候一年期贷款市场报价利率四倍，即15.4%的利率标准计算。王某认为利息只能依据一年期贷款市场报价利率计算的理由不能成立，法院不予支持。

---

① 参见王某与苏某民间借贷纠纷案，湖南省常德市中级人民法院（2022）湘07民终743号民事判决书。

022 “利滚利”是否受法律保护?

要点解答

“利滚利”没有超过一年期贷款市场报价利率四倍的受法律保护。最高人民法院《关于审理民间借贷案件适用法律若干问题的规定》第 27 条第 1 款规定:“借贷双方对前期借款本息结算后将利息计入后期借款本金并重新出具债权凭证,如果前期利率没有超过合同成立时一年期贷款市场报价利率四倍,重新出具的债权凭证载明的金额可认定为后期借款本金。超过部分的利息,不应认定为后期借款本金。”

转据时利息转入新的债权凭证中,利息没有超过一年期贷款市场报价利率四倍的,法院应予支持。

023 复利超过了一年期贷款市场报价利率四倍的,超过部分法院是否支持?

要点解答

复利超过了一年期贷款市场报价利率四倍的,超过部分法院不予支持。最高人民法院《关于审理民间借贷案件适用法律若干问题的规定》第 27 条第 2 款的规定:“按前款计算,借款人在借款期间届满后应当支付的本息之和,超过以最初借款本金与以最初借款本金为基数、以合同成立时一年期贷款市场报价利率四倍计算的整个借款期间的利息之和的,人民法院不予支持。”

转据时利息转入新的凭证中,出借人可以要求借款人先行偿还超过一年期贷款市场报价利率四倍的那部分利息。

典型案例

裁判要点

复利与整个借款期间的利息之和没有超过以最初借款本金为基数、以合同成立时一年期贷款市场报价利率四倍受法律保护。

案情简介[①]

2011年8月15日，徐某向朱某出具借条一份，载明："今借到朱某人民币30万元，月利息为1.5%，借款期为一年，若逾期不还按0.5%每日支付违约金。"朱某向徐某支付30万元。2011年11月20日，徐某向朱某出具借条一份，载明："今借到朱某人民币70万元整，此笔款项与本人的叁拾万元共计壹佰万元整用于东湖湾某项目投资，按照本人与乐某公司签订的协议中的第二条予朱某以回报。"

2016年4月3日，徐某向朱某出具欠条一份，内容为："欠到朱某人民币100万元整，还款期为2016年12月30日，到期后欠款一次还清，若逾期不还，自2017年1月1日起按月息2%支付利息，直至本息还清为止。"该欠条为2011年11月20日借条中70万元将利息计入本金后重新签订的债权凭证，双方对欠条的真实性没有异议。同日，徐某出具了另一份欠条，内容为："今欠到朱某人民币35万元整，还款期为2016年10月30日，到期后欠款一次还清。若逾期不还，自2016年10月31日起按月息2%支付利息直至本息还清为止。"

朱某自认2011年8月15日借条载明的30万元徐某已还清。

裁判观点

法院认为，最高人民法院《关于审理民间借贷案件适用法律若干问题的规定》第27条规定："借贷双方对前期借款本息结算后将利息计入后期借款本金并重新出具债权凭证，如果前期利率没有超过合同成立时一年期贷款市场报价利率四倍，重新出具的债权凭证载明的金额可认定为后期借款本金。超过部分的利息，不应认定为后期借款本金。按前款计算，借款人在借款期间届满后应当支付的本息之和，超过以最初借款本金与以最初借款本金为基数、以合同成立时一年期贷款市场报价利率四倍计算的整个借款期间的利息之和的，人民法院不予支持。"该100万元的欠条为2011年11月20日借条中的70万元将利息计入本金后重新签订的债权凭证，其中70万元为本金，30万元为2011年11月21日至2016年4月2日的利息，欠条

---

① 参见朱某与徐某、龚某民间借贷纠纷案，山东省枣庄市中级人民法院(2021)鲁04民终1305号民事判决书。

中约定的计入本金的利息没有超过合同成立时一年期贷款市场报价利率的四倍，对该100万元欠条所确定的本金，法院予以认可。（本案法律关系参见表6）

表6 争议焦点之一：欠款的数额如何认定

诉讼主体		观点
当事人	朱某	一笔35万元借款本金和另一笔100万元借款本金，共计135万元
	徐某	双方不存在借贷关系，135万元为投资款
法院		一笔35万元借款本金；另外70万元借款本金和30万元复利入本，共计135万元

案例评析

本案是关于复利的典型案例。

首先，复利存在具有合理性。复利，又叫“利滚利”，是指在借贷关系中，出借人将借款人到期应付而未付的利息计入本金再计算利息。复利存在具有合理性：从经济学来看，复利是货币作为一种商品的价格计算方法之一；从出借人的合法利益保护来看，借款人在约定期限内不能偿还本息的，出借人应得的利息不能按时收回，不能按时收回的利息本可以另行产生收益；从单利与复利的共性来看，两者均是资金所有者借出资金而取得的报酬。

其次，借贷双方当事人约定复利的，是当事人的意思自治。复利存在不仅具有合理性，并且具有合法性。借贷双方当事人对前期借款本息进行结算，并将前期利息加入后期借款本金，是双方的真实意愿，符合合同自由和意思自治原则。《民法典》第5条规定：“民事主体从事民事活动，应当遵循自愿原则，按照自己的意思设立、变更、终止民事法律关系。”借贷双方当事人约定复利的，是当事人的意思自治，受法律保护。

最后，民间借贷中的复利有法定保护上限。为规范我国民间借贷市场，防止利率畸高，法律对复利设置了保护上限。依据最高人民法院《关于审理民间借贷案件适用法律若干问题的规定》第27条的规定，借贷双方对前期借款本息结算后将利息计入后期借款本金并重新出具债权凭证，如果前期利率没有超过合同成立时一年期贷款市场报价利率四倍，重新出具的债权凭证载明的金额可认定为后期借款本金。超过部分的利息，不应认定为后期借款本金。民间借贷中复利的法定保护上限为：以最初的借款本金为基数，以合同成立时一年期贷款市场报价利率四倍计算整个借款期间的利息。

类案参考

裁判要点

前期借款利息计入后期借款本金的，本息之和已经超过借款本金与以最初借款本金为基数自出借人付款之日起按照起诉时一年期贷款市场报价利率四倍计算整个借款期间的利息之和的，应当依法调整借款利率。

裁判观点

在张某与杨某村委会民间借贷纠纷案[①]中，二审法院认为，最高人民法院《关于审理民间借贷案件适用法律若干问题的规定》(2020年修正)第27条规定："借贷双方对前期借款本息结算后将利息计入后期借款本金并重新出具债权凭证，如果前期利率没有超过合同成立时一年期贷款市场报价利率四倍，重新出具的债权凭证载明的金额可认定为后期借款本金。超过部分的利息，不应认定为后期借款本金。按前款计算，借款人在借款期间届满后应当支付的本息之和，超过以最初借款本金与以最初借款本金为基数、以合同成立时一年期贷款市场报价利率四倍计算的整个借款期间的利息之和的，人民法院不予支持。"第32条第2款[②]规定："借贷行为发生在2019年8月20日之前的，可参照原告起诉时一年期贷款市场报价利率四倍确定受保护的利率上限。"本案中，张某与杨某村委会在《借款协议》中明确约定前期借款利息计入后期借款本金，按照其计算方法计算出的本息之和，已经超过以20万元为借款本金、自张某付款之日起按照起诉时一年期贷款市场报价利率四倍计算的本息之和，故一审法院依法调整借款利率均按照起诉时一年期贷款市场报价利率的四倍即年利率15.4%的标准计算并无不当，二审法院予以确认。

---

① 参见北京市第三中级人民法院民事判决书，(2021)京03民终2486号。

② 相关规定参见2020年第二次修正的《关于审理民间借贷案件适用法律若干问题的规定》第31条。

024 借贷双方未约定借款利息，出借人主张支付利息，能否得到支持？

要点解答

借贷双方未约定借款利息，出借人主张支付利息，不能得到支持。《民法典》第680条第2款规定："借款合同对支付利息没有约定的，视为没有利息。"以民间借贷为例，民间借贷可以是有偿的也可以是无偿的。借贷双方未约定利息的，系无偿合同，故出借人向法院起诉要求借款人支付利息的，法院不予支持。

民间借贷中如确需支付利息的，应在借据中明确。

典型案例

裁判要点

借贷双方没有约定利息的，出借人无权主张借款人支付借期内利息。

案情简介[①]

2014年9月2日，赵某转账支付曾某50万元。2014年9月6日，曾某向赵某出具借条，确认赵某借给曾某50万元。后曾某共计转账支付赵某39,200元。赵某称曾某支付赵某的款项均为利息，曾某对此不予认可，称其偿还的均为本金。对于双方利息约定的计算方式，赵某未提交证据予以佐证。

2016年3月3日，曾某向赵某出具借条，确认赵某借给曾某20万元。审理中，赵某主张其向曾某支付176,200元。赵某称上述款项加上50万元借款8月的利息11,200元及11月的利息12,600元合计凑成20万元就是借款本金。曾某认可收到赵某的转账，但主张是赵某支持自己创业的钱，此后虽然打了借条，但是曾某并未收到借款。

裁判观点

再审法院认为，本案的主要问题是双方是否约定了借款利息。根据法

---

① 参见赵某与曾某民间借贷纠纷案，北京市高级人民法院（2021）京民申2732号民事裁定书。

律规定，借款合同对支付利息没有约定的，视为没有利息。自然人之间借贷对利息约定不明，出借人主张支付利息的，法院不予支持。本案中，赵某主张双方约定借款利息为月利率2%，但曾某向赵某出具的借条中并未明确约定借款利息。微信聊天记录中亦难以认定曾某系对本案借款利息的自认。根据借条和微信聊天记录，不足以证明赵某主张的双方存在月利率2%的约定，据此对于赵某要求曾某按照每月2%的标准支付利息的请求，一审、二审法院不予支持，再审法院认为，并无不当。（本案法律关系参见表7）

表7　争议焦点之一：双方是否约定了借款利息

诉讼主体		观点
当事人	赵某	借款利息为月利率2%
	曾某	双方没有约定借款利息
法院		根据借条及相关证据均不足以证明双方存在利息的约定，视为没有利息

案例评析

本案是关于借贷双方没有约定利息的典型案例。

首先，借贷双方没有约定利息，出借人无权主张借款人支付借期内利息。《民法典》第680条第2款规定："借款合同对支付利息没有约定的，视为没有利息。"自然人之间借贷、法人之间借贷、非法人组织之间借贷、自然人与法人及非法人组织之间借贷，如果没有约定利息或根据相关证据不能推定存在利息的，视为出借人没有追求利息的本意或者借贷双方没有达成支付利息的合意。故无论何种借贷主体，只要借贷双方没有约定利息，出借人就无权主张借款人支付借期内利息。

其次，债权凭证没有载明借款利息的，借贷双方是否存在"约定借款利息"的事实，应结合其他证据予以综合认定。在借款合同纠纷诉讼中，借贷双方当事人没有签订书面合同，仅口头约定借款利息的事实，出借人能通过其他证据佐证的；或者借贷双方当事人签订了书面合同，借款利息通过口头约定，且借款人按月或按季向出借人支付利息的，均应予以认定借贷双方已约定了借款利息。故在审判实务中，不能仅凭借条、借据、欠条等债权凭证上没有载明借款利息，就视为没有利息，而应结合其他证据综合认定。本案中，法院结合微信聊天记录进行审查，仍无法确定双方当事人对支付利息有约定，故判决视为没有利息。

最后，借款人已经偿还的利息，不能以“借款合同未约定利息”为由要求出借人返还。民间借贷中常有借款人在没有书面合同约定的情况下支付利息，后又向法院主张追回利息。借贷双方虽然没有书面合同约定利息，但有可能口头约定了支付利息，借款人按口头约定支付利息的，其不能要求返还。若借贷双方确实未约定利息，借款人自愿向出借人支付利息，也并不违反法律的强制性规定而无效，符合当事人意思自治原则。借款人支付利息后，不能以“借款合同未约定利息”为由要求出借人返还，但支付的利息超过法律保护借贷利率上限的部分除外。

类案参考

裁判要点

出借人主张借贷双方口头约定利息，未能提供其他证据证明的，视为没有利息。

裁判观点

在百某公司与黄某、彭某民间借贷纠纷案[①]中，法院认为，黄某自认出借款项至案件审理时已陆续收回 6000 元，其认为该 6000 元系双方口头约定的利息，因借据上没有约定利息，黄某亦未能提供证据证明双方在借款时口头约定利息，根据《民法典》第 680 条第 2 款的规定，借款合同对支付利息没有约定的，视为没有利息。因此应认定该 6000 元系返还借款本金，尚未返还的本金数额应为 33，000 元。对黄某从借款次日起计算利息的请求，不予支持。但其起诉之日视为要求返还借款，从次日起借款人未返还借款的，应支付逾期利息。根据最高人民法院《关于审理民间借贷案件适用法律若干问题的规定》第 28 条第 2 款第 1 项的规定，既未约定借期内利率，也未约定逾期利率，自逾期还款之日起应参照当时一年期贷款市场报价利率标准计算逾期利息。因此逾期利率应按 2021 年 1 月 20 日（立案之日）公布的一年期贷款市场报价利率标准计算。

① 参见广西壮族自治区崇左市中级人民法院民事判决书，（2021）桂 14 民终 716 号。

025 借贷双方当事人对利息约定不明确，出借人主张支付利息，能否得到支持？

要点解答

借贷双方当事人对利息约定不明确，出借人主张支付利息，有两种不同的结果：在自然人之间的借贷中，视为没有利息；在其他情形下，法院结合民间借贷合同的内容，并根据交易方式、交易习惯、市场报价利率等相关因素确定利息。

民间借贷中如确实需要支付利息的，应在借据中将借款利率以及支付方式等事项予以载明。

典型案例

裁判要点

自然人之间借贷对支付利息约定不明确的，视为没有利息。

案情简介①

赵某向法院提供落款为2019年农历二月初六的借条，内容为："借条 张某于2019年二月初六向赵某借款55000元整（伍万伍仟元整）于2019年四月初六前还张某，2019年二月初六"。张某向赵某出具该份借条后，赵某将之前张某向其出具的6份借条交给张某。

赵某称此借条实际形成时间为2019年12月30日；张某也认可该借条的实际形成时间并非为2019年农历二月初六，是按之前的形成时间书写的。赵某自述，2018年11月至2019年2月，张某四次向其借款共计72，500元，双方口头约定月息2%；每次借款都重新换借条，写上累计借款数额，最后一次换条时间是2019年农历二月初六，双方约定2019年农历四月初六全部还清。自2019年农历四月初六，张某开始按照3%的月利率多次给赵某书写借条，把所欠利息再写成借款。到2019年12月30日，张某

① 参见张某与赵某民间借贷纠纷案，河南省郑州市中级人民法院（2021）豫01民终5498号民事判决书。

所写的利息借条已经达到 22，500 元，加上借款本金 72，500 元，本息共计 95，000 元。扣除张某 2019 年 6 月已还的 10，000 元，2019 年 12 月 30 日已还的 30，000 元，为 55，000 元，张某重新书写了借条，借条落款时间仍写为 2019 年农历二月初六。

裁判观点

一审法院认为，关于借款有无约定利息，张某称双方当时并无约定利息，但其又称其向赵某出具的部分借条实际是利息，可以证明双方对于利息是有约定的，依据张某提供的借条记载的数额，及间隔时间，双方实际认可的利息应为年利率 24%。

二审法院认为，赵某提交的借条及录音证据内容清楚，权利义务关系明确，足以证明张某欠款事实存在，张某应当按照约定归还赵某欠款本金。《民法典》规定，借款合同对支付利息没有约定的，视为没有利息。借款合同对支付利息约定不明确，当事人不能达成补充协议的，按照当地或者当事人的交易方式、交易习惯、市场利息等因素确定利息。自然人之间借款的，视为没有利息。原审立案日期是 2021 年 2 月 5 日，在《民法典》施行之后，应当适用《民法典》的相关规定判决。张某称不应支付利息符合法律规定，依法应予支持。（本案法律关系参见表 8）

表 8　争议焦点之一：双方是否约定了借款利息

诉讼主体		观点
当事人	赵某	利息应为年利率 24%
	张某	无约定利息，其又称向赵某出具的部分借条是利息
法院	一审法院	依据张某提供的借条记载的数额及间隔时间，双方实际认可的利息应为年利率 24%
	二审法院	自然人之间的借款对支付利息约定不明确，视为没有利息

案例评析

本案是关于支付利息约定不明确的典型案例。

首先，如何认定借贷双方当事人对“支付利息约定不明确”。在借款合同纠纷司法审判实务中，常被法院认定为借贷双方对“支付利息约定不明确”的情形有如下几种：（1）借贷双方中的一方认为有口头约定利息，另一方予以否认，且无其他证据证实支付利息的；（2）借款合同中约定“至××年×月×日止，利息另计”“到期一次性还本付息”等且无其他证据证实支付利息的；（3）借贷双方约定“优先支付利息”，但无明确，且无其他证据证实支付利息的；（4）借贷双方对支付利息有约定，但未明确利率，且无其他证据证实支付利息的。

其次，在自然人之间的借贷关系中，双方当事人对支付利息约定不明的，视为没有利息。《民法典》第680条第3款规定：“借款合同对支付利息约定不明确，当事人不能达成补充协议的，按照当地或者当事人的交易方式、交易习惯、市场利率等因素确定利息；自然人之间借款的，视为没有利息。”出借人如果需要借款人支付利息的，应当明确约定借款利息，并保存好相关证据。

最后，在非自然人之间的借贷关系中，双方当事人对支付利息约定不明，且不能达成补充协议的，应结合其他相关因素确定利息。最高人民法院《关于审理民间借贷案件适用法律若干问题的规定》第24条第2款规定：“自然人之间借贷对利息约定不明，出借人主张支付利息的，人民法院不予支持。除自然人之间借贷的外，借贷双方对借贷利息约定不明，出借人主张利息的，人民法院应当结合民间借贷合同的内容，并根据当地或者当事人的交易方式、交易习惯、市场报价利率等因素确定利息。”在非自然人之间的借贷关系中，双方当事人对支付利息约定不明的，若双方不能达成补充协议，法院应结合民间借款合同的内容，并根据当地或者当事人的交易方式、交易习惯、市场报价利率等因素确定利息。

类案参考

裁判要点

非自然人之间的借贷对支付利息约定不明确的，应当根据当地或者当事人的交易方式、交易习惯、市场报价利率等因素确定利息。

裁判观点

在城某集团公司与沙某、杨某、城某公司民间借贷纠纷案[①]中，二审法

① 参见江苏省苏州市中级人民法院民事判决书，（2021）苏05民终3403号。

院认为，关于利息问题。自然人之间借贷对利息约定不明，出借人主张支付利息的，法院不予支持。除自然人之间借贷的外，借贷双方对借贷利息约定不明，出借人主张利息的，法院应当结合民间贷款合同的内容，并根据当地或者当事人的交易方式、交易习惯、市场报价利率等因素确定利息。本案中，涉案借款未出具借条，亦未书面明确约定利息，杨某、城某集团公司均确认涉案借款系城某集团公司实际使用，城某集团公司亦通过公司账户归还款项，故涉案借款并非自然人之间的借款，根据上述规定，本案应当根据当地或者当事人的交易方式、交易习惯、市场报价利率等因素确定利息。现杨某作为借款人，在录音中多次确认涉案借款存在利息，且与沙某在交谈中协商利息；故在杨某一方未提交证据证明杨某在录音中多次所作有关利息的陈述系受到胁迫、欺诈等作出非真实意思表示的情况下，一审结合涉案 2012 年 3 月 30 日交付的 200 万元系源于案外人，且案外人收取年利率 12% 的利息以及城某集团公司一笔还款备注“代杨某还借款本金”中强调归还本金等情形，综合认定杨某认可涉案借款存在利息，并按照在案最后一份录音中杨某确认按一分二计算借款利息并无不当，二审法院予以维持。

026 借贷双方未约定利息，出借人主张逾期利息，能否得到支持？

要点解答

借贷双方未约定利息，出借人主张逾期利息，能得到支持。依据最高人民法院《关于审理民间借贷案件适用法律若干问题的规定》第 28 条第 2 款第 1 项的规定，借贷双方既未约定借期内利率，也未约定逾期利率，出借人主张借款人自逾期还款之日起参照当时一年期贷款市场报价利率标准计算的利息承担逾期还款违约责任的，法院应予支持。

民间借贷中如确实需要支付利息的，可以约定借期内利息和逾期利息。

027 民间借贷逾期利率的法定上限是如何规定的?

要点解答

借贷双方当事人可以对借款逾期利率进行约定，其上限不能超过合同成立时一年期贷款市场报价利率的四倍。最高人民法院《关于审理民间借贷案件适用法律若干问题的规定》第 28 条第 1 款规定:“借贷双方对逾期利率有约定的，从其约定，但是以不超过合同成立时一年期贷款市场报价利率四倍为限。”这是《民法典》禁止高利放贷的具体化。

借贷双方约定的逾期利率不得高于法律规定的保护上限。

028 如何计算民间借贷的逾期利率?

要点解答

借款人逾期未清偿债务的，须返还借款本金、借期内利息和逾期利息。民间借贷中的逾期利率亦适用当事人约定优于法律规定的原则，借贷双方约定逾期利率且不超过合同成立时一年期贷款市场报价利率的四倍的，从其约定;双方对逾期利率没有约定的，可以参照借期内利率标准计算;对借期内利率亦未约定的，逾期利率参照逾期还款之日的一年期贷款市场报价利率的标准计算。

借贷双方应在借贷过程中约定逾期利率，以便于更好地保护自身的合法权益。

典型案例

裁判要点

借贷双方没有约定逾期利率，也未约定借期内利率的，出借人可请求逾期利率参照起诉之日的一年期贷款市场报价利率标准计算。

案情简介[1]

黄某向沈某支付了款项后，沈某出具了一份借据，内容为："本人沈某，因近期生意急需现金周转，现于2012年10月28日向黄某借取现金20万元，暂定于2012年12月28日归还。特此证明。"上述借据的落款时间为2012年10月28日。

裁判观点

法院认为，关于借款的利息，由于根据借据载明的还款期限，涉案借款自2012年12月29日已开始逾期，黄某主张从起诉之日即2021年3月18日起开始计算利息，不违反法律规定，法院予以准许。至于利息利率，因为黄某与沈某未对借款利率做出约定，故根据最高人民法院《关于审理民间借贷案件适用法律若干问题的规定》第28条第2款"未约定逾期利率或者约定不明的，人民法院可以区分不同情况处理：（一）既未约定借期内利率，也未约定逾期利率，出借人主张借款人自逾期还款之日起参照当时一年期贷款市场报价利率标准计算的利息承担逾期还款违约责任的，人民法院应予支持"的规定，沈某应自2021年3月18日起按照同期一年期贷款市场报价利率标准向黄某计付利息。（本案法律关系参见表9）

表9 诉审不一：双方未约定利率的，逾期利息的支付标准如何确定

诉讼主体		观点
当事人	黄某	逾期利息自起诉之日起按全国银行间同业拆借中心公布的贷款市场报价利率的四倍为标准计算至还清之日止
	沈某	未陈述
法院		沈某应自黄某起诉之日起按照同期一年期贷款市场报价利率标准向黄某计付利息

案例评析

本案是关于支付逾期利息的典型案例。

首先，借款人未按照约定的期限偿还借款的，应当支付逾期利息。借贷双方当事人对逾期利率有约定的，依照当事人的约定进行处理，但逾期利率不得超过合同成立时一年期贷款市场报价利率四倍。借贷双方当事人约定

① 参见黄某与沈某民间借贷纠纷案，广东省广州市中级人民法院（2021）粤01民终23111号民事判决书。

逾期利率，其目的是赔偿出借方的损失。

其次，借贷双方没有约定逾期利率，也未约定借期内利率的，逾期利率参照逾期还款之日的一年期贷款市场报价利率标准计算。本案中，涉案借款自 2012 年 12 月 29 日已开始逾期，但出借人主张从起诉之日即 2021 年 3 月 18 日起开始计算逾期利息，不违反法律规定，法院予以支持，利率标准为参照 2021 年 3 月 18 日的一年期贷款市场报价利率。

最后，对于借贷双方当事人只约定了借期内利率，而对逾期还款利率没有约定，事后双方当事人也未能达成一致意见的，出借人可以按照借期内利率的标准向借款人主张逾期还款利息，法院予以支持。

类案参考

裁判要点

借贷双方约定了借款期间内利率，但未约定逾期利率的，出借人可要求借款人自逾期还款之日起按借款期间内的利率支付利息。

裁判观点

在张某与郑某、王某民间借贷纠纷案[①]中，二审法院认为，关于逾期利息如何确定的问题。张某主张因郑某在一审时拒不调解，故意拖延时间所产生的利息不应由张某承担。本案系张某、王某未能按照约定偿还借款，郑某为维护自身合法权益而提起的诉讼，且调解应在双方自愿的前提下进行，并非强制性，郑某在一审时是否同意调解均不违反法律规定。对张某的主张，本院不予支持。最高人民法院《关于审理民间借贷案件适用法律若干问题的规定》第 28 条规定："借贷双方对逾期利率有约定的，从其约定，但是以不超过合同成立时一年期贷款市场报价利率四倍为限。未约定逾期利率或者约定不明的，人民法院可以区分不同情况处理：……（二）约定了借期内利率但是未约定逾期利率，出借人主张借款人自逾期还款之日起按照借期内利率支付资金占用期间利息的，人民法院应予支持。"本案中，张某、王某和郑某在借条中约定了借款期间内的利率，但未约定逾期利率，根据上述规定，郑某请求张某、王某自逾期还款之日起按借款期间内的利率支付利息，应予支持；一审法院根据郑某的诉讼请求，判决张某、王某应支付的利息为

① 参见广西壮族自治区防城港市中级人民法院民事判决书，(2022) 桂 06 民终 519 号。

以尚欠的借款本金为基数，从 2021 年 8 月 1 日起至借款还清之日止，按全国银行间同业拆借中心公布的一年期贷款市场报价利率的四倍计算并无不当，二审法院予以维持。

029 出借人是否可以同时主张逾期利率和违约金？

要点解答

在民间借贷中，借贷双方约定了逾期利息、违约金和其他费用的，在借款人逾期还款时，出借人可以选择其中一项或者两项主张，还可以三项同时主张，但最高上限不能超过合同成立时一年期贷款市场报价利率的四倍，超过部分法院不予支持。

逾期利率、违约金或者其他费用并存时，最高标准不能超过法定上限。

典型案例

裁判要点

借款人逾期偿还借款时，出借人已主张逾期利息按合同成立时一年期贷款市场报价利率四倍计算的，不能再主张违约金。

案情简介[①]

2020 年 7 月 14 日，李某向胡某出具了借条，该借条的主要内容如下：出借人为胡某，借款人为李某，担保人为海南建某公司；出借人于 2020 年 3 月 23 日汇款 66，800 元到借款人李某实际控股的李某商务公司。李某曾向出借人承诺，按总投资金额的 0.8% 每天向出借人进行现金（转账）分红，但李某未履行该义务，经多次协商同意，李某及其公司自愿将出借人转入的上述投资款转为李某向出借人的借款；借款总金额 66，800 元，减去已还金额 27，790 元，余下借款金额 39，010 元，按本息三个月分期还款，借款利息按月利息 1.6% 计算；李某未按约定期限还款，滞纳金按本息总金额的 20%

---

① 参见胡某与李某、李某商务公司民间借贷纠纷案，湖南省安化县人民法院（2021）湘 0923 民初 3284 号民事判决书。

计算；出借人为实现债权而产生的费用（包括诉讼费、律师费、误工费、交通费、用餐费等）由借款人承担。

裁判观点

法院认为，根据最高人民法院《关于审理民间借贷案件适用法律若干问题的规定》第29条的规定，出借人与借款人既约定了逾期利率，又约定了违约金或者其他费用，出借人可以选择主张逾期利率、违约金或者其他费用，也可以一并主张，但是总计超过合同成立时一年期贷款市场报价利率四倍的部分，法院不予支持。胡某已主张了逾期利息，法院确认的逾期利息计算标准为合同成立时一年期贷款市场报价利率的四倍，胡某主张14，453元违约金，违反了前述法律规定，法院不予支持。（本案法律关系参见图6）

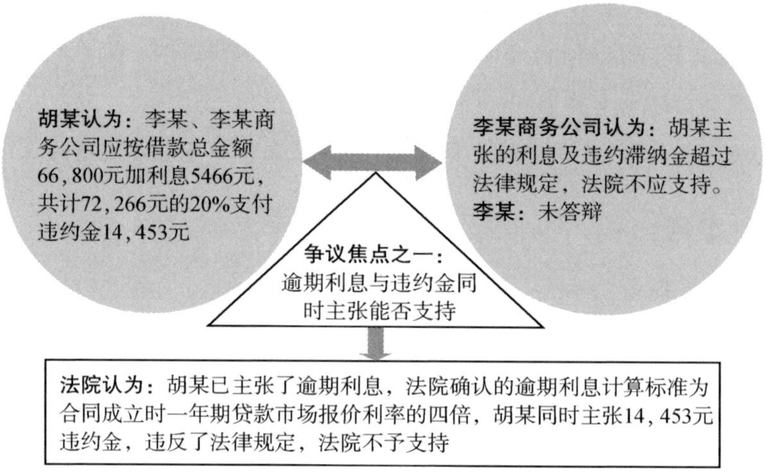

图6　本案法律关系示意

案例评析

本案是关于逾期利息、违约金或者其他费用是否可一并主张的典型案例。

首先，逾期利息、违约金或者其他费用的概念。逾期利息，又称罚息，是借款人未按合同约定的期限偿还借款时，应当就尚未偿还的借款向出借人支付的处罚利息。借款人的主要义务是还本付息，未按期偿还借款是一种根本性违约行为，借款人应当对其违约行为承担相应的法律责任。借贷双方当事人可以约定逾期利息，既可以约定是否收取逾期利息也可以约定逾期利息的利率；在没有约定时，出借人可以按照法律相关规定主张逾期利息。违约金，是借贷双方约定合同的一方当事人不履行或不适当履行合同时，按照合同的约定，为其违约行为支付的一定数额的金钱。其他费用，通常是指借贷双方当事人在借款合同中约定借款人向出借人支付的服务费、咨询费、管理费等，这些费用实质上仍属于借款人为获得借款支付的成本，诉讼费不属于此项。

其次，借款人逾期偿还借款时，出借人可一并主张逾期利息、违约金或者其他费用。逾期利息系借期内利息上浮的部分，性质上也属于违约金，逾期利息和违约金都是承担违约责任的方式，均具补偿性和惩罚性，是对违约方逾期不清偿本金及利息的惩罚。借款人在借款期限内需支付约定利息，根据举轻明重的规则，借款人逾期后应支付逾期利息，故即使借贷双方未约定逾期利息，出借人仍可以向借款人主张。违约金的目的是担保借款合同的履行，违约金的适用以借贷双方当事人有约定为前提。法律并不禁止约定多重违约金。借贷双方当事人对逾期利息、违约金或者其他费用均有约定的，在借款人逾期还款时，出借人可以选择主张逾期利息，也可以选择主张违约金，还可以将三者一并主张。

最后，逾期利息、违约金或者其他费用的法定保护上限为总计不能超过合同成立时一年期贷款市场报价利率四倍。在审判实务中，法院可按照合同约定分别认定逾期利息、违约金和其他费用的数额，将其相加后，再判断有无超过合同成立时一年期贷款市场报价利率四倍。法律设定逾期利息、违约金或者其他费用的法定保护上限，目的是出借人获得所借款项的孳息的同时保障借款人免于承受畸高利息，实现出借人与借款人的利益平衡。

类案参考

裁判要点

违约金、逾期利息及其他费用属于借款人为获得借款而支付的成本，而律师费属于为实现债权而支出的费用，二者性质不同，故法院支持了一年期贷款市场报价利率四倍的“其他费用”时，也支持出借人要求借款人支付律师费。

裁判观点

在蔡某与杨某民间借贷纠纷案[①]中，蔡某主张律师费属于最高人民法院

① 参见广东省清远市中级人民法院民事判决书，(2021)粤18民终4296号。

《关于审理民间借贷案件适用法律若干问题的规定》第29条中规定的“其他费用”，认为在要求其支付一年期贷款市场报价利率四倍的前提下，还额外承担3.5万元律师费，没有事实与法律依据。对此，二审法院认为，首先，最高人民法院《关于审理民间借贷案件适用法律若干问题的规定》中规定的违约金、逾期利息及其他费用属于借款人为获得借款而支付的成本，而律师费属于为实现债权而支出的费用，二者性质不同。其次，杨某为实现债权而提起本案诉讼，与广东正某律师事务所签订委托代理合同并支付3.5万元律师费。根据涉案《借款借据》的约定，杨某因实现债权而产生的一切费用（包括但不限于律师费、诉讼费、执行费、诉讼保全费等）均由蔡某承担。因此，3.5万元律师费是蔡某依约应承担的杨某为实现债权而发生的费用，不属于为获得借款而支付的成本，故一审判决蔡某支付杨某律师费3.5万元并无不当，二审法院予以维持。

030 借款利息的支付期限如何确定?

要点解答

在民间借贷中，借款利息的支付期限按以下几种情形来确定：(1)双方当事人对支付利息的期限有约定的，按约定的期限支付利息。(2)双方当事人对支付利息的期限没有约定或者约定不明确的，可以协议补充。(3)双方当事人对支付利息的期限没有约定或者约定不明确且不能达成补充协议的，则按照合同相关条款或者交易习惯来确定。(4)按照以上三种情形均不能确定，借款期间不满一年的，利息和借款本金一并偿还；借款期间超出一年的，则届满一年时支付利息；剩余不满一年的，借款本金和利息一并偿还。

借贷双方可以约定支付利息的期限，如按季度付息。

典型案例

裁判要点

借款期限未至，其中已至支付期限的借款利息应当支付，借款期限不满一年的，未至支付期限的借款利息应当在返还借款本金时一并支付。

案情简介[①]

张某于2020年4月9日立下借据，向朱某借款10万元，利息为月息2%。朱某于立据当日向张某支付10万元借款。从2020年9月开始，张某没有依约支付利息，且拒绝联系。因张某已经涉及多宗借款纠纷，朱某为确保债权得到实现，通过微信和短信形式要求张某提供相应的担保，但均没有得到张某的回复。其后，朱某向张某邮寄书面的催收及提出解除借款合同函件，但均未能送达张某本人。

裁判观点

二审法院认为，涉案借据上虽然约定了月利息2%，但未定明利息的支付时间和方式，且虽然朱某主张张某已按月结清了部分利息，但因朱某、张某之间还涉及其他借款，故不能据此推定涉案借款约定按月支付利息。《民法典》第674条规定："借款人应当按照约定的期限支付利息。对支付利息的期限没有约定或者约定不明确，依据本法第五百一十条的规定仍不能确定，借款期间不满一年的，应当在返还借款时一并支付；借款期间一年以上的，应当在每届满一年时支付，剩余期间不满一年的，应当在返还借款时一并支付。"涉案借款期限未至，其中已至支付期限借款利息应当支付，未至的借款利息应当在返还借款本金时一并支付。进而，朱某在涉案借款本息清偿期限届满日前提起本案诉讼（本案于2021年1月22日立案），主张解除合同，不符合合同解除的法定条件，一审法院认定朱某主张解除合同理据不足，合法有据。但是，鉴于在本案二审阶段，涉案借款期限已届满，朱某据此在二审法庭调查中主张张某偿还涉案借款本金100,000元及相应利息，而张某未应诉答辩，且未有在案证据证明其已依约偿还涉案借款本息，故二审法院依法对朱某的主张予以支持。

① 参见朱某与张某民间借贷纠纷案，广东省江门市中级人民法院（2021）粤07民终5433号民事判决书。

婚姻家庭
继承篇

031 夫妻共同借款是否属于夫妻共同债务?

要点解答

夫妻有共同举债合意的借款属于夫妻共同债务。夫妻双方共同签名或事后一方追认等共同意思表示所借款项均属于夫妻共同债务,应当由夫妻共同偿还。《民法典》第1064条第1款规定:“夫妻双方共同签名或者夫妻一方事后追认等共同意思表示所负的债务,以及夫妻一方在婚姻关系存续期间以个人名义为家庭日常生活需要所负的债务,属于夫妻共同债务。”

出借人要求夫妻共同偿还借款的,该债务应当属于夫妻共同债务。

032 夫妻一方借款是否应由夫妻共同偿还?

要点解答

在婚姻关系存续期间,夫妻一方以个人的名义所借款项用于家庭日常生活需要的,属于夫妻共同债务,由夫妻共同偿还。家庭日常生活需要主要包括食品、衣着、家庭设备用品及维修服务、医疗保健、交通通信、文娱教育及服务、居住、其他商品和服务。《民法典》第1064条第1款规定,夫妻一方在婚姻关系存续期间以个人名义为家庭日常生活需要所负的债务,属于夫妻共同债务。

夫妻一方以个人名义借款用于家庭日常生活需要的,法院适用推定原则,直接推定为夫妻共同债务,债权人无须举证证明;借款人的配偶一方反驳认为不属于夫妻共同债务的,则应举证证明不属于夫妻共同债务。

典型案例

要点提示

夫妻双方共同签名或者夫妻一方事后追认等共同意思表示所负的债务属于夫妻共同债务,由夫妻双方共同偿还。

案情简介[①]

2013年4月28日，黄某原配偶李某（已故）和黄某以商场装修为由与陕西某银行签订《个人借款合同》，约定李某与黄某共同向陕西某银行借款4,800,000元，借款期限为两年，借款到期日为2015年4月26日，月利率9.69‰，逾期借款利率12.97‰。同日，李某和黄某与陕西某银行签订了《抵押担保合同》，约定黄某以其房屋为上述借款作抵押。但未办理不动产抵押登记。

陕西某银行于2013年4月28日支付借款金额4,800,000元。2015年4月26日借款到期后，李某向陕西某银行偿还借款本金50,000元及所欠利息后申请展期借款，并于当日与陕西某银行签订《借款展期协议》，约定展期借款金额为4,750,000元，展期借款到期日为2016年4月26日，月利率9.97‰，黄某以抵押人的身份在展期协议上签名确认，继续以其房屋为借款做抵押。黄某与李某于2016年7月29日协议离婚，离婚协议约定本案所涉及的房产均归黄某所有，李某名下所有贷款与债务都由李某一人承担。李某于2016年11月5日因病死亡。

裁判观点

法院认为，夫妻双方共同签名或者夫妻一方事后追认等共同意思表示所负的债务属于夫妻共同债务，夫妻共同债务的认定基于“共签共债”的原则，基于夫妻共同意思表示所负的债务应为夫妻共同债务。夫妻一方在婚姻关系存续期间以个人名义超出家庭日常生活需要所负的债务，不属于夫妻共同债务；但是，债权人能够证明该债务用于夫妻共同生活、共同生产经营或者基于夫妻双方共同意思表示的除外。即夫妻共同的意思表示是认定夫妻共同债务的重要标准。现黄某称其不是共同借款人，借款并未用于夫妻共同生活，不属于夫妻共同债务。经查，2013年4月28日，黄某以共同借款人的身份在《个人借款合同》上签字，同时作为抵押人将房产进行抵押。2015年4月26日，黄某以担保人身份在《借款展期协议》上签字并继续以房产作为抵押。先后两次签字表明黄某对借款的事实知晓并认可，与李某有明确的共同借款的意思表示，根据“共签共债”原则，该笔借款属于

---

① 参见黄某与陕西某银行借款合同纠纷案，陕西省延安市中级人民法院（2021）陕06民终2380号民事判决书。

夫妻共同债务。(本案法律关系参见图 7)

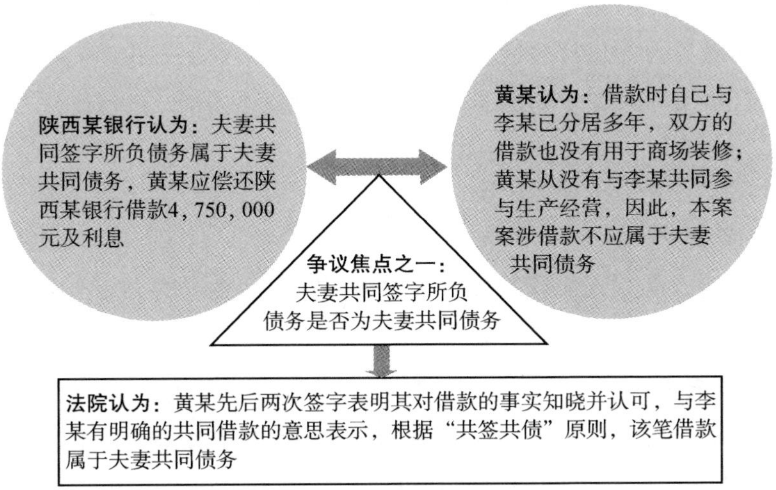

图 7　本案法律关系示意

案例评析

本案是关于夫妻共同债务的典型案例。

首先，关于夫妻共同债务的概念。夫妻共同债务，是指在婚姻关系存续期间夫妻双方或者其中一方为夫妻共同生活对第三人所负的债务。夫妻个人债务，是指夫妻约定为个人负担的债务或者一方从事无关家庭共同生活所产生的债务。夫妻共同债务应当以夫妻共同财产清偿。在夫妻共同债务中，只要夫或妻中的任何一方向债权人履行了全部给付义务，另一方负担的同一债务即归于消灭。

其次，夫妻双方共同签名或者夫妻一方事后追认等共同意思表示所负的债务属于夫妻共同债务。夫妻共同债务的认定是基于“共签共债”的原则，夫妻共同意思表示所负的债务应为夫妻共同债务。这一规定意在引导民商事主体主动规范自身的交易行为，故出借人在形成债务尤其是大额债务时，为避免事后引发不必要的纷争，加强事前风险防范，尽可能要求夫妻共同签字；同时也可防止夫妻一方“被负债”现象发生。

最后，夫妻一方在婚姻关系存续期间以个人名义为家庭日常生活需要所负的债务，属于夫妻共同债务。在家庭生活中，夫妻双方均有日常家事代理权，均可为了家庭生活而向他人举债，只要借款人明确该笔债务系用于家庭生活所需，而不是为了从事非法活动，原则上就可推定为夫妻共同债务。

在诉讼过程中，出借人只需证明借款事实在婚姻关系存续期间及借贷是为满足家庭日常生活需要且具有适当性。借款人的配偶一方反驳认为不属于夫妻共同债务的，其可提供家庭收入情况、收入水平等证明借款数额明显超过家庭日常生活必需消费或该债务未用于家庭日常生活，进行反驳。

类案参考

裁判要点

借款转入借款人配偶的账户且用于家庭生活生产的，该债务属于夫妻共同债务。

裁判观点

在马某甲与马某乙、门源某银行金融借款合同纠纷案[①]中，二审法院认为，根据《民法典》第1064条“夫妻双方共同签名或者夫妻一方事后追认等共同意思表示所负的债务，以及夫妻一方在婚姻关系存续期间以个人名义为家庭日常生活需要所负的债务，属于夫妻共同债务。夫妻一方在婚姻关系存续期间以个人名义超出家庭日常生活需要所负的债务，不属于夫妻共同债务；但是，债权人能够证明该债务用于夫妻共同生活、共同生产经营或者基于夫妻双方共同意思表示的除外”、第1089条“离婚时，夫妻共同债务应当共同偿还……”以及最高人民法院《关于适用〈中华人民共和国民法典〉婚姻家庭编的解释（一）》第35条第1款“当事人的离婚协议或者人民法院生效判决、裁定、调解书已经对夫妻财产分割问题作出处理的，债权人仍有权就夫妻共同债务向男女双方主张权利”的规定，夫妻一方在婚姻关系存续期间以个人名义为家庭日常生活需要所负债务，属于夫妻共同债务，夫妻二人离婚后，债权人仍有权利就夫妻共同债务向男女双方主张债权。本案中，虽然马某甲与门源某银行签订《青海省某银行借款合同》时，作为夫妻一方的马某乙未在合同中签字，但根据马某甲和门源某银行在二审中提交的证据以及马某乙二审中的自认，能够证明马某乙知晓该笔贷款并将贷款转入自己的卡中用于家庭生活生产，该笔贷款属于夫妻共同债务。现马某甲与马某乙虽已离婚，但二人仍应共同偿还夫妻关系存续期间为家庭生活生产需要向门源某银行所借80,000元贷款。

---

① 参见青海省海北藏族自治州中级人民法院民事判决书，(2021)青22民终222号。

033 夫妻一方以个人名义借款用于超出家庭日常生活需要的，能否由夫妻双方共同偿还？

要点解答

在婚姻关系存续期间，夫妻一方以个人名义所借款项用于家庭日常生活需要的，属于夫妻共同债务，由夫妻共同偿还；夫妻一方以个人的名义所借款项用于超出家庭日常生活需要的，不属于夫妻共同债务，由借款一方偿还。但是，出借人能证明该借款用于夫妻共同生活、共同生产经营或者基于夫妻双方共同意思表示的，则属于夫妻共同债务，由夫妻共同偿还。

出借人对于用于超出家庭日常生活需要的借款属于夫妻共同债务的事实负有举证证明责任。

典型案例

裁判要点

夫妻一方在婚姻关系存续期间以个人名义所借款项用于超出家庭日常生活需要的，出借人能证明该借款用于夫妻共同生活的，属于夫妻共同债务。

案情简介[①]

2019年12月18日，刘某向岳某出具一份借条，内容如下：借款人刘某因财务能力有限，购房需要资金，特向出借人岳某借款50,000元，借款日期2019年12月18日，还款日期2020年9月27日，借款利息为日利息0.035%。借款期限届满后，刘某未偿还借款。

刘某、谢某原系夫妻关系，两人于2020年9月22日办理离婚登记手续；2019年10月9日，刘某、谢某购买房屋一套。

裁判观点

二审法院认为，当事人对于自己提出的诉讼请求所依据的事实，或者反驳对方诉讼请求所依据的事实应当提供证据加以证明。没有证据或者证据

① 参见谢某与岳某、刘某民间借贷纠纷案，广西壮族自治区南宁市中级人民法院（2021）桂01民终9386号民事判决书。

不足以证明当事人的事实主张的，由负有举证证明责任的当事人承担不利后果。岳某提交的证据之一为刘某出具的借条，其上书写有“购房需要资金”字样，该借条仅有刘某一人签名，谢某事后没有予以追认。岳某提交的聊天记录也不能证明刘某借款是用于家庭购房。岳某与刘某、谢某均为同事，在同一个单位工作，并不存在向谢某进行确认、追认借款的不便。因此，岳某所举证据不能证明刘某借款用于购房的主张。一审法院将此借款认定为夫妻共同债务不妥，对谢某提出应由刘某偿还借款本息的请求，二审法院予以支持。（本案法律关系参见图8）

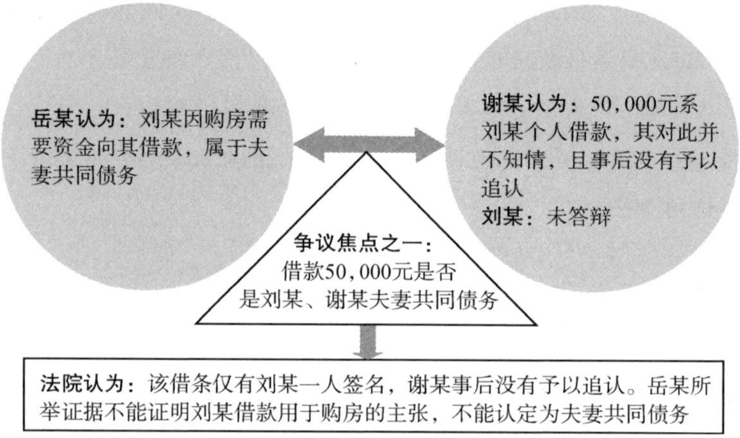

图8　本案法律关系示意

案例评析

本案是关于夫妻共同债务的典型案例。

首先，夫妻一方在婚姻关系存续期间以个人名义超出家庭日常生活需要所借款项，出借人能证明该借款用于夫妻共同生活的，属于夫妻共同债务。司法实践中，“家庭日常生活需要”通常包括食品、衣着、家庭设备用品及维修服务、医疗保健、交通通信、文娱教育及服务、居住、其他商品和服务等因素，并要结合当地经济发展水平来判断。现行法律规定，夫妻一方以个人名义所负的超出家庭日常生活需要的债务，应当首先推定为个人债务，出借人想要认定该债务为夫妻共同债务的，其应当对该主张负举证证明责任，借款人的配偶对此不负举证证明责任。本案中，虽然涉案借条上书写有“购房需要资金”字样，但是未得到借款人配偶的确认，且无其他证据进行佐证，故法院认定为个人债务。

其次，夫妻一方在婚姻关系存续期间以个人名义超出家庭日常生活需要所借款项，出借人能证明该借款用于夫妻共同生产经营的，属于夫妻共同债务。根据《民法典》第1064条之规定："夫妻双方共同签名或者夫妻一方事后追认等共同意思表示所负的债务，以及夫妻一方在婚姻关系存续期间以个人名义为家庭日常生活需要所负的债务，属于夫妻共同债务。夫妻一方在婚姻关系存续期间以个人名义超出家庭日常生活需要所负的债务，不属于夫妻共同债务；但是，债权人能够证明该债务用于夫妻共同生活、共同生产经营或者基于夫妻双方共同意思表示的除外。"出借人应举证证明借款人所借款项用于夫妻共同生产经营，在审判实践中，夫妻共同生产经营审查包括三个要素：债务款项专用性（债务专用于生产经营）、夫妻经营共同性、经营利润共享性。

最后，夫妻一方在婚姻关系存续期间以个人名义超出家庭日常生活需要所借款项，出借人能证明该借款属于夫妻共同意思表示的，属于夫妻共同债务。婚姻是夫妻共同生活的共同体，具有长期性和连续性。婚姻关系存续期间，夫妻除因行使日常家事代理权而形成日常家事债务外，还会与第三人形成其他债权债务关系，如大额借贷、不动产买卖等。为保护借款人的配偶一方的合法权益，法律明确规定此种情况下所负债务原则上不属于夫妻共同债务。将举证证明责任科以出借人，以倒逼出借人在建立借贷关系时尽到审慎的注意义务，按照《民法典》规定要求借款人的配偶一方签字同意，确保债务形成为夫妻双方的共同意思表示，也能够最大限度避免夫妻一方与出借人恶意串通，损害另一方合法权益的情形。

类案参考

裁判要点

借款人的配偶在借款人出资成立的公司担任财务，参加公司的经营管理，并以其账户接收借款的，应当认定为夫妻共同债务。

裁判观点

在梁某、伍某与范某民间借贷纠纷案[①]中，二审法院认为，根据《民法典》第1064条的规定："夫妻双方共同签名或者夫妻一方事后追认等共同意

① 参见广西壮族自治区北海市中级人民法院民事判决书，(2021)桂05民终2172号。

思表示所负的债务，以及夫妻一方在婚姻关系存续期间以个人名义为家庭日常生活需要所负的债务，属于夫妻共同债务。夫妻一方在婚姻关系存续期间以个人名义超出家庭日常生活需要所负的债务，不属于夫妻共同债务；但是，债权人能够证明该债务用于夫妻共同生活、共同生产经营或者基于夫妻双方共同意思表示的除外。”本案中，伍某作为梁某的配偶，并在梁某与范某出资成立的鼎某公司担任财务，参加公司的经营管理，在梁某向范某借款后以其名下银行账户及微信接收借款，可知其对梁某的该笔债务是知晓的，因此，一审法院认定涉案借款为夫妻共同债务，伍某对上述借款及违约金承担共同偿还责任并无不当，二审法院予以确认。

034 结婚前所借款项，可能属于夫妻共同债务吗？

要点解答

借款人在结婚前所借款项，属于夫妻个人债务，出借人不能要求夫妻共同偿还，但是，出借人能够证明借款人婚前所借款项用于婚后家庭共同生活的，则属于夫妻共同债务，由夫妻共同偿还。最高人民法院《关于适用〈中华人民共和国民法典〉婚姻家庭编的解释（一）》第33条规定：“债权人就一方婚前所负个人债务向债务人的配偶主张权利的，人民法院不予支持。但债权人能够证明所负债务用于婚后家庭共同生活的除外。”

出借人可要求借款人写明借款用途。

典型案例

裁判要点

夫妻一方婚前所负个人债务，债权人能够证明所负债务用于婚后家庭共同生活的，由夫妻共同偿还。

案情简介[①]

李某甲与李某乙系兄妹关系。李某甲与钮某原系夫妻关系，于2016年

---

① 参见钮某与李某甲、李某乙民间借贷纠纷案，辽宁省锦州市中级人民法院（2022）辽07民终38号民事判决书。

10月10日登记结婚，于2021年9月16日经法院判决离婚。李某甲向李某乙提出借款购买某处房屋，后李某乙分8笔向李某甲交付31万元。李某乙与李某甲于2016年9月10日签订借款协议，内容如下："出借方（甲方）李某乙，借款人（乙方）李某甲，因乙方买某处房屋资金不足，甲方于2016年2月18日至2016年4月29日期间以中国农业银行转账方式，通过好来屋给第三方谷某部分房款29.7万元购得房屋。甲乙双方在平等自愿友好协商的基础上达成以下协议：乙方向甲方借款人民币贰拾玖万柒仟元整。借款期限为：辽宁省锦州市凌河区某处瓦平房动迁费用下来，五日内过户到甲方账户上为止。"李某甲与钮某确认二人婚后在某处房屋居住生活。

法院就李某甲与钮某离婚案件所作判决书载明："坐落于某处房屋，虽系李某甲购买，但因婚后双方自愿登记在原、被告名下，为原、被告共同财产，依法予以平均分割。"该民事判决已发生法律效力。

裁判观点

法院认为，最高人民法院《关于适用〈中华人民共和国民法典〉婚姻家庭编的解释（一）》第33条规定："债权人就一方婚前所负个人债务向债务人的配偶主张权利的，人民法院不予支持。但债权人能够证明所负债务用于婚后家庭共同生活的除外。"本案中，虽然李某甲向李某乙借款购买房屋的行为发生在李某甲与钮某结婚之前，但李某甲在婚后办理房屋产权登记时，将房屋产权登记为钮某与李某甲共同所有。且在二人的离婚案件判决中，也将该房屋作为夫妻共同财产予以分割，可见李某甲婚前所负该笔债务系用于婚后夫妻共同生活，该债务应属于夫妻共同债务，应由钮某与李某甲共同偿还。关于钮某提出李某甲将房屋产权登记为双方共同所有系赠与行为的主张，因钮某未能提供充分证据证明，故法院对该主张不予支持。

035 夫妻双方约定由一方偿还共同借款的，能否对抗善意出借人？

要点解答

夫妻双方约定由一方偿还共同借款的，该约定只对其夫妻双方具有法律效力，双方应按约定履行，其约定不能对抗善意出借人，善意出借人仍可要求夫妻双方共同偿还。但是，夫妻双方的约定经得出借人同意的除外。根据合同相对性原则，合同赋予当事人享有的权利，原则上并不及于第三人，合同规定由当事人承担的义务，一般也不能对第三人产生拘束力。

出借人要求夫妻双方共同偿还共同债务的，夫妻一方不能因其内部的约定而免责。

典型案例

裁判要点

夫妻双方约定分配婚内共同财产的，不能对抗外部不知情的债权人。

案情简介①

2020 年 12 月 22 日，俞某与贾某达成调解协议，双方确认贾某应归还借款本金 78 万元及截至 2020 年 12 月 31 日的利息 25.9 万元，双方约定了分期付款方式。该案审理过程中，俞某向法院提供证据材料显示双方借款在 2016 年至 2020 年均进行了结算。后贾某未按调解协议履行，俞某向法院申请了强制执行。后因未发现贾某可供执行的财产，终结该次执行程序。

2001 年 12 月 13 日，贾某与张某登记结婚。2020 年 1 月 13 日，贾某与张某协议离婚。离婚协议书中约定：位于惠山区某处的商品房一套归女方所有。

惠山区另一处安置房系洛社镇某处房屋拆迁安置所得，拆迁房屋在张某与贾某登记结婚前即登记在张某名下。

裁判观点

法院认为，我国法律规定，完成结婚登记即确立婚姻关系，完成离婚登记或者离婚判决书、调解书生效即解除婚姻关系，故张某与贾某的夫妻关系存续期间为自 2001 年 12 月 13 日登记结婚起至 2020 年 1 月 13 日协议离婚止。《民法典》第 1062 条规定，夫妻在婚姻关系存续期间所得的工资、奖金、劳务报酬、生产经营或投资收益等财产均为夫妻的共同财产，归夫妻共同所有。第 1065 条第 3 款规定，夫妻对婚姻关系存续期间所得的财产约定归各自所有，夫或者妻一方对外所负的债务，相对人知道该约定的，以夫或者妻一方的个人财产清偿。据此，张某与贾某在分居期间各自所得的财产

---

① 参见张某与俞某、贾某债权人撤销权纠纷案，江苏省无锡市中级人民法院（2022）苏 02 民终 1135 号民事判决书。

仍应归入夫妻共同财产，故张某于 2017 年 11 月使用公积金、存款等共同财产所购买的涉案房屋亦应属于夫妻共同财产，2018 年产权登记时张某与贾某约定二人享有的份额分别为 99%、1%，其内部对婚内共同财产的分配约定不能对抗外部不知情的债权人。2020 年 1 月双方离婚时约定涉案房屋全部归张某所有，至此贾某实际上前后通过两次无偿转让，将自己在涉案房屋内的份额全部转让给张某所有，而置自己的对外债务无力清偿，损害了债权人的利益，故债权人俞某依法有权行使撤销权。

036 出借人明知借款人夫妻财产 AA 制的，夫妻一方以个人名义借款应由谁偿还？

要点解答

婚姻关系存续期间，夫妻一方以个人名义借款，出借人要求夫妻双方共同偿还，借款人的配偶以其夫妻财产 AA 制对抗出借人的，法院不予支持。但是，如果借款人或其配偶举证证明出借人知道该约定的，则由借款人一方以其个人财产偿还。《民法典》第 1065 条第 3 款规定："夫妻对婚姻关系存续期间所得的财产约定归各自所有，夫或者妻一方对外所负的债务，相对人知道该约定的，以夫或者妻一方的个人财产清偿。"

出借人明知借款人夫妻之间财产 AA 制的，夫妻一方以个人名义所借款项由借款一方以个人财产偿还。

典型案例

裁判要点

夫妻之间约定婚姻关系存续期间财产归各自所有，又未提交相关证据证明该约定的，不能对抗不知情的债权人。

案情简介[1]

刘某与杨某甲系夫妻关系，杨某乙系刘某与杨某甲的婚生子。添某公

[1] 参见刘某与添某公司、杨某甲、杨某乙案外人执行异议之诉案，辽宁省抚顺市中级人民法院（2021）辽 04 民终 2372 号民事判决书。

司与杨某乙、杨某甲民间借贷纠纷案中，法院判令杨某乙偿还添某公司借款本金 200 万元及违约金，杨某甲对该笔借款本息承担连带责任。判决生效后，因杨某乙、杨某甲未能按判决书履行给付义务，添某公司向法院申请强制执行，法院对杨某甲、杨某乙采取了执行措施，但涉案款项并未执行到位。法院冻结了刘某两个银行账户内的存款，只进不出。后刘某以其并非被执行人，不应冻结其银行存款为由，将申请执行人添某公司，被执行人杨某乙、杨某甲作为共同被告提起执行异议之诉。刘某与杨某甲婚后的主要家庭收入来源系双方工资。

裁判观点

法院认为，《民法典》第 1062 条规定："夫妻在婚姻关系存续期间所得的下列财产，为夫妻的共同财产，归夫妻共同所有：(一)工资、奖金、劳务报酬；(二)生产、经营、投资的收益；(三)知识产权的收益；(四)继承或者受赠的财产，但是本法第一千零六十三条第三项规定的除外；(五)其他应当归共同所有的财产。夫妻对共同财产，有平等的处理权。"第 1065 条规定："男女双方可以约定婚姻关系存续期间所得的财产以及婚前财产归各自所有、共同所有或者部分各自所有、部分共同所有。约定应当采用书面形式。没有约定或者约定不明确的，适用本法第一千零六十二条、第一千零六十三条的规定。夫妻对婚姻关系存续期间所得的财产以及婚前财产的约定，对双方具有法律约束力。夫妻对婚姻关系存续期间所得的财产约定归各自所有，夫或者妻一方对外所负的债务，相对人知道该约定的，以夫或者妻一方的个人财产清偿。"由上述规定可知，夫妻关系存续期间的夫妻双方工资属于夫妻共同财产。夫妻双方可以约定所得财产归各自所有，但该约定应采用书面形式，且该约定对双方具有法律约束力，相对人知道夫妻对婚姻关系存续期间所得的财产约定归各自所有的，对夫妻一方所负债务，以夫妻一方的个人财产清偿。具体到本案，刘某主张其与杨某甲之间约定夫妻关系存续期间所得财产归自己所有，但是并未提交书面约定，且就本案所涉债务而言，刘某并未举证证明添某公司知道刘某夫妻间的该约定，故对刘某主张其工资属于其个人所有的请求，法院不予支持。

037 夫妻一方在赌博中的借款，其配偶是否需要偿还？

要点解答

在婚姻关系存续期间，夫妻一方在赌博、吸毒等违法犯罪活动中所借款项应当由借款一方偿还，不属于夫妻共同债务。该借款合同无效，借款人的配偶不承担偿还责任。最高人民法院《关于适用〈中华人民共和国民法典〉婚姻家庭编的解释（一）》第34条第2款规定："夫妻一方在从事赌博、吸毒等违法犯罪活动中所负债务，第三人主张该债务为夫妻共同债务的，人民法院不予支持。"

借款人的配偶主张在赌博、吸毒等违法犯罪活动中的借款应由借款人个人承担的，法院应予支持。

典型案例

裁判要点

借款人的配偶以借款系从事赌博犯罪活动中所负债务抗辩的，应承担举证证明责任。

案情简介[①]

高某与冯某于2011年1月19日登记结婚。2020年7月14日至9月29日，高某陆续向林某借款共计255,000元，后高某向林某出具借条一张，约定于2021年5月30日前归还本金，同时还约定未按期偿还借款的，除应归还本金外，还应支付债权人实现债权支出的全部费用（含诉讼费、律师费、差旅费）。

裁判观点

法院认为，二审争议焦点是本案借款是否属于冯某与高某夫妻关系存续期间的共同债务。冯某称高某将该笔借款用于网络赌博而非夫妻共同生活，但并无证据证明。相反，从冯某与林某的微信聊天记录看，借款用于投资，冯某愿意共同偿还。因此，本案借款可以认定是冯某与高某夫妻关系存续期间的共同债务，应当由两人共同偿还。

---

① 参见冯某与林某、高某民间借贷纠纷案，浙江省台州市中级人民法院（2021）浙10民终3271号民事判决书。

038 法院判决夫妻财产分割后，出借人能否要求男女双方偿还共同借款？

要点解答

在婚姻关系存续期间，夫妻双方或一方所借的款项被认定为夫妻共同债务的，由夫妻共同偿还。即使法院判决夫妻财产已分割的，出借人仍可要求男女双方共同偿还。最高人民法院《关于适用〈中华人民共和国民法典〉婚姻家庭编的解释（一）》第35条第1款规定："当事人的离婚协议或者人民法院生效判决、裁定、调解书已经对夫妻财产分割问题作出处理的，债权人仍有权就夫妻共同债务向男女双方主张权利。"

法院判决夫妻财产分割后，属于夫妻共同债务的借款仍由男女双方共同偿还。

典型案例

裁判要点

夫妻共同债务不因婚姻关系解除和夫妻财产已分割而免除清偿责任。

案情简介①

2017年12月13日，娄底某银行与龚某签订了《最高额借款合同》，双方约定如下：借款用途：本合同项下借款用途为资金周转，借款人不得挪作他用。借款额度和期限：额度为大写壹拾万元整，借款期限为24个月。

2017年11月29日，龚某、陈某向娄底某银行出具《共同借款人承诺书》。同日，龚某、陈某在《娄底某银行福祥便民卡个人贷款面谈记录》上签字、捺印。上述合同签订后，龚某于2018年12月12日向娄底某银行分两笔申请贷款各5万元，共计10万元。

龚某与陈某于2020年10月30日达成离婚协议，协议约定龚某与陈某

① 参见娄底某银行与龚某、陈某金融借款合同纠纷案，湖南省娄底市娄星区人民法院（2021）湘1302民初6117号民事判决书。

夫妻共同债务欠某银行娄底市分行房贷 16.33 万元由陈某负责清偿，龚某所负的娄底某银行贷款 10 万元由龚某负责清偿。

裁判观点

法院认为，陈某在夫妻婚姻关系存续期间签订了共同借款承诺书，其作为共同借款人应当对该笔借款承担还款义务。龚某、陈某虽已离婚，并对夫妻债务进行了分割，但涉案借款系龚某、陈某夫妻共同债务，依据最高人民法院《关于适用〈中华人民共和国民法典〉婚姻家庭编的解释（一）》第 35 条“当事人的离婚协议或者人民法院生效判决、裁定、调解书已经对夫妻财产分割问题作出处理的，债权人仍有权就夫妻共同债务向男女双方主张权利”的规定，陈某对该笔借款仍负有偿还义务，其就夫妻共同债务承担清偿责任后有权向龚某追偿。（本案法律关系参见表 10）

表 10　争议焦点之一：欠款是否属于夫妻共同债务，应由龚某、陈某共同偿还

诉讼主体		观点
当事人	娄底某银行	欠款属于夫妻共同债务，由龚某、陈某共同偿还
	龚某、陈某	离婚协议约定由一方偿还，故应由龚某偿还
法院		涉案借款系龚某、陈某共同债务，龚某、陈某虽已离婚并对夫妻债务进行了分割，但仍应共同偿还

案例评析

本案是关于夫妻共同债务不因夫妻财产已分割而免除清偿责任的典型案例。

首先，离婚协议对夫妻共同财产和共同债务的约定，不得对抗出借人。婚姻关系既是一种身份关系，又包含着非常复杂的财产内容。婚姻关系的解除不能阻却对外所负的债务，夫妻对婚姻关系存续期间的共同债务应当共同偿还。离婚协议对夫妻共同财产和共同债务的约定，属于契约自由，应予以支持，但不得损害第三人的利益。虽夫妻在离婚时对共同债务进行了约定，在未经出借人同意的情形下，出借人仍可以要求男女双方共同负责清偿债务。

其次，法院判决对夫妻财产作出分割处理的，并不能改变男女双方对外共同偿还夫妻共同债务，不能作为债务人拒不承担共同债务清偿责任的抗辩理由。最高人民法院《关于适用〈中华人民共和国民法典〉婚姻家庭编的解释(一)》第35条第1款规定:“当事人的离婚协议或者人民法院生效判决、裁定、调解书已经对夫妻财产分割问题作出处理的,债权人仍有权就夫妻共同债务向男女双方主张权利。”据此,法院对夫妻共同财产分割的判决,在债权人未参加诉讼的前提下,只能就夫妻内部的财产问题进行判决,而不可能将债权人的债权纳入其裁判的范围之内。法院生效判决、裁定、调解书并不能阻却出借人要求男女双方共同偿还夫妻共同债务。

最后,夫妻一方对外清偿共同债务后有权请求另一方负担相应的责任。在夫妻共同债务外部关系中,夫或妻中的任何一方只要向债权人履行了全部给付义务,另一方负担的同一债务即归于消灭;在夫妻共同债务内部关系中,夫妻内部之间可以约定夫妻共同债务内部分担比例。夫妻一方对外清偿共同债务后有权请求另一方负担相应的责任,最高人民法院《关于适用〈中华人民共和国民法典〉婚姻家庭编的解释(一)》第35条第2款规定:“一方就夫妻共同债务承担清偿责任后,主张由另一方按照离婚协议或者人民法院的法律文书承担相应债务的,人民法院应予支持。”在离婚协议或法院生效判决中,关于夫妻共同财产和共同债务的负担是夫妻一方要求另一方负担相应责任的依据和标准。

类案参考

裁判要点

离婚协议书中对夫妻共同财产和债务的约定仅对协议双方有效,不得对抗善意出借人,男女双方应共同偿还夫妻共同债务。

裁判观点

在宁乡某银行与易某、王某金融借款合同纠纷案[①]中,法院认为,易某、王某于2013年6月4日登记离婚时,在离婚协议书中协商所有债务由易某负责偿还的约定,因离婚协议书中对夫妻共同财产和债务的约定仅对协议双方有效,不得对抗善意第三人,且该笔借款系两人共同立据所借,易某、王某在对共同债务进行约定时,并未经得宁乡某银行的同意,故该笔债务仍然属于易某、王某的共同债务,共同债务就应当共同负责清偿。

---

① 参见湖南省宁乡市人民法院民事判决书,(2021)湘0182民初4525号。

039 夫妻一方死亡的，夫妻共同借款如何偿还？

要点解答

在婚姻关系存续期间，夫妻双方或一方所借款项被认定为夫妻共同债务的，由夫妻双方共同偿还。若夫妻一方死亡的，出借人可要求生存一方偿还债务。最高人民法院《关于适用〈中华人民共和国民法典〉婚姻家庭编的解释(一)》第36条规定："夫或者妻一方死亡的，生存一方应当对婚姻关系存续期间的夫妻共同债务承担清偿责任。"

夫妻共同债务不因夫妻一方死亡而导致生存一方免责。

典型案例

裁判要点

夫妻一方死亡的，生存一方对夫妻共同债务承担偿还责任。

案情简介[①]

2016年10月17日，严某向龙某的配偶吴某转账100,000元。2018年4月18日，案外人吴某向严某出具一份借条，载明："今借到严某人民币壹拾万元正(100000元)到2021年前还"。2019年，吴某因病去世。2017年至2019年，龙某多次向严某支付利息。

裁判观点

二审法院认为，根据严某在一审时提交的借条和银行转账记录，结合严某二审提交的补强证据，即严某与龙某的通话录音、严某与龙某以及与龙某妻子吴某的微信聊天记录、严某的农行卡交易明细，上述证据已经形成了完整的证据链条，能够证实吴某向严某借款100,000元，且吴某去世前并未偿还该笔借款。龙某在吴某借款后，不仅按季度给严某支付利息，在吴某去世后，还承诺偿还该笔借款，因此，严某与吴某的民间借贷法律关系成立，吴某已经收到涉案借款并出具借条，龙某虽未在该借条上签字，但其知晓该借款的存在，并通过自己的微信和银行卡支付利息给严某，因此，其行为应视

---

① 参见严某与龙某民间借贷纠纷案，广西壮族自治区北海市中级人民法院(2021)桂05民终2110号民事判决书。

为对债务的追认，根据《民法典》第1064条第1款“夫妻双方共同签名或者夫妻一方事后追认等共同意思表示所负的债务，以及夫妻一方在婚姻关系存续期间以个人名义为家庭日常生活需要所负的债务，属于夫妻共同债务”的规定，涉案债务应为龙某与吴某夫妻共同债务。又根据最高人民法院《关于适用〈中华人民共和国民法典〉婚姻家庭编的解释（一）》第36条“夫或者妻一方死亡的，生存一方应当对婚姻关系存续期间的夫妻共同债务承担清偿责任”的规定，龙某应对案涉100,000元的债务承担偿还责任。

040 夫妻之间的借款，离婚时借款一方是否需要偿还？

要点解答

在婚姻关系存续期间，夫妻之间订立借款合同，将夫妻共同财产出借给夫妻一方用于其个人事务的，在离婚时，借款一方应当按照借款合同约定偿还。最高人民法院《关于适用〈中华人民共和国民法典〉婚姻家庭编的解释（一）》第82条规定：“夫妻之间订立借款协议，以夫妻共同财产出借给一方从事个人经营活动或者用于其他个人事务的，应视为双方约定处分夫妻共同财产的行为，离婚时可以按照借款协议的约定处理。”

夫妻之间的借款是夫妻对共同财产的处分，离婚时，借款一方应当按合同约定偿还。

典型案例

裁判要点

婚姻关系存续期间夫妻之间的借贷关系未违反法律强制性规定的，应当认定合法有效。

案情简介[①]

欧某甲与欧某乙于2016年2月26日办理结婚登记手续。双方生育女儿欧某丙。2020年4月20日，欧某甲第二次向法院起诉离婚，法院判决双

① 参见欧某甲与欧某乙民间借贷纠纷案，广东省遂溪县人民法院（2021）粤0823民初2942号民事判决书。

方离婚，并限欧某甲在判决生效后的30日内给付欧某乙36,635元。欧某乙不服原审判决，提出上诉，二审法院维持原判。

2018年11月1日，欧某甲向欧某乙转款7000元。2018年11月19日，欧某甲向欧某乙转款4000元。2018年11月19日，欧某乙向欧某甲出具借条，载明："欧某乙2018.11.12日借欧某甲7000元，19日借4000元"。欧某乙自认收到该4000元。

裁判观点

法院认为，本案争议焦点为涉案婚内借贷关系是否合法有效？夫妻之间进行借贷，借款的来源可以是个人财产也可以是夫妻共同财产。欧某甲未能举证出借资金的来源，由于我国实行法定夫妻财产制，故可推定该出借资金为夫妻共同财产。最高人民法院《关于适用〈中华人民共和国民法典〉婚姻家庭编的解释（一）》第82条规定："夫妻之间订立借款协议，以夫妻共同财产出借给一方从事个人经营活动或者用于其他个人事务的，应视为双方约定处分夫妻共同财产的行为，离婚时可以按照借款协议的约定处理。"易言之，在夫妻关系存续期间，夫妻通过借款协议将夫妻共同财产出借给一方使用的，其法律性质是夫妻双方对于共同共有财产的处分，是一种有效的法律行为，故涉案借贷关系合法有效。由于夫妻人身关系的限制，在婚姻关系存续期间，除非有重大理由一般不能分割夫妻共同财产，但在离婚时，随着夫妻关系的解体，夫妻财产的共同共有状态也随之结束，夫妻婚内借款可以在离婚时提出，与财产分割问题一并予以处理。但本案当事人在离婚诉讼中并未一并提出处理，故本案案由应为离婚后财产纠纷。

根据最高人民法院《关于适用〈中华人民共和国民法典〉婚姻家庭编的解释（一）》第82条的规定，其适用要件为：（1）借款来源为夫妻共同财产；（2）借款的用途是夫妻一方个人的经营活动或其他个人事务；（3）在婚姻关系存续期间，借款方未偿还借款。在法定夫妻财产制下，除负有举证义务的一方有证据证明该款项系夫妻一方个人财产外，应推定借款源于夫妻共同财产。经查，欧某乙仍未偿还涉案借款。此外，对借款的用途是否为除经营活动之外的其他个人事务可以运用排除法加以判断，即看其是否是夫妻应尽的法定义务，或者是为共同生活所进行的事务。根据法院生效判决查明的事实，在欧某甲、欧某乙及第三人庞某（欧某乙之母）之间另外存在多笔大额转账记录，已经足以履行夫妻应尽的法定义务或为共同生活所进行的事务。因此，法院综合认定涉案借款的用途是欧某乙个人的经营活动或其他个人事务。

需要指出的是，法院在处理夫妻一方在婚姻关系存续期间从夫妻共同财产中的借款问题时应与处理普通自然人之间的借贷纠纷有所不同，不能仅简单根据借款协议的约定处理，而是应综合夫妻财产制、共同财产、共同债务等可能影响财产分割的情形加以妥善处理。具体到本案，欧某甲、欧某乙在离婚诉讼中已部分处理了债权债务、财产分割事宜，生效判决确认欧某甲给付欧某乙 36,635 元，且已实际履行完毕。由于涉案借条并未明确载明欧某乙的还款数额，法院根据案件情况酌情认定欧某乙应给予欧某甲 6000 元。

041 子女对父母生前所借款项是否有偿还义务?

要点解答

父债子不还，父母所借款项子女没有清偿义务，这是法律的一般原则。父母和子女各是独立的民事主体，各自对其民事法律行为负责。但是，子女若继承了父母遗产，则应在继承遗产的实际价值范围内对其父母生前所借款项承担偿还义务。《民法典》第 1161 条第 1 款规定:“继承人以所得遗产实际价值为限清偿被继承人依法应当缴纳的税款和债务。超过遗产实际价值部分，继承人自愿偿还的不在此限。”

在继承遗产实际价值范围内，应当“父债子还”；超出继承遗产实际价值范围的，父债子可不还。

042 法定继承人、遗嘱继承人、受遗赠人如何清偿被继承人生前所负债务?

要点解答

法定继承人、遗嘱继承人、受遗赠人对于被继承人生前所负债务的清偿顺序不同。被继承人生前所负债务先由法定继承人在其继承遗产的实际价值范围内清偿，若仍不足以清偿全部债务的，则由遗嘱继承人和受遗赠人按比例以所得遗产清偿。《民法典》第1163条规定："既有法定继承又有遗嘱继承、遗赠的，由法定继承人清偿被继承人依法应当缴纳的税款和债务；超过法定继承遗产实际价值部分，由遗嘱继承人和受遗赠人按比例以所得遗产清偿。"

对被继承人生前所负债务的清偿顺序为：(1)法定继承人；(2)遗嘱继承人和受遗赠人。

典型案例

裁判要点

继承人虽已声明放弃继承，但仍应以积极的行为对被继承人的遗产进行管理和继承，应在管理和继承遗产实际价值范围内对被继承人生前所负债务承担清偿责任。

案情简介①

王某丁系刘某之夫，王某甲、王某乙之父，王某丙之子。王某丁因种植需要向朱某借款，2020年4月20日，王某丁向朱某出具借条一份，借条载明：今借到现金壹拾壹万肆仟肆佰元正(¥114,400.00元)，借期一年，于2021年4月20日归还。同日，朱某向王某丁转账实际出借资金10万元。

王某丁于2021年4月去世。刘某、王某甲、王某乙、王某丙系王某丁的第一顺序继承人，再无其他第一顺序继承人。刘某、王某甲、王某乙均居住在高青县。一审期间，刘某、王某甲、王某乙、王某丙均表示放弃对王某丁遗产的继承，同时于庭审后提交放弃继承声明书。

王某丁去世后，刘某、王某丙与案外人王某戊、张某于2021年4月30日签署协议书，协议书载明："王某戊退王某丁投资款129万元，三次付清，2021年5月1日前付29万元整，2022年5月1日前付50万元整，2023年5月1日前付50万元整。此款付刘某"。

裁判观点

二审法院认为，从现已查明事实情况看，首先，在王某丁死亡后，其家属与王某戊签订协议书，要求将王某丁生前的投资款返还给刘某，该情况与

① 参见刘某、王某甲、王某乙、王某丙与朱某被继承人债务清偿纠纷案，山东省淄博市中级人民法院(2021)鲁03民终2609号民事判决书。

刘某、王某甲、王某乙、王某丙关于放弃继承的声明明显相悖；其次，刘某、王某甲、王某乙仍然居住在刘某与王某丁共有的房屋内，并未对共有财产进行分割；最后，刘某、王某甲、王某乙、王某丙在一审、二审均未提供证据证明王某丁的遗产有其他管理人或者接收人。综上所述，一审判决认定刘某、王某甲、王某乙、王某丙并未实际放弃继承，而是以积极的行为对王某丁的遗产进行管理和继承，符合实际情况，并无不当。另外，涉案共有房屋虽然属于不宜进行分割的遗产，但为有利于生产和生活需要，可以采取折价、适当补偿的方式将应属于被继承人享有的价值作为遗产，用于清偿被继承人债务。继承人明知其占有、使用的房屋包含了被继承人的遗产份额，在房屋不宜进行分割，其又不履行折价、补偿义务的情形下，作出放弃继承的意思表示，而致其实际享有被继承人遗产，同时免除其偿还被继承人债务的义务，继承人的上述行为属于《民法典》第 146 条规定的以虚假的放弃继承意思表示隐藏实际占有、使用被继承人遗产的民事法律行为。继承人实际占有、使用被继承人遗产的民事法律行为应属于管理被继承人遗产的民事法律行为，对此，不能免除继承人以被继承人遗产清偿被继承人债务的义务。据此，一审判决刘某、王某甲、王某乙、王某丙在管理和继承遗产范围内承担本案还款责任，并无不当。（本案法律关系参见表 11）

表 11　争议焦点之一：刘某、王某甲、王某乙、王某丙是否应在管理和继承王某丁的遗产范围内偿还涉案借款

<table>
<tr><th colspan="2">诉讼主体</th><th>观点</th></tr>
<tr><td rowspan="2">当事人</td><td>朱某</td><td>刘某、王某甲、王某乙、王某丙应在遗产继承范围内偿还涉案借款</td></tr>
<tr><td>刘某、王某甲、王某乙、王某丙</td><td>均已放弃继承，故不承担偿还责任</td></tr>
<tr><td colspan="2">法院</td><td>刘某、王某甲、王某乙、王某丙虽已声明放弃继承，但仍以积极的行为对王某丁的遗产进行管理和继承，故应在管理和继承遗产范围内承担还款责任</td></tr>
</table>

案例评析

本案是关于借款人的继承人应以继承遗产实际价值清偿被继承人生前所负债务的典型案例。

首先，借款人的继承人应以继承遗产实际价值清偿被继承人生前所负债务。自然人死亡这一客观事实将引起继承和债务清偿双重法律关系，依照权利义务相一致原则，借款人的继承人继承遗产后应当清偿借款人生前所负债务，继承人拒绝偿还的，出借人有权诉至法院要求继承人清偿债务，但继承人清偿范围以所得遗产的实际价值为限，超过部分不予偿还。

其次，借款人的继承人放弃继承的，对被继承人生前所负债务不负清偿责任。在继承开始后、遗产分割前，继承人可作出放弃继承的表示，继承人未明确表示放弃继承的，视为接受继承。继承人放弃继承的，对被继承人依法应当清偿的债务不负偿还责任。如果借款人的继承人放弃继承权，但实际上仍然占有、使用、管理借款人遗产的，属于以虚假的放弃继承意思表示隐藏实际占有、使用被继承人遗产的民事法律行为。可以作为适格被告在其管理遗产的实际价值范围内承担清偿责任。本案中，刘某、王某甲、王某乙、王某丙虽已声明放弃继承，但仍以积极的行为对王某丁的遗产进行管理，故法院判定四人在管理和继承遗产范围内承担还款责任。

最后，法定继承人、遗嘱继承人、受遗赠人对于被继承人生前所负债务的清偿顺序不同。遗产已被分割而被继承人生前所负债务未清偿完毕时，既有法定继承又有遗嘱继承、遗赠的，先由法定继承人在其继承遗产的实际价值范围内清偿，若仍不足以清偿全部债务的，则由遗嘱继承人和受遗赠人按比例在所得遗产实际价值范围内清偿。

类案参考

裁判要点

出借人未能举证证明借款人遗产存在的事实，借款人的继承人不承担清偿责任。

裁判观点

在万某甲与某银行赤水支行、万某乙、万某丙金融借款合同纠纷案[①]中，法院认为，关于某银行赤水支行主张由陈某的继承人在继承财产范围内承担清偿责任的问题，因某银行赤水支行无法举证陈某是否具有遗产及遗产的范围，若判决陈某的继承人在继承其遗产范围内承担责任，因陈某的遗产及范围均需要审判方能作出界定，在执行中无法予以解决，在执行上，不具有可操作性，故对某银行赤水支行的该主张，法院不予支持。某银行赤水支

① 参见贵州省遵义市中级人民法院民事判决书，(2021)黔03民终10871号。

行若有证据证明陈某具有遗产，可另案诉讼，主张陈某的继承人利用陈某的遗产清偿涉案借款10万元及利息、罚息（扣除本案已执行部分）。

043 出借人的继承人可否要求借款人清偿债务?

要点解答

人死债不消，出借人死亡不是借款之债消灭的法定事理。出借人死亡后，其继承人依法继承该债权，继承人以原告身份向法院提起诉讼要求借款人清偿债务的，法院应予支持；借款人以原告主体资格不适格抗辩的，抗辩理由不成立。《民法典》第1122条第1款规定："遗产是自然人死亡时遗留的个人合法财产。"

出借人的继承人继承债权后，可以要求借款人清偿该债务。

典型案例

裁判要点

出借人的继承人有权要求借款人偿还借款。

案情简介①

2010年4月7日，吕某甲、李某出具借条载明：今借尚某甲现金壹拾万元，约定利息每月每元一分二厘。吕某乙作为担保人在借条上签字。借款当日以现金方式交付给李某。2019年11月12日，尚某甲、高某收到吕某丙银行转账20,000元、吕某乙银行转账10,000元、吕某丁银行转账30,000元。吕某丙、吕某乙自认是替吕某甲偿还借款本金共计30,000元。尚某甲于2021年1月23日因病去世，高某、尚某乙、尚某丙为尚某甲的第一顺序继承人。

裁判观点

法院认为，吕某甲、李某与尚某甲之间以借条形式形成的民间借款合同

① 参见高某、尚某乙、尚某丙与吕某甲、李某民间借贷纠纷案，山东省济南市钢城区人民法院(2021)鲁0117民初996号民事判决书。

系当事人的真实意思表示，且不违反法律、行政法规的强制性规定，合法有效。尚某甲已履行出借义务，吕某甲、李某亦应依法履行还款义务。尚某甲于 2021 年 1 月 23 日因病去世，高某、尚某乙、尚某丙作为第一顺序继承人继承债权。高某、尚某乙、尚某丙要求吕某甲、李某按照借条约定支付借款及利息，法院予以支持。

担保篇

044 他人在借条上签名的，能否直接推定为担保人？

要点解答

他人在借条上签名的，不能直接推定为担保人。最高人民法院《关于审理民间借贷案件适用法律若干问题的规定》第 20 条规定："他人在借据、收据、欠条等债权凭证或者借款合同上签名或者盖章，但是未表明其保证人身份或者承担保证责任，或者通过其他事实不能推定其为保证人，出借人请求其承担保证责任的，人民法院不予支持。"第三人在借条上签字不能直接推定为担保人，如果原告能通过其他证据证明第三人系担保人，则法院判定第三人承担担保责任。

出借人应当对第三人系担保人的事实承担举证证明责任。

典型案例

裁判要点

第三人在债权凭证上签名但未表明保证人身份，通过其他事实仍不能推定其为保证人的，第三人不承担保证责任。

案情简介[①]

徐某分三次向刘某转账 219.99 万元。2017 年 8 月 14 日，双方通过短信约定利息为月息。2017 年 8 月 15 日，刘某转账偿还徐某 23.4 万元。

2018 年 5 月 1 日，刘某作为借款人向徐某出具借条一张，载明："今借到徐某人民币壹佰玖拾贰万玖仟伍佰元整（1929500.00），约定使用期限为 2018 年 5 月 1 日至 2019 年 5 月 1 日，每季度付息柒万陆仟伍佰元整（76500.00），到期归还本金（2018 年 5 月 1 日至 2018 年 8 月 1 日首季度利息已付）。"

2018 年 10 月 7 日，刘某作为借款人向徐某出具借条两张，一张内容为："今借到徐某人民币陆拾壹万贰仟元整（612000.00），约定使用至 2018 年 10 月 31 日，到期前一次性归还借款。"一张内容为："今借到徐某人民币

① 参见徐某与刘某、程某民间借贷纠纷案，江苏省无锡市中级人民法院（2021）苏 02 民终 5536 号民事判决书。

柒拾贰万伍仟元整(725000.00),约定使用至2018年10月31日,到期一次性归还借款。”

以上三张借条,程某均在借款人落款下方相隔两三行处进行了签名,在借条上未注明身份,也未写日期。

2018年12月10日,刘某委托程某向徐某转账还款20万元。2018年12月30日,程某向刘某转账20万元。本案提起诉讼时,程某起诉徐某归还借款20万元的案件在另案审理中。

裁判观点

二审法院认为,法律规定,他人在借据、收据、欠条等债权凭证或者借款合同上签名或者盖章,但是未表明其保证人身份或者承担保证责任,或者通过其他事实不能推定其为保证人,出借人请求其承担保证责任的,法院不予支持。本案中,涉案三张借条上程某的签名均位于借款人、借款日期下方两三行处,且程某仅签名而未表明保证人或借款人身份,借条也未约定保证责任条款,故本案不能依据借条及签名即认定程某是借款人或保证人对案涉借款承担清偿责任。针对程某给徐某的两笔各20万元转账款,刘某提供的证据能够证明其委托程某向徐某还款20万元的事实,而程某亦已另案起诉要求徐某归还另一笔20万元,徐某也未能举证证明程某转账的该笔20万元系本案还款,故徐某关于程某转账的两笔20万元系程某以自己名义向其还款或承担保证责任的主张,法院不予采信。

二审中,徐某提供2019年2月15日通话录音并申请证人赵某作证,以证明借款时程某实际是作为保证人为刘某借款提供保证担保。程某对此予以否认并提供2019年11月10日通话录音等反驳证据证明其为见证人。虽然2019年2月15日通话录音中程某提及“不管怎样我给钱,反正这话当初也都是说出来的”,但是该内容是在三方当事人就程某另行提供担保进行磋商时的陈述,赵某作为债权人与本案存在利害关系且到庭陈述对借款时程某签名和提供担保情况不清楚,而2019年11月10日通话录音中徐某却对程某讲“你是中间人”,再结合徐某诉讼过程中对程某是共同借款人还是担保人前后主张不一致等情节,本案应认定现有证据不能证明程某在借条上签字具有承担保证责任的效果意思。因徐某所举证据不能证明程某是保证人这一待证事实,根据民事诉讼“谁主张,谁举证”的举证责任分配基本规则,应由徐某承担举证不利后果。徐某关于程某是保证人应承担连带保

证责任、一审认定事实不清的意见，事实和法律依据不足，二审法院不予采纳。（本案法律关系参见表 12）

表 12　争议焦点之一：程某在涉案借条上签字的身份应如何认定，以及其是否应当承担还款责任

诉讼主体		观点
当事人	徐某	程某应当承担还款或者担保责任
	刘某、程某	程某为借款事实的见证人
法院		依据程某在借条上签名的位置及其他证据，仍不能认定程某是借款人或保证人，故其对涉案借款不承担清偿责任

案例评析

本案是关于第三人在债权凭证上签名或盖章时，其身份认定的典型案例。

首先，第三人仅在债权凭证上签名或盖章的，不足以认定其为保证人。第三人在债权凭证上签名，可能出于多种目的，其身份可能是共同借款人、见证人、中间人、担保人等，故第三人仅在债权凭证上签名或盖章的，不足以认定其为保证人。第三人仅有签名或盖章且未在借款凭证上表明保证人身份，同时也未在保证条款中指向签字或盖章人，亦无其他证据证明该签字或盖章人为保证人的，法院不予认定第三人为保证人。

其次，第三人在债权凭证上签名或盖章且通过其他事实仍不能推定其为保证人的，第三人不承担保证责任。第三人在债权凭证上签名或盖章的行为系其提供担保的意思表示，出借人对此承担举证证明责任。第三人在债权凭证上签名或盖章，但未表明保证人身份，出借人提供的其他证据仍不能证明第三人为保证人的，第三人不承担保证责任。本案中，法院认为出借人提供的还款转账、证人证言等证据仍不能推定程某是保证人，故程某不承担保证责任。

最后，第三人在债权凭证上签名或盖章但未表明保证人身份，法院结合其他证据推定其为保证人的，其应承担保证责任。确定借款担保合同关系的各方当事人的主体资格，应当结合借款担保合同、借条等书证中合同正文记载的当事人和合同落款处签字盖章的当事人和其他证据予以全面认定。当第三人在借据、收据、欠条等债权凭证或借款合同上仅签名或者盖章，而未表明其保证人身份或者承担保证责任时，如通过其他事实能推定其为保证人的，则其应承担保证责任。

类案参考

裁判要点

第三人仅在债权凭证上签名，但未表明身份的，法院根据签名的位置、签名处的内容等综合判断，确定其身份。

裁判观点

在郭某与柳某、王某民间借贷纠纷案[①]中，法院认为，本案争议的焦点为王某的身份问题。最高人民法院《关于审理民间借贷案件适用法律若干问题的规定》第20条规定："他人在借据、收据、欠条等债权凭证或者借款合同上签名或者盖章，但是未表明其保证人身份或者承担保证责任，或者通过其他事实不能推定其为保证人，出借人请求其承担保证责任的，人民法院不予支持。"本案中，涉案借条虽然有王某签名，但并未标注借款人或保证人身份。从签名的位置看，王某并未在借款人后签名，而是在"借款时间"和柳某手机号的下方签名。从签名处的内容看，柳某在"借款人"后签名，并注明身份证号、借款时间、手机号码，而王某只有签名和手机号码，内容上存在明显差异。综上所述，法院认定王某为涉案借款的见证人。因此，一审法院判决驳回郭某要求王某承担还款责任的诉讼请求并无不当，二审法院予以维持。

045 民间借贷中的担保范围是否包括利息？

要点解答

民间借贷中担保物权的担保范围及保证人的保证范围均包括利息。但双方当事人另有约定的，按照其约定。《民法典》第389条规定："担保物权的担保范围包括主债权及其利息、违约金、损害赔偿金、保管担保财产和实现担保物权的费用。当事人另有约定的，按照其约定。"同时保证人的保证范围也包

① 参见山东省济南市中级人民法院民事判决书，(2021)鲁01民终8169号。

括主债权及其利息等费用。

在民间借贷中，出借人可以要求借款人提供担保，并约定将借款利息纳入担保的范围。

典型案例

裁判要点

双方当事人在抵押合同和担保合同中约定了担保物权的担保范围及保证人的保证范围均包括利息，故债务人应按约定承担偿还责任。

案情简介[①]

2019年1月24日，海某公司与高淳某银行签订《借款合同》，约定：海某公司向高淳某银行借款1200万元，借款期限为2019年1月24日至2021年1月13日；因借款人违约致使贷款人采取诉讼或仲裁方式实现债权的，借款人应当承担贷款人为此支付的费用（包括但不限于诉讼费、律师费、差旅费等）及实现债权的其他一切费用。

同日，吴某甲、吴某乙、何某与高淳某银行签订《抵押合同》，约定：吴某甲、吴某乙、何某将“海力2”轮作为抵押物，为债务人海某公司依《借款合同》与抵押权人高淳某银行所形成的债务提供抵押担保；抵押担保的范围包括《借款合同》项下的债务本金、利息、逾期利息、罚息、复利、手续费、违约金、损害赔偿金以及实现债权的一切费用（包括但不限于诉讼费、执行费、保全费、鉴定费、保管费、评估费、拍卖费、运输费、税金、律师代理费、差旅费、过户费、抵押物处置费等）。

同日，吴某甲、吴某乙与高淳某银行签订《保证合同》，约定：吴某甲、吴某乙作为保证人，愿意为债务人海某公司依《借款合同》与债权人高淳某银行所形成的债务提供保证担保；保证方式为连带责任保证，合同项下有多个保证人的，各保证人共同对债权人承担连带责任；保证期间为《借款合同》约定的债务人履行债务期限届满之日起二年，保证担保范围包括《借款合同》项下的债务本金、利息、逾期利息、罚息、复利、手续费、违约金、损害赔偿金、实现债权的费用（包括但不限于诉讼费、执行费、保全费、鉴定费、律师代理费、差旅费等）和实现债权的其他一切费用。

---

① 参见高淳某银行与海某公司、吴某甲、吴某乙、何某金融借款合同纠纷案，南京海事法院（2022）苏72民初62号民事判决书。

担保篇

《抵押合同》签订后，各方共同办理了“海力2”轮的船舶抵押登记。

2019年3月7日，高淳某银行依约向海某公司发放了贷款，双方共同在《借款借据》上盖章确认。《借款借据》记载借款日期为2019年3月7日，到期日期为2021年1月13日，借款金额为1200万元整，贷款种类为中长期非农服务业企业贷款，贷款用途为借新还旧，结息方式为每季20日结息，年利率7.125%。

2021年1月12日，高淳某银行、海某公司、吴某甲、吴某乙、何某签订《借款展期协议》。协议记载：海某公司因不能按期足额偿还上述借款而申请展期，高淳某银行同意展期，且吴某甲、吴某乙、何某均同意继续提供担保。协议约定：借款展期金额1200万元，展期后到期日为2021年12月15日；展期期间，借款利率仍执行年利率7.125%，原借款合同有抵押担保的，抵押合同继续有效，无须重新办理登记手续，抵押担保责任产生的时间顺延至展期贷款到期日，责任期限的长短不变；原借款有保证担保，保证人继续承担连带保证责任的，保证期间为借款展期到期日期三年；除涉及展期协议内容的条款外，原借款合同和担保合同规定的其他各项条款仍然有效。

裁判观点

法院认为，根据涉案《抵押合同》《借款展期协议》的约定，吴某甲、吴某乙、何某作为抵押人将“海力2”轮作为抵押物，为海某公司依《借款合同》与抵押权人高淳某银行所形成的债务提供抵押担保，抵押担保的范围包括《借款合同》项下的债务本金、利息、逾期利息、罚息、复利、手续费、违约金、损害赔偿金以及实现债权的一切费用（包括但不限于诉讼费、执行费、保全费、鉴定费、保管费、评估费、拍卖费、运输费、税金、律师代理费、差旅费、过户费、抵押物处置费等），且“海力2”轮亦办理了船舶抵押权登记手续，故高淳某银行对吴某甲、吴某乙、何某所有的“海力2”轮享有抵押权。海某公司应付高淳某银行的借款本金、逾期罚息、复利以及律师代理费等债务属于上述抵押合同约定的担保范围，故吴某甲、吴某乙、何某应对海某公司上述债务承担抵押担保责任，高淳某银行有权对“海力2”轮折价或者以拍卖、变卖该轮所得的价款优先受偿。

根据涉案《担保合同》《借款展期协议》的约定，吴某甲、吴某乙作为保证人为海某公司依《借款合同》与债权人高淳某银行所形成的债务提供连带责任保证，担保范围包括《借款合同》项下的债务本金、利息、逾期利息、罚息、复利、手续费、违约金、损害赔偿金、实现债权的费用（包括但不限于诉讼费、执行费、保全费、鉴定费、律师代理费、差旅费等）和实现债权的其他一切费用。海某公司应付高淳某银行的借款本金、逾期罚息、复利以及律师代理费等债务属于上述担保合同约定的担保范围。因此，高淳某银行在保证期间内要求吴某甲、吴某乙对海某公司上述债务承担连带清偿的保证责任，具有事实和法律依据，法院予以支持。

046 担保人主体资格不适格导致合同无效的情形有哪些？

要点解答

担保人主体资格不适格导致担保合同无效的情形有：(1)机关法人提供担保的，但经国务院批准为使用外国政府或者国际经济组织贷款进行转贷的合同有效；(2)居民委员会、村民委员会提供担保的，但村民委员会代行村集体经济组织职能，依法定的讨论决定程序对外提供担保的合同有效；(3)以公益为目的的非营利性学校、幼儿园、医疗机构、养老机构等提供担保的，但在购入或者以融资租赁方式承租以上设施的，为担保价款或者租金实现而在该公益设施上保留所有权及在上述公益设施以外的不动产、动产或者财产权利设立担保物权的有效；(4)无民事行为能力人提供担保的。

出借人在签订担保合同时应当对担保人的主体资格进行审查。

典型案例

裁判要点

村委会未依照《村民委员会组织法》的规定履行讨论决定程序而对外提供担保的，担保合同无效。

案情简介[①]

2017 年 11 月 13 日，郑某与某银行平凉市分行签订了《小额贷款借款

① 参见某银行平凉市分行与郑某、武某、甘某村委会金融借款合同纠纷案，甘肃省平凉市崆峒区人民法院(2021)甘 0802 民初 5787 号民事判决书。

合同》，约定借款 150，000 元，期限为 36 个月，自 2017 年 11 月 15 日起至 2020 年 11 月 15 日止，按周期结息到期还本，约定年利率为 8%，逾期年利率为 10.4%。武某以郑某配偶的身份在上述借款合同上签字。同日，某银行平凉市分行与甘某村委会签订了《小额贷款保证合同》，约定甘某村委会为上述借款本息提供连带责任保证，保证期间为借款期限届满之日起两年。

2017 年 11 月 15 日，某银行平凉市分行向郑某发放贷款 150，000 元。

裁判观点

法院认为，某银行平凉市分行主张甘某村委会承担连带清偿责任，依据最高人民法院《关于适用〈中华人民共和国民法典〉有关担保制度的解释》第 5 条第 2 款的规定："居民委员会、村民委员会提供担保的，人民法院应当认定担保合同无效，但是依法代行村集体经济组织职能的村民委员会，依照村民委员会组织法规定的讨论决定程序对外提供担保的除外。"本案中，某银行平凉市分行与甘某村委会签订的小额贷款保证合同虽是甘某村委会的真实意思表示，但村委会对外给郑某提供担保并没有履行讨论决定程序，故某银行平凉市分行与甘某村委会签订的小额贷款保证合同无效，甘某村委员不能承担连带清偿责任。（本案法律关系参见表 13）

表 13　诉审不一：甘某村委会提供担保，是否承担担保责任

诉讼主体		观点
当事人	某银行平凉市分行	甘某村委会为借款提供担保，应对借款本息承担连带保证责任
	甘某村委会	担保事实属实
	陈某、武某	未陈述
法院		村委会对外给郑某提供担保并没有履行讨论决定程序，故保证合同无效，甘某村委员不承担连带清偿责任

案例评析

本案是关于担保人主体资格的典型案例。

首先，机关法人、村（居）民委员会、以公益为目的的非营利法人、非法人组织不得为保证人。各级国家机关和承担行政职能的部分社会团体法人、事业单位等机关法人原则上不具有担保人资格，不得作为保证人。居民委员会无独立的责任财产，其对外提供的担保无效，村民委员会对外提供的担保原则上无效。以公共利益为目的的非营利法人、非法人组织不得为保证人，其无保证人的资格。

其次，以公益为目的的非营利法人、非法人组织不得以公益财产对外提供担保。机关法人、居民委员会、村民委员会以及以公共利益为目的的非营利性法人、非法人组织其均不得为保证人，并不得以公益财产对外提供担保。司法实践中，对于“营利性”的认定争议较大。营利法人与非营利法人的核心区别，不是看其是否从事了营利活动，而是看该法人是否“向出资人分配利润”；另外，该法人终止时，出资人是否要分取剩余财产。实践中常依据登记状态、出资来源、章程规定、实际运营情况等综合判断该主体是否具有营利性。

最后，机关法人、村（居）民委员、以公益为目的的非营利法人、非法人组织在特定情形下可以提供担保。（1）机关法人在同时符合以下两个条件的情形下，可以提供担保：经国务院批准；为使用外国政府或者国际经济组织贷款进行转贷。（2）村民委员会代行村集体经济组织职能，依法定的讨论决定程序对外提供担保的合同有效。（3）以公益为目的的非营利性学校、幼儿园、医疗机构、养老机构在购入或者以融资租赁方式承租教育设施、医疗卫生设施、养老服务设施和其他公益设施时，出卖人、出租人为担保价款或者租金实现而在该公益设施上保留所有权的有效。其以公益设施以外的不动产、动产或者财产权利设立担保物权的，担保合同有效。

类案参考

裁判要点

公益性养老机构不能作为保证人。

裁判观点

在傅某与刘某、某粮油公司、某公寓民间借贷纠纷案[①]中，法院认为，关于某粮油公司对涉案借款本息是否承担担保责任问题。某粮油公司作为担保人在涉案借条上盖章，其法定代表人刘某在该借条上签名予以确认，自愿为刘某上述借款本息承担连带担保责任。《民法典》第 389 条规定：“担保物权的担保范围包括主债权及其利息、违约金、损害赔偿金、保管担保财产和实现担保物权的费用。当事人另有约定的，按照其约定。”第 392 条规定：

① 参见江西省樟树市人民法院民事判决书，（2021）赣 0982 民初 4648 号。

"……提供担保的第三人承担担保责任后,有权向债务人追偿。"某粮油公司应对刘某所欠傅某借款本金349,811.48元及相关利息承担连带担保责任,某粮油公司承担连带清偿责任后有权向刘某进行追偿。故傅某要求某粮油公司对刘某偿还借款本息承担连带清偿责任的诉请,法院予以支持。

关于某公寓对涉案借款本息是否承担连带清偿责任问题。最高人民法院《关于适用〈中华人民共和国民法典〉有关担保制度的解释》第6条规定:"以公益为目的的非营利性学校、幼儿园、医疗机构、养老机构等提供担保的,人民法院应当认定担保合同无效,但是有下列情形之一的除外:(一)在购入或者以融资租赁方式承租教育设施、医疗卫生设施、养老服务设施和其他公益设施时,出卖人、出租人为担保价款或者租金实现而在该公益设施上保留所有权;(二)以教育设施、医疗卫生设施、养老服务设施和其他公益设施以外的不动产、动产或者财产权利设立担保物权。登记为营利法人的学校、幼儿园、医疗机构、养老机构等提供担保,当事人以其不具有担保资格为由主张担保合同无效的,人民法院不予支持。"本案中,某公寓为樟树市民政局发证的民办非企业单位,注册资本为100,000元,经营范围为提供老弱残幼收养、托管、康复等服务。因此,某公寓属于公益性养老机构,该担保合同无效。故对于傅某该诉请,法院不予支持。

047 土地所有权能否抵押?

要点解答

土地所有权作为抵押合同的标的是不合法的。同时,以下财产也不得抵押:(1)宅基地、自留地、自留山等集体所有土地的使用权,但是法律规定可以抵押的除外;(2)学校、幼儿园、医疗机构等为公益目的成立的非营利法人的教育设施、医疗卫生设施和其他公益设施;(3)所有权、使用权不明或者有争议的财产;(4)依法被查封、扣押、监管的财产;(5)法律、行政法规规定不得抵押的其他财产。

抵押人不能以法律规定不得抵押的财产作为抵押合同的标的。

典型案例

裁判要点

借款人以宅基地上的房屋作为抵押物的，抵押合同无效，出借人不享有抵押权，没有优先受偿的权利。

案情简介[①]

2016年8月10日，鲁甸县某金融机构与李某、马某签订《个人借款合同》，该合同约定的主要内容如下：本合同项下的借款金额为人民币10万元，借款用途为危房改造，借款期限为36个月，自2016年8月10日起至2019年8月10日止，借款利率为4.75%。

李某的房产登记日期为2016年7月13日，土地状况一栏中记载的土地使用权取得方式为拨用宅基地。2016年8月10日，抵押人李某、抵押物共有人马某，与抵押权人鲁甸县某金融机构签订《抵押合同》。该抵押合同约定：李某自愿承诺用位于鲁甸县的房屋为该笔借款提供抵押担保。2016年8月10日在鲁甸县住宅与不动产管理中心办理了房屋他项权证书。

裁判观点

法院认为，《民法典》第399条规定："下列财产不得抵押：……（二）宅基地、自留地、自留山等集体所有土地的使用权，但是法律规定可以抵押的除外；……"2015年8月国务院发布的《关于开展农村承包土地的经营权和农民住房财产权抵押贷款试点的指导意见》中亦规定，农民住房财产权设立抵押的，须将宅基地使用权与住房所有权一并抵押。本案中李某、马某在向鲁甸县某金融机构贷款时，虽然在鲁甸县住宅与不动产管理中心办理了房屋他项权证书，但是该房屋所占用的土地属于农村集体宅基地，本案的抵押权设立违反了上述法律规定。且2015年国务院确定的云南省农民住房财产权抵押贷款试点县是大理市、丘北县、武定县，因此鲁甸县不属于暂停执行相关法律规定的试点县，仍应执行相关法律规定。鲁甸县某金融机构与李某、马某之间的房屋抵押合同违反宅基地、自留地、自留山等集体所有的土地使用权不得办理抵押的法律规定，抵押合同无效，因此其对李某、马某抵押登记的房屋不享有抵押权，没有优先受偿的权利。（本案法律关系参见表14）

---

① 参见鲁甸县某金融机构与李某、马某金融借款合同纠纷案，云南省鲁甸县人民法院（2021）云0621民初1302号民事判决书。

表 14 诉审不一：以农村宅基地上的房屋抵押的，抵押权人能否行使优先受偿权

诉讼主体		观点
当事人	鲁甸县某金融机构	抵押合同约定李某、马某以房屋为其借款提供抵押担保，且已办理了抵押登记，鲁甸县某金融机构有优先受偿权
	李某、马某	未陈述
法院		房屋抵押合同违反宅基地不得办理抵押的法律规定，抵押合同无效。鲁甸县某金融机构不享有抵押权，没有优先受偿的权利

案例评析

本案是关于禁止抵押的财产的典型案例。

首先，关于禁止抵押的财产范围。《民法典》第 399 条规定："下列财产不得抵押：(一)土地所有权；(二)宅基地、自留地、自留山等集体所有土地的使用权，但是法律规定可以抵押的除外；(三)学校、幼儿园、医疗机构等为公益目的成立的非营利法人的教育设施、医疗卫生设施和其他公益设施；(四)所有权、使用权不明或者有争议的财产；(五)依法被查封、扣押、监管的财产；(六)法律、行政法规规定不得抵押的其他财产。"以土地所有权、宅基地、自留地、自留山等集体所有土地的使用权或者公益单位的公益财产作为抵押物的，将导致抵押合同无效。

其次，以所有权、使用权不明或者有争议的财产抵押的，不必然导致合同无效。一项财产所有权、使用权不明或有争议的，将其抵押不仅可能侵犯所有权人或使用权人的合法权利，而且可能引起矛盾和争议，危害交易安全，因此，法律规定此类财产不得抵押，但当事人以所有权、使用权不明或者有争议的财产抵押，虽其属于"不得抵押"的范围，但以其抵押的，并不必然导致抵押合同无效。无论抵押人对标的物有权处分还是无权处分，都不影响抵押合同的效力。抵押人无权处分时，抵押物的所有人可以请求追回，抵押权人可要求抵押人承担赔偿责任；但抵押权人符合善意取得的条件时，抵押物的所有权人无权请求追回，抵押权人可以行使优先受偿权。

最后，以依法被查封、扣押、监管的财产抵押的，抵押合同有效。抵押人以抵押权设立时财产被查封、扣押或者监管为由主张抵押合同无效的，法院不予支持。当事人以上述财产抵押且查封措施未解除的，仅对抵押权人的优先受偿权受限制；查封、扣押等措施一旦被解除，抵押权人即可行使优先受偿权。

类案参考

裁判要点

以自留山进行抵押的，抵押合同无效。

裁判观点

于某诉王某甲民间借贷纠纷案[①]中，法院认为，对于于某主张判令王某甲名下林权证归其所有，并将林权证范围内天然与非天然林及林下参作价偿还5万元借款的请求，根据《民法典》第399条关于耕地、宅基地、自留地、自留山等集体所有的土地使用权不得抵押的规定，涉案借款协议书中设定的抵押林权证林地系自留山，协议书且未体现林权证所有人王某甲同意抵押的真实意思，王某甲未在协议书上签名，同时，王某乙将该林权证为其借款提供抵押不符合法律规定，据此，于某与王某乙签订的借款协议书约定的林木林地抵押部分无效，于某请求将抵押物归其所有无事实及法律依据，法院不予支持。

048 学校的财产可否作为担保物？

要点解答

学校的部分财产可作为担保物，具体包括：(1)以公益为目的的非营利性学校中属于“教育设施和其他公益设施”的财产，其在购入或者以融资租赁方式承租该设施的，为担保价款或者租金实现而在该公益设施上保留所有权的；(2)以公益为目的的非营利性学校中属于“教育设施和其他公益设施”之外的其他财产；(3)营利性学校的财产。

担保人以学校财产作担保的，出借人应审查该财产是否属于可担保的财产。

典型案例

裁判要点

营利性学校的财产可以抵押。

① 参见辽宁省清原满族自治县人民法院民事判决书，(2022)辽0423民初713号。

案情简介[①]

2019 年 4 月 18 日，杜某与郑州某外国语学校签订《（保证担保）借款合同》一份，主要载明：郑州某外国语学校向杜某借款 60 万元用于招生、基础建设；借款期限从 2019 年 4 月 18 日起至 2019 年 7 月 17 日止，借款期满后，借款人应立即还本付息，到 2019 年 7 月 17 日，如果未能支付杜某 60 万元的本金，杜某有权处置豫 A ××××× 等六辆车的所有权，可以变更处理，以作为还款来源。

2019 年 4 月 18 日，杜某向王某转入 60 万元。

2019 年 4 月 18 日，郑州某外国语学校、王某向杜某出具《借据》一份，载明："今借到杜某人民币（大写）陆拾万元整 ¥600000 元，期限自 2019 年 4 月 18 日起至 2019 年 7 月 17 日止，利息为月息 2%，借款人承诺按期归还借款本金和利息"。

2019 年 6 月 25 日，石某向杜某出具《借条》一份，载明："今借到杜某（身份证号）人民币（大写）壹拾万零伍仟元整 ¥105000 元，期限自 2019 年 6 月 25 日起至 2019 年 7 月 24 日止，借款人承诺按期归还借款本金"。郑州某外国语学校在日期处盖有公章。2019 年 6 月 25 日，杜某向石某转款 10 万元。

杜某持有郑州某外国语学校名下车牌号为豫 A ××××× 等六辆机动车的登记证书。

裁判观点

法院认为，郑州某外国语学校以其名下车牌号为豫 A ××××× 等六辆机动车提供抵押担保，并将上述车辆的机动车登记证书交付给杜某，现杜某请求就上述车辆折价、拍卖、变卖所得价款优先受偿，合法有据，法院予以支持。

049 抵押担保中"房地一体"原则的具体表现有哪些？

要点解答

建筑物与土地不可分离，房屋等地上建筑物被视为土地的组成部分，在

① 参见杜某与郑州某外国语学校、王某、石某民间借贷纠纷案，河南省郑州市金水区人民法院（2021）豫 0105 民初 11408 号民事判决书。

抵押权方面，抵押建设用地使用权与抵押土地上的建筑物是同步的。“房地一体”原则在抵押担保中具体表现为：(1)以建筑物抵押的，该建筑物占用范围内的建设用地使用权一并抵押；(2)以建设用地使用权抵押的，该土地上的建筑物一并抵押。

抵押人以建筑物或者建设用地使用权抵押的适用“房地一体”原则，但抵押人将房地分别抵押的，两个抵押权也均合法有效。

050 抵押担保中“房地一体”原则的例外情形有哪些？

要点解答

以建设用地使用权抵押的担保中存在“房地一体”原则的例外情形有如下几种：(1)该土地上新增的建筑物不属于抵押财产；(2)正在建造的建筑物的续建部分不属于抵押财产；(3)规划中尚未建造的建筑物不属于抵押财产；(4)该土地上的违法建筑物不属于抵押财产。对上述财产与建设用地使用权一并处分后，抵押权人只能对建设用地使用权所得的价款优先受偿。

以建设用地使用权作抵押的，对该土地上的新增建筑物一并处分，分别受偿。

典型案例

裁判要点

当事人应对土地使用权及其地上建筑物一并抵押，若其只将土地使用权或地上建筑物其中一项办理抵押登记，即使另一项没有办理抵押登记，亦依法推定为两者一并抵押。

案情简介①

2018年1月26日，山东某银行与恒某公司签订《固定资产借款合同》，恒某公司向山东某银行借款2500万元用于购买建材、支付工程款、后续工

① 参见山东某银行与恒某公司、黄某、金某金融借款合同纠纷案，山东省成武县人民法院(2021)鲁1723民初1916号民事判决书。

程建设等。后山东某银行根据上述借款合同于2018年1月30日向恒某公司发放贷款2500万元，双方同时签订借款凭证一份，凭证载明：借款金额2500万元，期限自2018年1月30日起至2021年1月22日，贷款月利率为7.9958‰。

同日，黄某、金某与山东某银行签订《保证合同》，明确黄某、金某为恒某公司在上述《固定资产借款合同》中确定的债务提供连带责任保证，保证期间为主合同约定的债务人履行债务期限届满之日起两年。

同日，山东某银行与恒某公司签订《抵押合同》，约定恒某公司作为抵押人以房地产抵押清单中的资产作为抵押物向抵押权人山东某银行提供担保。2018年1月29日，山东某银行与恒某公司就上述抵押物办理了不动产登记证明。

裁判观点

法院认为，关于山东某银行能否对上述房地产抵押清单中所记载抵押建筑物占用范围内的建设用地使用权享有优先受偿权的问题。根据《民法典》第397条“以建筑物抵押的，该建筑物占用范围内的建设用地使用权一并抵押。以建设用地使用权抵押的，该土地上的建筑物一并抵押。抵押人未依据前款规定一并抵押的，未抵押的财产视为一并抵押”的规定，当事人应对土地使用权及其地上建筑物一并抵押，如果当事人未按照该条第1款规定一并抵押，则法律直接规定“视为一并抵押”。即只要土地使用权或地上建筑物之一项办理抵押登记，即使另外一项没有办理抵押登记，亦依法推定为两者一并抵押。另外，从防范市场交易风险的角度来看，物权法已经确立了房地应一并抵押的原则，并明确规定土地或者地上建筑物未一并抵押的也视为一并抵押，参与或从事房地产抵押实践的市场主体应当知悉该规定。本案中，山东某银行与恒某公司已就涉案房屋办理了抵押登记，依法设立了抵押权，即便在土地他项权利证明书中未注明抵押物包括涉案房屋占用范围内的建设用地使用权，依据上述《民法典》第397条之规定，涉案房屋占用范围内的建设用地使用权也应视为一并抵押，该房屋之抵押权效力及于房屋占用范围内的建设用地使用权，山东某银行亦应就本案享有的债权依法对案涉房屋占用范围内的建设用地使用权享有优先受偿权。故对山东某银行主张在恒某公司不履行债务时，对涉案房屋占用范围内的建设用地使用权享有优先受偿权的诉讼请求，法院亦予以支持。

案例评析

本案是关于“房地一体”抵押的典型案例。

首先，“房地一体”原则在担保领域中具体化的情形。我国立法采取“房随地走、地随放走、房地合一”的原则，在担保领域也明确了这一原则。《民法典》第 397 条规定：“以建筑物抵押的，该建筑物占用范围内的建设用地使用权一并抵押。以建设用地使用权抵押的，该土地上的建筑物一并抵押。抵押人未依据前款规定一并抵押的，未抵押的财产视为一并抵押。”抵押建设用地使用权也同时抵押了土地上的建筑物，抵押建筑物也同时抵押了该建筑物所占用的建设用地使用权。若当事人只办理了建设用地使用权抵押登记或者只办理了建筑物所有权抵押登记的，抵押权人在实现抵押权时，建设用地上已有的建筑物和建筑物占用的土地使用权一并作为抵押财产，抵押权人对其均享有优先受偿权。《民法典》第 397 条属于补充性任意规范，应允许当事人约定排除适用，若当事人明确约定将房地单独抵押、房地分别抵押，也不会因未就房地一并设定抵押而无效。

其次，担保领域“房地一体”原则的例外。(1) 当事人以建设用地使用权依法设立抵押的，不及于正在建造的建筑物的续建部分以及新增建筑物；抵押权的效力及于土地上已有的建筑物以及正在建造的建筑物已完成的部分。(2) 当事人以建设用地使用权依法设立抵押的，不及于该土地上的违法建筑物。(3) 当事人以建设用地使用权依法设立抵押的，不及于规划中尚未建造的建筑物。(4) 抵押人将建设用地使用权、土地上的建筑物或者正在建造的建筑物分别抵押给不同债权人的。

最后，担保领域的“房地一体处分原则”。我国立法在设立担保权时适用了“房地一体抵押”原则，在实现担保物权时亦采用“房地一体处分原则”。依照《民法典》第 417 条的规定：“建设用地使用权抵押后，该土地上新增的建筑物不属于抵押财产。该建设用地使用权实现抵押权时，应当将该土地上新增的建筑物与建设用地使用权一并处分。但是，新增建筑物所得的价款，抵押权人无权优先受偿。”以建设用地使用权抵押后，该土地上存在新增建筑物或者正在建设的建筑物续建的，在抵押权实现之时，应依照“房地一体处分原则”对该土地上的新增建筑物或者正在建设的建筑物续建的部分与建设用地使用权一并变价处分，但抵押权人无权对新增建筑物所得价款行使优先受偿权。

类案参考

裁判要点

以建设用地使用权抵押的，该土地上新增的建筑物不属于抵押财产，与建设用地使用权一并处分的新增建筑物所得的价款，抵押权人无权优先受偿。

裁判观点

在梁某与浙某公司、中某公司案外人执行异议之诉案[①]中，法院认为，浙某公司对涉案房屋是否享有抵押权的问题：根据查明的事实，中某公司以其所有的位于成都市金牛区社区某处土地作为抵押物，涉案土地使用权抵押登记办理时间为2014年11月20日，《四川省房屋建筑工程和市政基础设备工程竣工验收报告》载明，涉案工程开工日期为2014年12月23日，梁某与中某公司签订的《四川省商品房买卖合同》载明建设工程施工合同约定的开工日期为2015年2月9日，均晚于涉案土地使用权抵押登记办理时间，可以证实本案土地使用权设定抵押时，涉案楼盘尚未开工建设。根据《民法典》第417条“建设用地使用权抵押后，该土地上新增的建筑物不属于抵押财产。该建设用地使用权实现抵押权时，应当将该土地上新增的建筑物与建设用地使用权一并处分。但是，新增建筑物所得的价款，抵押权人无权优先受偿”的规定，涉案房屋属于办理建设用地抵押权后的新增建筑，浙某公司对涉案房屋不享有抵押权。

051 以违法建筑物抵押的，抵押合同是否有效？

要点解答

以违法建筑物抵押的法律效果存在以下三种情形：(1)违法建筑物不能抵押，以违法建筑物抵押的，抵押合同无效；(2)以违法建筑物抵押，抵押人能对违法建筑物进行补救，使其变为合法建筑物的，则抵押合同有效。违法建筑物变为合法建筑物的时间节点为一审法庭辩论终结前；(3)抵押人以土地上存在

① 参见成都铁路运输中级人民法院民事判决书，(2021)川71民初11号。

违法建筑物的建设用地使用权设立抵押的，抵押合同有效，抵押人不能以该土地上存在违法建筑物而否认抵押合同的合法性。

在一审法庭辩论终结前，抵押人能将违法建筑物办理合法手续补救的，抵押合同有效。

典型案例

裁判要点

担保人在一审辩论终结前未能提供其已经办理了抵押物合法手续的相关证据的，法院认定《抵押担保合同》为无效合同。

案情简介①

2017年1月23日，绿某公司向淳化某银行借款300万元，该笔借款于2018年1月22日到期，绿某公司以其所有的财产为该笔借款提供了抵押担保，马某、杨某也以其所有的财产为该笔借款提供了抵押担保，李某甲、李某乙、杨某、城投公司为该笔借款提供了保证担保。

2018年12月18日，绿某公司与淳化某银行签订《流动资金借款合同》，约定绿某公司向淳化某银行借款291万元，借款期限为2018年12月18日至2019年12月17日，借款用途为借新还旧，借款月利率为8.7‰。

同日，绿某公司与淳化某银行签订《抵押担保合同》，约定绿某公司以其所有的房产为291万元借款提供抵押担保。以上抵押财产淳化某银行与绿某公司均未提供抵押财产为合法建筑物的相关证照，亦未在相关部门办理抵押登记手续。

同日，马某、杨某与淳化某银行签订《抵押担保合同》，约定马某、杨某以其所有某处房产为291万元借款提供抵押担保。

同日，李某甲、李某乙、杨某、城投公司分别与淳化某银行签订《保证担保合同》，约定李某甲、李某乙、杨某、城投公司为291万元借款承担连带责任保证。

上述《流动资金借款合同》《抵押担保合同》《保证担保合同》签订后，陕西省淳化县公证处对上述合同依法进行了公证。2018年12月24日，淳化某银行向绿某公司发放贷款291万元。

---

① 参见淳化某银行与绿某公司、李某甲、马某、杨某、李某乙、杨某、城投公司借款合同纠纷案，陕西省淳化县人民法院（2021）陕0430民初356号民事判决书。

裁判观点

法院认为，淳化某银行与绿某公司签订的《抵押担保合同》，因双方在抵押物清单中未明确约定抵押财产的所有权证编号，亦未提供抵押财产为合法建筑物的相关证照，应推定该抵押财产为违法的建筑物。最高人民法院《关于适用〈中华人民共和国民法典〉有关担保制度的解释》第 49 条第 1 款规定："以违法的建筑物抵押的，抵押合同无效，但是一审法庭辩论终结前已经办理合法手续的除外……" 本案中，绿某公司在一审辩论终结前未能提供其已经办理了抵押物合法手续的相关证据，故淳化某银行与绿某公司签订的《抵押担保合同》为无效合同。淳化某银行与马某、杨某签订的《抵押担保合同》系双方当事人的真实意思表示，且内容不违反法律、行政法规的强制性规定，并提供了该财产的房产证，该合同为有效合同。淳化某银行与李某甲、李某乙、杨某、城投公司分别签订的《保证担保合同》系双方当事人的真实意思表示，且内容不违反法律、行政法规的强制性规定，相关合同为有效合同。

052 当事人订立房屋买卖合同作为民间借款合同的担保，出借人请求履行买卖合同的，法院按哪类法律关系审理？

要点解答

借贷双方当事人订立房屋买卖合同作为民间借款合同的担保，借款到期后借款人不能还款，出借人应要求借款人履行民间借款合同，而不应要求借款人履行买卖合同。借款人不履行该民间借贷纠纷生效判决确定的金钱债务的，出借人可以向法院申请拍卖该房产，以偿还债务。

借贷双方当事人约定让与担保且已完成了财产权利变动公示的，出借人对该财产享有优先受偿权。

典型案例

裁判要点

双方当事人存在让与担保合同关系，已完成财产变动的公示，债务人未清偿债务的，债权人可就该财产行使优先受偿权。

案情简介[①]

2014年9月30日，姚某甲、蒋某与王某签订房屋转让合同，约定姚某甲、蒋某将某处房产以200万元转让给王某，王某于2014年10月10日前一次性向姚某甲、蒋某付清，此购房款包含室内外配套设施和装修。

2014年10月1日，姚某乙出具收条，收到购房款200万元。同年10月17日，王某向姚某乙账户转账支付775,000元。姚某乙系姚某甲、蒋某的儿子。2015年4月28日，涉案房屋过户登记至王某名下。涉案房屋的采暖费、水费、电费等费用均系姚某甲、蒋某交纳。

在王某起诉姚某乙民间借贷案中，判决查明：2016年11月9日，姚某乙向王某出具借条，载明“今借到王某现金260万元（本借条中的款项本人已全部收到，其中2014年10月12日借款60万元、2016年11月9日50万元、2015年11月19日150万元）……”判决姚某乙向王某偿还欠款260万元并支付利息损失。

裁判观点

一审法院认为，本案的争议焦点主要为姚某甲、蒋某与王某签订的房屋转让合同是否合法有效。姚某甲、蒋某主张双方之间不存在房屋买卖合同关系，涉案房屋系姚某甲、蒋某为其儿子姚某乙向王某的借款提供的担保，并按照王某的指示签订的名为房屋转让的合同。法院认为，首先，关于购房款的支付问题，王某称其将200万元购房款均支付至姚某乙处，并由姚某乙出具收条，而本案中无证据显示姚某甲、蒋某授权姚某乙作为代理人代为收取购房款，姚某甲、蒋某亦未对姚某乙收取购房款的行为进行追认。退一步讲，姚某乙出具的收条中虽载明为购房款，但在签订涉案房屋转让合同前后，王某陈述其与姚某乙之间发生过多次借贷，故无法据此认定该笔款项即为本案购房款，亦无法认定王某按照合同约定履行了支付购房款的义务。其次，房屋的交付亦是房屋买卖关系中的关键，本案中，涉案房屋一直由姚某甲、蒋某及原承租人占有使用，租金亦由姚某甲、蒋某收取，王某称其委托姚某甲、蒋某收取租金但未出示证据加以证明，其也未向姚某甲、蒋某主

① 参见姚某甲、蒋某与王某合同纠纷案，新疆维吾尔自治区乌鲁木齐市新市区人民法院(2021)新0104民初5071号民事判决书。

张过租金，且涉案房屋产生的采暖费、水费、电费等费用亦是由姚某甲、蒋某支付，由此可以看出，王某一直未实际控制涉案房屋，该行为不符合一般房屋买卖合同的订立目的。最后，根据房屋转让合同约定，王某为先履行义务一方即支付购房款，在房款尚未支付时即在签订房屋转让合同的当天签订授权委托书并办理公证，委托李某办理涉案房屋的过户登记事宜，不符合常理也不符合交易习惯。

综合以上，无法认定双方当事人之间存在房屋买卖的合意，根据法院作出的民事判决及王某与姚某乙的陈述，王某与姚某乙之间确实存在多笔借贷关系，且王某亦是将款项直接支付至姚某乙处，姚某甲、蒋某作为姚某乙的父母与王某签订的虽系房屋转让合同，但根据查明事实，其主要目的是为姚某乙向王某借款提供的担保与实际履行情况更为相符，也更加符合双方的真实意思表示，系一种非典型性担保。最高人民法院《关于适用〈中华人民共和国民法典〉时间效力的若干规定》第3条规定："民法典施行前的法律事实引起的民事纠纷案件，当时的法律、司法解释没有规定而民法典有规定的，可以适用民法典的规定，但是明显减损当事人合法权益、增加当事人法定义务或者背离当事人合理预期的除外。"最高人民法院《关于适用〈中华人民共和国民法典〉有关担保制度的解释》第68条第1款、第2款规定："债务人或者第三人与债权人约定将财产形式上转移至债权人名下，债务人不履行到期债务，债权人有权对财产折价或者以拍卖、变卖该财产所得价款偿还债务的，人民法院应当认定该约定有效。当事人已经完成财产权利变动的公示，债务人不履行到期债务，债权人请求参照民法典关于担保物权的有关规定就该财产优先受偿的，人民法院应予支持。债务人或者第三人与债权人约定将财产形式上转移至债权人名下，债务人不履行到期债务，财产归债权人所有的，人民法院应当认定该约定无效，但是不影响当事人有关提供担保的意思表示的效力。当事人已经完成财产权利变动的公示，债务人不履行到期债务，债权人请求对该财产享有所有权的，人民法院不予支持；债权人请求参照民法典关于担保物权的规定对财产折价或者以拍卖、变卖该财产所得的价款优先受偿的，人民法院应予支持；债务人履行债务后请求返还财产，或者请求对财产折价或者以拍卖、变卖所得的价款清偿债务的，人民法院应予支持。"《全国法院民商事审判工作会议纪要》第71条规定："债务人或者第三人与债权人订立合同，约定将财产形式上转让至债权人名下，债务人到期清偿债务，债权人将该财产返还给债务人或第三人，债务人到期没有清偿债务，债权人可以对财产拍卖、变卖、折价偿还债权的，人民法院应当认定合同有效。合同如果约定债务人到期没有清偿债务，财产归债权人所有的，人民法院应当认定该部分约定无效，但不影响合同其他部分的效力。当事人根据上述合同约定，已经完成财产权利变动的公示方式转让至债权人名下，债务人到期没有清偿债务，债权人请求确认财产归其所有的，人民法院不予支持，但债权人请求参照法律关于担保物权的规定对财产拍卖、变卖、折价优先偿还其债权的，人民法院依法予以支持。债务人因到期没有清偿债务，请求对该财产拍卖、变卖、折价偿还所欠债权人合同项下债务的，人民法院亦应依法予以支持。”本案中，涉案房屋转让合同虽未明确约定若债务人姚某乙到期清偿债务，王某将涉案房屋返还姚某甲、蒋某；若债务人姚某乙到期没有清偿债务，王某可以对涉案房屋进行拍卖、变卖、折价偿还债权，但从实际履行情况看，涉案房屋转让合同符合让与担保的基本架构，系以房屋转让的方式实现担保债权的目的，其性质应当认定为让与担保。根据上述法律规定，双方当事人签订的房屋转让合同是各方当事人通过契约方式设定让与担保，形成一种受契约自由原则和担保经济目的双重规范的债权担保关系，不违反法律、行政法规的禁止性规定，应为合法有效，故姚某甲、蒋某主张确认涉案房屋转让合同为无效合同的诉讼请求，法院不予支持。

如前所述，姚某甲、蒋某将涉案房屋转移给王某，姚某甲、蒋某形式上是转让人，实质上是担保人，王某形式上是受让人，实质上是担保权人，是一种非典型担保即让与担保。让与担保是具有物权效力的，而此处的物权效力指的是参照适用最相类似的担保物权，享有优先受偿的权利，而让与担保发生物权效力的前提条件就是当事人根据合同约定已经完成财产变动的公示，形式上已经将财产转让至债权人名下，故姚某甲、蒋某请求将涉案房屋恢复登记至其名下的诉讼请求，无事实及法律依据，法院不予支持。对于房屋的处置问题，根据上述规定，如债务人未偿还借款的，王某可对涉案房屋进行拍卖、变卖、折价优先偿还其债权，债务人亦可请求对涉案房屋进行拍卖、变卖、折价并将所得价款用于清偿所欠债务。故一审法院判决驳回姚某甲、蒋某的诉讼请求。

二审法院对一审判决予以维持。（本案法律关系参见表 15）

表 15　争议焦点之一：房屋转让合同是否有效

诉讼主体		观点
当事人	姚某甲、蒋某	双方不存在房屋买卖合同关系，是以房屋买卖的形式来掩盖向案外人姚某乙放贷的事实，属于无效合同
当事人	王某	合同有效
法院		双方系合法的让与担保合同关系，债务人未清偿债务的，担保人无权要求返还财产

案例评析

本案是关于让与担保的典型案例。

首先，让与担保的性质及识别。让与担保，是指债务人或者第三人为担保债务的履行，将标的物转移给他人，于债务不履行时，债权人可就标的物优先受偿的一种非典型担保。让与担保与买卖合同在形式上通常表现出同一性，均为财产转让，在辨别合同性质时，应考量双方当事人订立买卖合同的真实意思表示。在司法审判实务中，往往从双方当事人订立买卖合同的目的是否为担保民间借款合同履行、被担保的主债权客观存在、在债务人不履行债务时转移标的物的所有权约定、实际履行等方面来识别是否属于让与担保。

其次，属于让与担保情形的，法院依据基础法律关系审理。在以买卖合同为民间借贷作担保的案件中，出借人请求借款人履行买卖合同的，法院按照民间借贷这一基础法律关系审理。让与担保是一种非典型担保，属于从合同，借款合同为主合同，故应当按照民间借贷法律关系审理。当事人以买卖合同关系向法院起诉后，根据法庭审理情况变更诉讼请求的，法院应予以准许。按照民间借贷法律关系审理作出的判决生效后，借款人不履行生效判决确定的金钱债务，出借人可以申请拍卖该买卖合同的标的物，以偿还债务。

最后，让与担保中的优先受偿权。双方当事人签订了买卖合同，而且已经进行了权利转移公示的，动产完成了交付、不动产办理了所有权转移登记，债务人不履行到期债务的，则出借人可对买卖合同标的物进行拍卖、变卖、折价所得价款行使优先受偿权。具体有以下两种情形：(1)当事人签订合同约定将财产转移至债权人名下，债务人不履行到期债务，债权人有权就财产折价或者拍卖、变卖所得价款偿还债务的，约定有效，当事人完成了财产权利的变动公示的，债权人可就该财产享有优先受偿权；（2）当事人签订合同约定将财产转移至债权人名下，债务人不履行到期债务，财产归债权人所有的，约定无效，但是不影响当事人提供担保意思表示的效力。当事人完成了财产权利的变动公示的，债权人就该财产享有优先受偿权。

类案参考

裁判要点

当事人以订立买卖合同作为民间借款合同的担保，借款到期后借款人不能还款，出借人请求按买卖合同的约定办理房屋产权证及支付迟延办证违约金且坚持不变更诉讼请求的，法院不予支持。

裁判观点

在永某公司与刘某、银某公司民间借贷纠纷案[①]中，法院认为，最高人民法院《关于审理民间借贷案件适用法律若干问题的规定》第23条规定："当事人以订立买卖合同作为民间借贷合同的担保，借款到期后借款人不能还款，出借人请求履行买卖合同的，人民法院应当按照民间借贷法律关系审理。当事人根据法庭审理情况变更诉讼请求的，人民法院应当准许。按照民间借贷法律关系审理作出的判决生效后，借款人不履行生效判决确定的金钱债务，出借人可以申请拍卖买卖合同标的物，以偿还债务。就拍卖所得的价款与应偿还借款本息之间的差额，借款人或者出借人有权主张返还或者补偿。"本案中，永某公司与刘某签订了两份《商品房买卖合同》，刘某主张2018年6月12日转款100万元，2018年8月18日转款20万元，2018年8月20日转款80万元，共计200万元是支付房款。但根据查明的事实，2018年6月12日，刘某出借过100万元给王某并收取了月利率3分的利息。刘某称收取利息的100万元借款是另一笔100万元借款，但刘某的该主张没有证据证实。刘某在2018年6月12日只转款100万元给王某，并没有转两个100万元给王某，而该100万元有证据证明是借款，而非购房款。双方短信记录没有涉及2018年8月18日刘某转给王某20万元的事实，涉及2018年8月20日借款100万元的事实，而2018年8月20日刘某只转款80万元给王某。根据转款的连续性及双方对这两笔款都是一并主

---

① 参见湖南省郴州市中级人民法院民事判决书，（2021）湘10民终1632号。

张即视作一笔款的情况，可认定短信记录中2018年8月20日的100万元就是2018年8月18日的20万元与2018年8月20日的80万元的合计。短信记录显示，2018年8月20日刘某出借了100万元给王某并按月利率3分收取了利息。双方在该日再无另外的100万元往来，所以2018年8月20日的100万元是借款而非购房款。此认定还可从房屋单价得到进一步印证。根据交易习惯，房屋是大宗商品，很少定价精确到角分，本案双方约定房屋单价为6934.81元/平方米，不符合交易习惯，更符合先有200万元总款，再根据房屋面积推算出的单价。

综上，永某公司与刘某虽然签订了《商品房买卖合同》，但并没有支付房款，依照上述司法解释的规定，双方之间是借贷关系，购房合同仅是借款的担保。最高人民法院《关于民事诉讼证据的若干规定》第53条规定：“诉讼过程中，当事人主张的法律关系性质或者民事行为效力与人民法院根据案件事实作出的认定不一致的，人民法院应当将法律关系性质或者民事行为效力作为焦点问题进行审理。但法律关系性质对裁判理由及结果没有影响，或者有关问题已经当事人充分辩论的除外。存在前款情形，当事人根据法庭审理情况变更诉讼请求的，人民法院应当准许并可以根据案件的具体情况重新指定举证期限。”本案中，刘某一直坚持主张本案是房屋买卖合同关系，没有变更诉讼请求。根据查明的事实，确认本案双方之间系民间借贷关系，故其请求办理房屋产权证及支付迟延办证违约金的诉讼请求缺乏事实和法律依据，法院不予支持。但刘某可以法院查明认定的法律关系为基础，另行诉讼。

053 出借人拿到抵押人的不动产所有权证后，不动产是否就真的抵押了？

要点解答

借贷双方当事人约定以不动产抵押的，抵押人将其不动产所有权证或使用权证交付给出借人的，抵押权仍未设立，出借人无权就该财产优先受偿。以不动产抵押的，抵押权自办理抵押登记时设立。《民法典》第402条规定：“以本法第三百九十五条第一款第一项至第三项规定的财产或者第五项规定的正在建造的建筑物抵押的，应当办理抵押登记。抵押权自登记时设立。”

以不动产抵押的，权证交付不产生抵押权设立效力，双方应办理抵押登记。

典型案例

裁判要点

以土地使用权抵押而未办理抵押登记的，抵押合同有效，但抵押权未设立，债权人不能行使优先受偿权。

案情简介[①]

宏某公司与基某公司签订《借款合同》，约定宏某公司向基某公司提供借款1500万元，借款期限不超过一个月。2019年12月19日，宏某公司转款1500万元给基某公司后，又于2019年12月20日转款200万元，实际借款为1700万元。双方约定借款年利率为12%。宏某公司与高某公司当日签订《担保协议》，约定由高某公司承担连带保证，并由高某公司提供抵押物，即位于水城县某处的商服用地一幅及地上从物担保主债权实现。借期届满后基某公司未还款，双方协议展期，签订《借款合同之补充协议》，约定1700万元借款本金及利息延至2020年2月18日。同时，城投公司提供位于水城县另一处商服用地一幅及地上从物担保主债权实现。双方两次协商展期，分别于2020年2月21日及2020年3月19日签订《借款合同之补充协议（二）》《借款合同之补充协议（三）》。

裁判观点

法院认为，对于宏某公司要求对高某公司及城投公司就用于抵押的建设用地使用权享有优先受偿权的主张，根据《民法典》第402条的规定：“以本法第三百九十五条第一款第一项至第三项规定的财产或者第五项规定的正在建造的建筑物抵押的，应当办理抵押登记。抵押权自登记时设立。”而涉案用于抵押的土地并未办理抵押登记，虽抵押合同有效，但宏某公司要求具有抵押权和优先受偿权不能得到支持，宏某公司如因此受到损失可另行向高某公司及城投公司依据合同主张违约责任。

---

① 参见宏某公司与基某公司、高某公司、城投公司借款合同纠纷案，贵州省安顺市中级人民法院（2022）黔04民终280号民事判决书。

054 以动产抵押的，抵押权何时设立？

要点解答

借贷双方当事人约定以动产抵押的，抵押权自抵押合同生效时设立。不动产抵押登记产生设立效力，而动产抵押登记产生对抗效力，动产抵押经过登记后可以对抗善意第三人，未经登记的，不得对抗善意第三人。《民法典》第403条规定："以动产抵押的，抵押权自抵押合同生效时设立；未经登记，不得对抗善意第三人。"

动产抵押登记产生对抗效力，未经登记不得对抗正常经营活动中已经支付合理价款并取得抵押财产的买受人。

典型案例

裁判要点

以车辆抵押的，抵押权自抵押合同生效时设立，具有优先于一般债权的效力，未经登记的，不能对抗善意第三人。

案情简介①

2016年11月22日，冯某与中某银行签订《中某银行个人汽车消费借款及抵押合同》，合同约定，中某银行向冯某发放贷款664,100元；借款用途为购买合同所述且在依法签发的机动车登记证书中描述的机动车一辆，贷款期限为60个月；贷款利率为固定利率8%。

同日，鑫某公司与中某银行签订《抵押合同》，约定鑫某公司愿意以其财产向中某银行提供抵押担保，担保的主债权为主合同项下的本金664,100元；抵押物为拓速乐纯电动乘用车 ×P90D。

2016年11月23日，中某银行向冯某发放了借款664,100元。借款凭证载明：年利率为8%，到期日为2021年11月23日。

因冯某连续逾期，中某银行于2019年4月9日向冯某发出贷款提前收

① 参见中某银行上海分行与鑫某公司、冯某金融借款合同纠纷案，上海金融法院（2021）沪74民终1064号民事判决书。

回告知函，要求冯某于2019年4月12日前归还全部贷款本息。

2020年6月24日，经中某银行申请，一审法院进行财产保全，并查封涉案机动车，该次查封为首轮司法查封。

裁判观点

二审法院认为，以动产抵押的，抵押权自抵押合同生效时设立，未经登记，不得对抗善意第三人。本案中，中某银行与鑫某公司签订了《抵押合同》，抵押物为涉案机动车，抵押权自双方合同生效时即有效设立，具有优先于一般债权的效力。但由于未办理登记，其物权效力有所不足，主要表现为不能对抗善意第三人。现中某银行主张其因丧失优先受偿权遭受损失，经查，截至二审判决之时，涉案机动车仍登记在鑫某公司名下，且经中某银行申请，一审法院也已通过财产保全的方式查封了该机动车，因此，中某银行所享有的抵押权虽不具有对抗善意第三人的效力，但并未证明因此受到损失，故对其要求鑫某公司在抵押物价值范围内承担连带清偿责任的诉请，一审法院不予支持并无不当，对其裁判理由，二审法院依法予以纠正。此外，由于中某银行未在一审中主张实现抵押权，故对其在二审阶段提出的改判鑫某公司承担抵押担保责任或确认其享有抵押权的诉讼请求，二审法院不予处理，中某银行可另案主张。

案例评析

本案是关于抵押权设立的典型案例。

首先，关于不动产抵押权的登记生效主义。当事人以不动产作为抵押物的，应当办理抵押登记，抵押权自登记时设立，不动产抵押采用登记生效主义。以不动产抵押未办理抵押登记的，抵押权未设立，但不导致抵押合同无效。抵押权登记生效的抵押财产主要包括：（1）建筑物（包括正在建造的建筑物）；（2）其他土地附着物；（3）建设用地使用权；（4）海域使用权。

其次，关于动产抵押权的登记对抗主义。当事人以动产作为抵押物的，抵押合同一经生效，抵押权就有效设立。以动产作为抵押物的，采用登记对抗主义原则，未办理登记手续不影响抵押权的设立，但不得对抗除担保物权人在外的善意第三人，是一种不完全物权，具有优先于一般债权的效力。动产抵押权只有进行登记，方能取得可对抗善意第三人的“完整效力抵押权”。

最后，动产抵押权未登记的法律后果。动产抵押权未经登记的，对善意第三人不具有约束力。"善意第三人"包括：(1)已经支付合理价款并取得抵押财产的买受人，但是抵押权人能够举证证明受让人知道或者应当知道已经订立抵押合同的除外；(2)已移转占有抵押财产的承租人，但是抵押权人能够举证证明承租人知道或者应当知道已经订立抵押合同的除外；(3)已向法院申请保全或执行并已经法院作出财产保全裁定或者采取执行措施的其他债权人；(4)抵押人破产案件中的其他债权人等。

类案参考

裁判要点

当事人以房屋等不动产抵押，预告登记后，自能够进行不动产登记之日起 90 日内未申请登记的，预告登记失效，抵押权不成立，抵押权人不能行使抵押权。

裁判观点

在某银行遵义市分行与何某、向某、瑞某公司金融借款合同纠纷案[①]中，二审法院认为，涉案《个人住房（商业用房）借款合同》《个人住房（商业用房）借款最高额保证合同》是双方当事人真实意思表示且未违反法律、行政法规的强制性规定，该合同依法成立并生效。根据《民法典》第 221 条"当事人签订买卖房屋的协议或者签订其他不动产物权的协议，为保障将来实现物权，按照约定可以向登记机构申请预告登记。预告登记后，未经预告登记的权利人同意，处分该不动产的，不发生物权效力。预告登记后，债权消灭或者自能够进行不动产登记之日起九十日内未申请登记的，预告登记失效"以及第 402 条"以本法第三百九十五条第一款第一项至第三项规定的财产或者第五项规定的正在建造的建筑物抵押的，应当办理抵押登记。抵押权自登记时设立"之规定，因瑞某公司于 2014 年 8 月 11 日就为涉案房屋办理了初始登记，即从 2014 年 8 月 11 日就能够办理不动产所有权转移登记，现早已超过 90 日，故一审法院未认定抵押权成立并无不当。

① 参见贵州省遵义市中级人民法院民事判决书，(2021)黔 03 民终 8557 号。

055 质权生效的时间如何确定?

要点解答

质权可以分为动产质权和权利质权,质权生效的时间点分为以下几类:(1)以动产质押的,交付质押财产时生效;(2)以汇票、本票、支票、债券、存款单、仓单、提单出质的,交付权利凭证时生效;(3)以基金份额、股权、注册商标专用权、专利权、著作权等知识产权中的财产权出质的或以应收账款、没有权利凭证的汇票、本票、支票、债券、存款单、仓单、提单出质的,自登记时生效。

质权生效是质权人行使优先权的前提。

典型案例

裁判要点

以保证金账户的资金出质,质权人按约定占有该账户时质权生效,质权人对该保证金账户内资金享有优先受偿权。

案情简介①

2017年9月26日,徐某与某银行自治区分行签订《某银行信用卡装修专向分期付款合同》,约定某银行自治区分行授予徐某用于购置商品房的专向额度50,000元,分期期数36期,用途为徐某支付其装修某处房屋的款项,手续费6000元。授权某银行自治区分行将交易金额划至利某公司的账户。同日,利某公司与某银行自治区分行签订《质押合同》,约定主合同为某银行自治区分行与徐某之间签署的《某银行信用卡装修专向分期付款合同》,主债权为主合同项下的债权,包括本金、利息、违约金、赔偿金、质押物保管费用、实现债权的费用(包括但不限于诉讼费、律师费、公证费、执行费等)、因借款人违约而给某银行自治区分行造成的损失和其他所有应付费用。利某公司提供保证金质押,质押账户中保证金金额应在缴足总体项目保证金协议约定的基础保证金金额后,按照贷款金额的5%存入保证金专用

① 参见某银行自治区分行与利某公司、徐某信用卡纠纷案,内蒙古自治区呼和浩特市中级人民法院(2021)内01民终3585号民事判决书。

账户，利某公司以质押物对主合同项下的全部债务承担担保责任，同时约定合同生效与质权设立的条件等。上述合同签订后，徐某激活涉案信用卡，并持卡消费。

裁判观点

法院认为，利某公司与某银行自治区分行签订的《质押合同》系双方当事人的真实意思表示，且不违反法律、法规的禁止性规定，应认定为合法有效，双方应按约定全面履行各自的义务。《质押合同》中出质人为利某公司，开户金融机构为某银行内蒙古自治区分行营业部，账号为 15××52，与二审庭审中某银行自治区分行提供的保证金账户相一致，该账户内的资金往来只与担保业务有关，并未作日常结算使用，符合资金特定化要求。同时，按照《质押合同》的约定，利某公司将资金转入保证金账户或质权人经授权将出质人资金划拨至上述保证金账户，即视为移交质权人占有，利某公司已按照约定，将保证金交付某银行自治区分行占有，故某银行自治区分行对保证金账户的资金享有质权，对该保证金账户内资金享有优先受偿权。对于某银行自治区分行主张利某公司对涉案欠款应承担连带保证责任的请求，在双方签订的《质押合同》中并未对连带保证责任作出约定，某银行自治区分行亦未提交其他证据证明其主张，故该主张无事实和法律依据，法院不予支持。

056 第三人提供担保的，债务转移的法律效果如何？

要点解答

第三人为借款提供担保的，债务转移是否经担保人同意，法律效果不同：(1)债务转移经担保人书面同意的，债务转移对担保人发生法律效力，担保人继续承担担保责任。(2)债务转移未经担保人同意的，债务转移对担保人不发生法律效力，担保人不再承担相应的担保责任。《民法典》第 391 条规定："第三人提供担保，未经其书面同意，债权人允许债务人转移全部或者部分债务的，担保人不再承担相应的担保责任。"

第三人提供担保中，债权人应保存该债务转移已经担保人同意的证据。

典型案例

裁判要点

债权人允许债务人转移债务，未经担保人同意的，担保人不再承担相应的担保责任。

案情简介①

2016年8月8日，出资人张某（甲方）与借款人诺某甲公司（乙方）签订《借款协议》，约定：甲方同意向乙方出借资金150万元，借款期限为2016年8月8日至10月7日，利息36,000元整；关于抵押物，房屋所有权人为李某（李某与罗某系夫妻关系），如到期后，乙方未能按协议将款还给甲方，甲方有权将抵押房产过户，乙方有权协助甲方办理有关此房产的任何手续，乙方不得以任何方式向有关部门对此房产重新办理任何事宜。

2017年2月18日，经张某、诺某甲公司、诺某乙公司协商一致，同意此债务转移给诺某乙公司。

2018年11月16日，张某向诺某甲公司出具《声明》，表明其与诺某甲公司无任何债权债务关系。

2020年12月31日，诺某乙公司向张某出具《借款凭证》，载明：诺某乙公司截至2020年12月31日累计借张某107万元，诺某乙借款单位借款人罗某，此借据出具后，张某与诺某乙公司和罗某之前的任何借款欠款类协议均作废，自借款日起以此借据为准。

裁判观点

法院认为，第三人提供担保，未经其书面同意，债权人允许债务人转移全部或者部分债务的，担保人不再承担相应的担保责任。本案中，张某允许诺某甲公司转移债务，但未经李某同意，《借款凭证》《借款利息的计算凭证证明》亦确认之前的任何借款欠款类协议均作废，故李某无须以其名下房产继续承担担保责任，张某要求李某办理房屋抵押登记手续并对剩余债务承担连带责任的诉讼请求，缺乏事实依据和法律依据，法院难以支持。

---

① 参见张某与诺某乙公司、罗某、诺某甲公司、李某民间借贷纠纷案，北京市丰台区人民法院（2021）京0106民初27675号民事判决书。

057 第三人为借款提供的担保合同无效的，担保人是否承担责任？

要点解答

在借款合同纠纷中，第三人提供的担保合同无效的，担保人是否承担责任，有以下几种具体情形：(1)担保人无过错的，担保人不承担责任；(2)借款合同有效而担保合同无效，出借人无过错而担保人有过错的，担保人对借款人不能清偿的部分承担赔偿责任；(3)借款合同有效而担保合同无效，出借人与担保人均有过错的，担保人承担的赔偿责任不超过借款人不能清偿部分的1/2；(4)借款合同无效导致担保合同无效，担保人有过错的，担保人承担的赔偿责任不超过借款人不能清偿部分的1/3。

第三人为借款提供的担保合同无效，担保人存在过错的，担保人应承担相应的赔偿责任。

典型案例

裁判要点

借款主合同有效而第三人提供的担保合同无效，债权人、担保人均有过错的，担保人应对债务人不能清偿部分承担1/2的赔偿责任。

案情简介[①]

2017年12月7日，董某甲与董某乙、于某甲、富某公司、中某公司、宏某公司签订《借款合同》，约定董某乙、于某甲在董某甲处借款3000万元，包括之前借款本金600万元，利息220万元，本次借款本金2180万元，富某公司、中某公司、宏某公司对上述借款本金及违约金承担连带保证责任，保证期限为三年。合同签订后，董某甲支付了2180万元。2017年12月26日，董某甲与董某乙以及富某公司、中某公司、宏某公司签订补充协议，约定董某甲指定将上述借款中1500万元直接支付至宏某公司长春分公司的

① 参见董某甲与董某乙、于某甲、富某公司、中某公司、宏某公司民间借贷纠纷案，吉林省长春市中级人民法院(2021)吉01民初1577号民事判决书。

银行账户，将 680 万元支付至董某乙的银行账户。董某乙系宏某公司股东，占股 45%。董某乙、于某甲系夫妻关系。

裁判观点

法院认为，关于富某公司、中某公司、宏某公司是否应承担担保责任的问题。《公司法》第 16 条规定："公司向其他企业投资或者为他人提供担保，依照公司章程的规定，由董事会或者股东会、股东大会决议；公司章程对投资或者担保的总额及单项投资或者担保的数额有限额规定的，不得超过规定的限额。公司为公司股东或者实际控制人提供担保的，必须经股东会或者股东大会决议。前款规定的股东或者受前款规定的实际控制人支配的股东，不得参加前款规定事项的表决。该项表决由出席会议的其他股东所持表决权的过半数通过。"董某甲诉请富某公司、中某公司承担连带给付责任，并提供了借款合同、补充协议作为证据。但是，董某甲未能提供证据证明富某公司、中某公司提供担保已经过了该两家公司的董事会或者股东会、股东大会决议，也未举证证明其已经对公司决议进行了合理审查。因此借款合同中关于富某公司、中某公司提供连带保证责任的担保条款无效，董某甲要求富某公司、中某公司承担连带给付责任的诉讼请求依法不能得到支持。最高人民法院《关于适用〈中华人民共和国民法典〉有关担保制度的解释》第 17 条第 1 款规定："主合同有效而第三人提供的担保合同无效，人民法院应当区分不同情形确定担保人的赔偿责任：（一）债权人与担保人均有过错的，担保人承担的赔偿责任不应超过债务人不能清偿部分的二分之一；（二）担保人有过错而债权人无过错的，担保人对债务人不能清偿的部分承担赔偿责任；（三）债权人有过错而担保人无过错的，担保人不承担赔偿责任。"富某公司、中某公司未经公司决议即加盖公章、法人名章提供担保，董某甲未尽到善意、合理审查公司决议的义务，应当认定属于债权人、担保人均有过错的情形，富某公司、中某公司应对董某乙、于某甲不能清偿部分承担 1/2 的赔偿责任。富某公司、中某公司承担赔偿责任后，有权向董某乙、于某甲追偿。

从借款合同及补充协议看，借款用途为宏某公司长春分公司与其他公司合作出资收购资产，本案部分借款的收款账户也是宏某公司长春分公司银行账户，董某乙系宏某公司的股东，应当认定宏某公司为本案借款提供连带责任保证是为其直接或者间接控制的公司开展经营活动向债权人提供担保，依法应认定该担保条款有效，董某甲在保证期间起诉主张本案债权，未超过保证期间，宏某公司依法应与董某乙、于某甲承担连带清偿责任。宏某公司承担责任后，有权向董某乙、于某甲追偿。（本案法律关系参见表16）

表16　争议焦点之一：担保人是否承担担保责任

诉讼主体		观点
当事人	董某甲	三家担保公司应当承担担保责任
当事人	董某乙、于某甲、富某公司、中某公司	董某甲主张中某公司和富某公司承担过重的保证责任没有事实及法律依据，中某公司和富某公司不应该承担保证责任
当事人	宏某公司	陈某在宏某公司只是挂名的法人，其不知道借款事宜，宏某公司不应该承担保证责任
法院		担保合同无效，债权人、担保人均有过错，故富某公司、中某公司应对董某乙、于某甲不能清偿部分承担1/2的赔偿责任，宏某公司借款提供连带责任保证是为其直接或者间接控制的公司开展经营活动向债权人提供担保，该担保条款有效

案例评析

本案是关于第三人提供的担保合同无效时担保人责任的典型案例。

首先，主合同有效而第三人提供的担保合同无效时担保人的责任。（1）债权人与担保人均有过错的，担保人承担的赔偿责任不应超过债务人不能清偿部分的1/2；（2）担保人有过错而债权人无过错的，担保人对债务人不能清偿的部分承担赔偿责任；（3）担保人无过错的，担保人不承担赔偿责任。

其次，主合同与第三人提供的担保合同均无效时担保人的责任。（1）担保人有过错的，其承担的赔偿责任不应超过债务人不能清偿部分的1/3；（2）担保人无过错的，担保人不承担赔偿责任。

再次，保证合同无效时，债权人应在保证期间内要求保证人承担赔偿责任。保证合同无效的，保证人因其存在过错须承担赔偿责任时，债权人应当在约定或者法定的保证期间内请求赔偿，若债权人未在保证期间内依法向保证人主张赔偿的，则保证人不承担赔偿责任。

最后，担保人承担了赔偿责任的，可在其承担责任的范围内向债务人追偿。第三人提供担保无效时，担保人根据自身过错承担赔偿责任。因担保人承担的责任属于代偿责任，故在其承担赔偿后，可在其承担责任的范围内向债务人追偿。因此，无论是担保合同有效时担保人承担的担保责任，还是担保合同无效时担保人承担的民事赔偿责任，担保人均有权在其承担责任的范围内向债务人追偿。

类案参考

裁判要点

借款合同无效导致担保合同无效，担保人存在过错的，担保人承担的赔偿责任不超过债务人不能清偿部分的1/3。

裁判观点

在沙某诉王某甲、王某乙民间借贷和保证合同纠纷案[①]中，法院认为，本案借贷是沙某通过贷款平台套取资金转借给王某甲，根据相关法律规定，套取金融机构转贷的民间借款合同无效，因此原告、被告之间的民间借款合同无效。但虽然双方之间的借款合同无效，根据法律规定被告应将取得的财产即原告代其偿还的贷款还款返还给原告，根据沙某认可实际出借的85,000元扣减已经偿还的10,500元，王某甲应返还沙某的借款为74,500元。因双方借款合同无效，因此沙某请求给付利息的诉讼请求法院不予支持。因借款无效导致担保合同无效，但王某乙明知系套取金融机构贷款转贷而提供担保，其有过错，因此法院酌定王某乙就王某甲应返还的74,500元借款中不能偿还部分承担返还不超过其1/3的责任，即王某乙返还沙某24,800元借款。

058 同一财产上数个抵押权并存的，债权的清偿顺序如何确定？

要点解答

抵押人将其同一财产分别抵押的，拍卖、变卖抵押财产所得价款清偿债权的顺序为：(1)所有抵押权均已经登记的，按照登记的时间先后确定清偿顺序；(2)部分抵押权登记的，抵押权已经登记的先于未登记的受偿；(3)抵押权均未

① 参见江苏省睢宁县人民法院民事判决书，(2021)苏0324民初4821号。

登记的，按照债权比例清偿；(4)其他可以登记的担保物权，清偿顺序可参照上述规定适用。

同一财产上数个抵押权并存的，按照抵押登记行为和登记时间两者优先原则的顺序清偿债务。

典型案例

裁判要点

同一财产上存在两个以上抵押权的，登记在前的优先清偿，第二次数个抵押同一时间登记的，以在先抵押权受偿后的剩余款项按约定比例受偿。

案情简介①

史某与秦某是夫妻关系。钟某向史某支付了100万元，钟某与史某、秦某共同签订了一份《借款合同》，约定由史某、秦某共同向钟某借款100万元，用于流动资金周转。钟某与史某签订《深圳市房地产抵押合同》并办理了不动产抵押登记，本次同时抵押登记权利人为高某、叶某、钟某和赵某，担保债权金额为240万元。本案诉讼发生时，史某已经被他人起诉。高某、叶某、赵某、钟某于2022年3月8日签署协议，约定“各方同意，如史某、秦某名下的房屋在第一顺序的抵押权变现后尚有剩余款项并可以赔付高某、叶某、赵某、钟某的本息的，高某、叶某、赵某、钟某同意按照40∶80∶20∶100的比例(各自债权本金的比例)，按照各自生效的判决金额确定各自应当从史某、秦某处获得的赔偿金额”。

裁判观点

法院认为，关于抵押房屋受偿权的问题。《民法典》第392条规定：“被担保的债权既有物的担保又有人的担保的，债务人不履行到期债务或者发生当事人约定的实现担保物权的情形，债权人应当按照约定实现债权；没有约定或者约定不明确，债务人自己提供物的担保的，债权人应当先就该物的担保实现债权；……”第414条规定：“同一财产向两个以上债权人抵押的，拍卖、变卖抵押财产所得的价款依照下列规定清偿：(一)抵押权已经登记的，按照登记的时间先后确定清偿顺序；(二)抵押权已经登记的先于未登记的受偿；(三)抵押权未登记的，按照债权比例清偿。其他可以登记的担保物

① 参见钟某与史某、秦某民间借贷纠纷案，广东省深圳市龙岗区人民法院(2022)粤0307民初2178号民事判决书。

权，清偿顺序参照适用前款规定。”本案中，钟某提交了《不动产登记证明》《抵押合同》《协议书》，证明史某将坐落于深圳市宝安区的房产同时二次抵押给包含钟某在内的共计四名债权人，四名债权人也约定了赔付比例。因此，在抵押物折价或者拍卖、变卖的所得价款清偿顺序在先的抵押债权后，钟某与另外同时抵押的三名债权人高某、叶某、赵某就剩余款项按比例享有优先受偿权。符合法律规定，法院予以支持。

059 同一财产上抵押权与质权并存的，债权的清偿顺序如何确定？

要点解答

抵押人在同一财产上既设定抵押权又设定质权的，各债权清偿顺序按照登记、交付的时间先后确定。抵押权登记后办理质权的，抵押权优先受偿；以动产抵押未经登记而办理质权的，质权优先受偿。

出借人若需抵押权优先于质权受偿的，须在质押权成立前办理抵押登记。

典型案例

裁判要点

同一财产上既设立抵押权又设立质权，抵押登记在前，质权设立在后的，质押权人享有第二顺位的优先受偿权。

案情简介[①]

2022 年 2 月 12 日，韩某（出借人）与高某签订借据，约定借款金额 606,000 元，借款期限 1 个月，自 2022 年 2 月 12 日起至 2022 年 3 月 12 日止，借款月利率 2%。同日，韩某与高某签订《汽车质押借款合同》，约定质押物为路虎揽胜汽车（冀 AM×××××），上述质押的车辆属于自有车辆；质押款为 606,000 元，月利率为 2%。

① 参见韩某与高某民间借贷纠纷案，河北省行唐县人民法院（2022）冀 0125 民初 1043 号民事判决书。

韩某将606,000元转至高某，高某将车辆冀AM××××× 交付韩某。车辆冀AM××××× 和车辆行驶证在韩某手中，车辆的机动车登记证在银行抵押。

裁判观点

法院认为，借款期限已届满，高某未按约偿还借款本息，韩某请求对车辆冀AM××××× 行使质权，法院予以支持。韩某称车辆冀AM××××× 为分期购买，且在银行办理抵押登记，高某予以认可。《民法典》第415条规定："同一财产既设立抵押权又设立质权的，拍卖、变卖该财产所得的价款按照登记、交付的时间先后确定清偿顺序。"本案中，高某购买案涉车辆且办理抵押登记在前，交付韩某设立质权在后，故韩某有权对案涉车辆折价或者拍卖、变卖所得的价款在债权范围内享有第二顺位的优先受偿权。

060 物的担保和人的担保并存时，债权的清偿顺序如何确定？

要点解答

在被担保的债权中，物的担保和人的担保并存时，债权的清偿顺序为：(1)当事人约定了债权实现顺序的，根据当事人意思自治原则，按照其约定履行；(2)没有约定或约定不明，债务人自己提供物的担保的，债权人先就该物实现债权；(3)没有约定或约定不明，物的担保系第三人提供的，债权实现可以选择物的担保或者人的担保，即没有先后顺序限制，债权人享有选择权。

借款合同纠纷中，既有物的担保又有人的担保的，出借人实现债权应当按约定或者法定顺序进行。

典型案例

裁判要点

物的担保与人的担保并存时，当事人约定了由债权人自行选择清偿顺序的，债权人可请求保证人承担保证责任。

案情简介[①]

2019 年 4 月 23 日，杨某向某银行黎平支行申请贷款 310，000 元用于购买鸿某房地产公司开发的黎平县某处房产。杨某用其购买的黎平县某处房产向某银行黎平支行进行抵押预告登记。2019 年 6 月 3 日，某银行黎平支行与杨某、鸿某房地产公司签订了《个人购房借款/担保合同》，鸿某房地产公司为其开发的黎平县某处购房户为向某银行黎平支行申请按揭贷款购房向某银行黎平支行存入一定数额的保证金。合同约定杨某因个人购置住房向某银行黎平支行贷款 310，000 元，贷款期限为 240 个月，从 2019 年 6 月 3 日起至 2039 年 6 月 3 日止。贷款利率以贷款发放时适用的中国人民银行公布的同期同档次贷款利率为基准利率，上浮 10% 确定。

鸿某房地产公司为该借款提供连带责任保证，保证期间为贷款到期之日起两年。

裁判观点

二审法院认为，关于鸿某房地产公司是否应承担连带保证责任的问题，本案的债权为混合担保，既有杨某提供的物的担保，又有鸿某房地产公司提供的人的担保（保证担保）。某银行黎平支行与杨某、鸿某房地产公司在三方签订的《个人购房借款 / 担保合同》第 30.3 条约定："主债权同时存在一个或多个物的担保或第三人保证的，无论相关的物的担保是由借款人提供还是由第三人提供，担保人同意贷款人自行选择担保顺序……担保人放弃针对贷款人选择清偿顺序的抗辩权。"从该条内容来看，虽然没有约定是先就物的担保实现债权，还是先就人的担保实现债权，但已经约定了实现担保债权的顺序由贷款人某银行黎平支行自行选择，并非约定不明。该合同条款虽然系贷款人先拟定，但其本身只是对实现债权顺位的约定，并不存在减轻贷款人义务或加重担保人义务的内容。无论是按原《物权法》第 176 条或者按现行的《民法典》第 392 条的规定来衡量，都符合上述法律的规定。根据上述法律的规定，当事人的约定优先于法定，故应先按照当事人的约定来实现债权。既然双方在合同中约定了清偿顺位由贷款人自行选择，贷款人某银行黎平支行选择先要求保证人鸿某房地产公司承担连带清偿责任，

① 参见某银行黎平支行与杨某、鸿某房地产公司借款合同纠纷案，贵州省黔东南苗族侗族自治州中级人民法院（2021）黔 26 民终 2497 号民事判决书。

符合双方的合同约定。故一审认为“约定不明”的结论不当。况且本案双方约定的物的担保仅进行预告登记而至今未做正式的抵押登记，抵押物权并未设立。故二审法院予以改判。（本案法律关系参见表 17）

表 17　争议焦点之一：鸿某房地产公司是否应承担连带保证责任

诉讼主体		观点
当事人	某银行黎平支行	鸿某房地产公司放弃了针对贷款人选择清偿顺序的抗辩权，其应承担连带保证责任
	杨某	未提交抗辩意见
	鸿某房地产公司	没有明确约定实现债权的担保顺序，担保系格式合同且某银行黎平支行未提示
法院		当事人约定了清偿顺位由贷款人自行选择，保证人鸿某房地产公司应承担连带清偿责任

案例评析

本案是关于混合担保中担保权实现顺序的典型案例。

首先，当事人意思自治是混合担保中担保权实现顺序的首要原则。物的担保与人的担保并存时，债务人不履行到期债务或者发生当事人约定的实现担保物权的情形，双方当事人已经约定了关于实现担保权顺序的，应当尊重当事人的意思自治，按照其约定的顺序实现担保权。

其次，物的担保与人的担保并存时，债务人不履行到期债务或者发生当事人约定的实现担保物权的情形，双方当事人对担保权实现顺序没有约定或者约定不明确，债务人自己提供物的担保的，债权人应当先就该物的担保实现债权。提供担保的第三人存在顺位信赖利益，债权人先就债务人自己提供的物的担保实现债权，第三人对清偿不足部分承担补充担保责任。

最后，物的担保与人的担保并存时，债务人不履行到期债务或者发生当事人约定的实现担保物权的情形，双方当事人对担保权实现顺序没有约定或者约定不明确，第三人提供物的担保的，物的担保和人的担保处于同等地位，债权人可以选择就物的担保实现债权，也可请求保证人承担保证责任。

类案参考

裁判要点

在混合担保中，当事人就实现债权没有约定，债务人自己提供物的担保的，债权人应当先就该物的担保实现债权。

裁判观点

在河南某银行与信某公司、付某甲、付某乙、傅某金融借款合同纠纷案[①]中，法院认为，信某公司自愿提供其房产为该笔借款设定抵押担保，并办理了抵押登记，且在保证期内。现信某公司违约，河南某银行依约享有对该抵押物拍卖、变卖价款的优先受偿权，对河南某银行的该项请求，法院予以支持。河南某银行诉求付某甲、付某乙、傅某承担连带担保责任，属合同约定保证方式，且未超过保证期间，符合法律规定，法院予以支持。本案担保系混合担保，双方当事人就实现债权没有进行约定，因本案债务人自己提供有物的担保，债权人应当先就该物的担保实现债权，故付某甲、付某乙、傅某应对信某公司实现抵押权后不能清偿的债务部分承担连带保证责任。

061 未约定保证方式的，属于何种保证方式？

要点解答

保证方式包括一般保证和连带责任保证，借贷双方当事人对保证方式没有约定或者约定不明确的，保证人按照一般保证承担责任，保证人在借款合同纠纷未经审判或者仲裁，并就借款人财产依法强制执行仍不能履行债务前，有权拒绝向出借人承担保证责任。《民法典》第686条第2款规定："当事人在保证合同中对保证方式没有约定或者约定不明确的，按照一般保证承担保证责任。"

出借人在保证合同中明确保证方式，更有利于维护自身的合法权益。

典型案例

裁判要点

保证方式未约定的，保证人按一般保证承担保证责任。

① 参见河南省淮滨县人民法院民事判决书，（2021）豫1527民初3804号。

案情简介[①]

2018年12月4日，潘某乙通过潘某甲账户向王某指定的金某公司账户转账1,600,000元，王某向潘某乙出具了借款1,600,000元的借条。2018年12月25日，潘某乙又通过潘某甲账户再次向王某指定的金某公司账户转账1,400,000元，并将原1,600,000元的借条还给王某销毁。王某重新向潘某乙出具了借款3,000,000元的借条，由金某公司担保，并向潘某乙支付了1,600,000元借款本金21天的利息22,000元。2021年1月25日，王某向潘某甲出具借条写明："今借到潘某甲人民币3000000元，利息按月息1.27%计算，即每月应付利息38100元。至2021年1月25日止，欠利息680500元整，在2021年2月10日前支付180500元，其余利息逐步支付。备注此借条经双方协商，根据2018年12月25日借据更换的借条，原始借条已退还。"王某在借款人处签字，金某公司作为担保方盖章。

裁判观点

法院认为，根据《民法典》第686条、第691条的规定，当事人在保证合同中对保证方式没有约定或者约定不明确的，按照一般保证承担保证责任。保证的范围包括主债权及其利息、违约金、损害赔偿金和实现债权的费用。当事人另有约定的，按照其约定。本案中，借条未约定保证方式，故金某公司作为担保方应按一般保证承担保证责任。根据最高人民法院《关于适用〈中华人民共和国民法典〉有关担保制度的解释》第26条第2款的规定，潘某作为债权人有权一并起诉债务人王某和担保方金某公司，但金某公司仅对王某的财产依法强制执行后仍不能履行的部分承担保证责任。

062 一般保证人先诉抗辩权的例外情形有哪些？

要点解答

一般保证人享有先诉抗辩权，但存在以下四种例外情形：(1)债务人下落

① 参见潘某甲与王某、金某公司民间借贷纠纷案，湖北省黄石市中级人民法院(2022)鄂02民终51号民事判决书。

不明，且无财产可供执行；(2)法院已经受理债务人破产案件；(3)债权人有证据证明债务人的财产不足以履行全部债务或者丧失履行债务能力；(4)保证人书面放弃先诉抗辩权的；(5)其他例外情形。当存在例外情形时，一般保证人不能行使先诉抗辩权，无权拒绝债权人要求其承担担保责任。

在债务人破产或一般保证人放弃先诉抗辩权等法定事由出现时，一般保证人不能行使先诉抗辩权。

典型案例

裁判要点

当事人对保证方式没有约定的，推定为一般保证，一般保证人对债务人的财产依法强制执行后仍不能履行的部分承担保证责任。

案情简介[①]

2020年4月11日，朱某向李某甲转款200,000元；同日李某甲书写《借条》1份，载明收到全部款项，还款期限2020年5月10日，并有担保人李某乙字样。该《借条》上没有朱某的名字，担保人三字由朱某自行书写，李某乙本人签名。在《借条》后背书《协议书》1份，内容为“李某甲承诺三方合作工程项目，2020年6月5日至2020年6月30日，包括德令哈的项目，如没有项目，之前的借款贰拾万元连本带息还清。承诺人李某甲、借款人李某甲、见证人卜某、合作人朱某”。上述三人均未在《协议书》上捺印，《协议书》落款日期为2020年6月5日。2020年12月30日，李某甲向朱某出具《收条》1份，上书“收到朱某人民币贰拾万元(200000)用于德令哈工程款某部队合作前期资金。2020年4月11日李某甲收到此款项全部金额。如果没有此项目，本人承诺2021年元月15日前归还给朱某贰拾万元整(200000)，如到期不退，本人承担一切法律责任，此协议在西宁市城东开发区签订。李某甲”。

李某甲于2021年4月29日向朱某归还了借款5万元。

裁判观点

一审法院认为，关于李某乙对借款及利息是否应当承担连带保证责任的问题。朱某以李某乙在2020年4月11日在李某甲向其出具的《借条》

---

① 参见朱某与李某甲、李某乙民间借贷纠纷案，青海省西宁市城西区人民法院(2021)青0104民初3239号民事判决书。

上签字担保为由，诉请判令李某乙承担借款200,000元的连带保证责任。经查，2020年4月11日，在李某甲向朱某出具的《借条》担保人三字后签字的人是李某乙。《民法典》第686条规定："保证的方式包括一般保证和连带责任保证。当事人在保证合同中对保证方式没有约定或者约定不明确的，按照一般保证承担保证责任。"李某乙虽未在《借条》上注明其对借款承担的担保方式、担保范围及担保期间等担保条款，但对于在他人出具的《借条》上担保人下予以签字署名，作为具有完全民事行为能力人的成年人，李某乙应该具有对《借条》所产生的法律责任的判断能力。因此，依据法律规定，李某乙应该对该笔借款承担一般保证责任。最高人民法院《关于适用〈中华人民共和国民法典〉有关担保制度的解释》第26条第2款规定："一般保证中，债权人一并起诉债务人和保证人的，人民法院可以受理，但是在作出判决时，除有民法典第六百八十七条第二款但书规定的情形外，应当在判决书主文中明确，保证人仅对债务人财产依法强制执行后仍不能履行的部分承担保证责任。"《民法典》第700条规定："保证人承担保证责任后，除当事人另有约定外，有权在其承担保证责任的范围内向债务人追偿，享有债权人对债务人的权利，但是不得损害债权人的利益。"在判决书生效后，李某甲不履行判决义务时，法院对李某甲的财产依法强制执行后仍不能履行的部分，由李某乙承担一般保证责任；李某乙在承担保证责任后，可依法向李某甲进行追偿。

二审法院对一审判决予以维持。（本案法律关系参见表18）

表18 诉审不一：李某乙对借款及利息是否应当承担连带保证责任

诉讼主体		观点
当事人	朱某	李某乙系担保人，应当承担连带保证责任
	李某甲、李某乙	未陈述
法院		李某乙在《借条》上签字表明其系担保人，但未明确担保方式和担保范围及担保期间等担保条款，李某乙应该对该笔借款承担一般保证责任

案例评析

本案是关于一般保证的典型案例。

首先，一般保证的认定与识别。保证方式包括一般保证和连带责任保证，以下情形为一般保证：(1)当事人在保证合同中明确约定保证方式为一般保证；（2）当事人在保证合同中约定，债务人不能履行债务或无力偿还债务时，由保证人承担保证责任的；（3）当事人在保证合同中对保证方式没有约定的；（4）当事人在保证合同中对保证方式约定不明确的。

其次，一般保证人享有先诉抗辩权及例外。一般保证人享有先诉抗辩权，其在主合同纠纷未经审判或者仲裁，并就债务人财产依法强制执行仍不能履行债务前，有权拒绝向债权人承担保证责任。一般保证的保证人仅对债务人没有能力履行的部分负补充责任。先诉抗辩权存在以下四种例外情形：（1）债务人下落不明，且无财产可供执行；（2）法院已经受理债务人破产案件；（3）债权人有证据证明债务人的财产不足以履行全部债务或者丧失履行债务能力；（4）保证人书面表示放弃先诉抗辩权。另外，一般保证的债权人取得对债务人赋予强制执行效力的公证债权文书后，在保证期间内向法院申请强制执行的，一般保证人亦不享有先诉抗辩权。

最后，债权人可以同时起诉债务人和一般保证人。债权人未就主合同纠纷提起诉讼或者申请仲裁，单独起诉一般保证人的，法院驳回起诉；债权人可一并起诉债务人和一般保证人，但在判决中应明确保证人仅对借款人财产依法强制执行后仍不能履行的部分承担保证责任。

类案参考

裁判要点

当事人约定债务人不能履行债务时，保证人承担偿还责任的，保证人承担一般保证责任。

裁判观点

在常某与张某、王某甲，王某乙民间借贷纠纷案①中，法院认为，王某乙不应承担连带保证责任，而应承担一般保证责任。理由如下：依据《民法典》第687条第1款“当事人在保证合同中约定，债务人不能履行债务时，由保证人承担保证责任的，为一般保证”及最高人民法院《关于适用〈中华人民共和国民法典〉有关担保制度的解释》第25条第1款“当事人在保证合同中约定了保证人在债务人不能履行债务或者无力偿还债务时才承担保证责任等类似内容，具有债务人应当先承担责任的意思表示的，人民法院应

① 参见辽宁省鞍山市立山区人民法院民事判决书，（2021）辽0304民初4141号。

当将其认定为一般保证”之规定，结合本案，张某向常某出具的还款计划协议中明确载明“本还款计划由第三方担保人王某乙担保。王某乙（担保人）承诺在张某没如期还款或张某发生意外时欠款由王某乙负责还款”，表明了王某乙是在张某不能履行债务时承担还款责任，故王某乙应承担一般保证责任，王某乙仅对张某财产依法强制执行后仍不能履行的部分承担保证责任。

063 保证期间如何计算？

要点解答

保证期间是对保证效力的时间限制，其目的是促使债权人及时对保证人行使权利，以平衡债权人和保证人之间的利益。保证期间有以下几种计算方式：(1)当事人有约定的，从其约定；(2)没有约定或者约定不明确的，保证期间为主债务履行期限届满之日起6个月；(3)主债务履行期限没有约定或者约定不明确的，保证期间自债权人请求债务人履行债务的宽限期届满之日起计算；(4)最高额保证合同中，被担保债权的履行期限均已届满的，保证期间自债权确定之日起开始计算；被担保债权的履行期限尚未届满的，保证期间自最后到期债权的履行期限届满之日起计算。

出借人应当在保证期间请求保证人承担保证责任。

典型案例

裁判要点

债权人与保证人对保证期间没有约定的，保证期间为主债务履行期限届满之日起6个月。

案情简介[①]

王某甲申请再审称，请求撤销一审判决第二项和二审判决，改判张某、

---

① 参见王某甲与张某、宝某分公司、王某乙民间借贷纠纷案，新疆维吾尔自治区高级人民法院(2021)新民申2887号民事裁定书。

宝某分公司承担连带责任。事实和理由如下：王某甲要求张某承担偿还借款责任是基于两个事实：一是张某是保证人；二是借款时张某与借款人王某乙是夫妻，属于共同债务。张某在其丈夫王某乙的借款合同上以保证人签字担保的行为同时也是共同借款行为。《借款协议》第6条明确约定，“乙方（即借款人王某乙）自愿将名下由宝某分公司将其开发的某处房屋，抵押给甲方（即出借人王某甲）”。宝某分公司在《借款协议》上盖章承诺“同意履行本借款协议内容”。《借款协议》签订时，房屋产权还是宝某分公司所有，还没有过户登记到王某乙名下。

裁判观点

再审法院认为，债权人与保证人可以约定保证期间，但是约定的保证期间早于债务履行期限或者与主债务履行期限同时届满的，视为没有约定；没有约定或者约定不明确的，保证期间为主债务履行期限届满之日起6个月。本案主债务履行期限届满之日为2016年1月11日，张某的保证期限至主债务履行期限届满之日的6个月，即2016年7月10日。连带责任保证的债权人未在保证期间请求保证人承担保证责任的，保证人不再承担保证责任。故原审应认定张某对王某借款的连带责任保证期限已过，并无不当。

064 保证责任消灭后，保证人仅在请求其承担保证责任的通知书上签字、盖章或者按指印的，保证人是否承担保证责任？

要点解答

出借人在保证期间内未依法行使权利的，保证人不再承担保证责任。出借人之后书面通知保证人要求其承担保证责任，保证人亦在通知书上签字、盖章或者按指印的，保证人仍不再承担保证责任。若双方成立了新的保证合同，则保证人应依据新的保证合同承担保证责任。

出借人在保证期间内未行使权利而导致保证责任消灭后，可签订新的保证合同请求保证人承担保证责任。

典型案例

裁判要点

连带责任保证的债权人未在保证期间请求保证人承担保证责任的，保证人不再承担保证责任。

案情简介[①]

何某甲与曹某于1998年4月9日登记结婚。2011年10月18日，何某甲、曹某、何某乙共同签署一份《自然人贷款调查表》。

同日，以原郴州市北湖区某银行作为债权人，何某乙作为保证人，双方签订一份《保证合同》，该合同约定主要内容如下：保证人愿意为债务人依主合同与债权人所形成的债务提供保证担保；被担保的主债权种类为个人消费贷款，本金数额为20万元整；担保的范围包括主合同项下的债务本金、利息、逾期利息、罚息、复利、手续费、违约金、损害赔偿金、实现债权的费用（包括但不限于诉讼费、仲裁费、执行费、保全费、鉴定费、律师代理费、差旅费等及其他一切费用）；保证方式为连带责任保证；保证人的保证期间为主合同约定的债务人履行债务期限届满之日起二年。

同日，北湖区某银行向何某甲发放中长期借款100，000元，借款用途为换据，借款月利率10.53‰，还款方式按季付息，到期还本，借款到期日期为2014年10月18日。2018年12月21日，郴州某银行向何某甲发送一份《郴州某银行贷款逾期催收通知书》，该通知书载明："致何某甲　到2018年12月21日止，您仍欠我行债务本金人民币壹拾万元正及利息叁万叁仟贰佰伍拾柒元贰角伍分，上述债务均已逾期，您已构成违约，请立即履行还款义务。"何某甲在该通知书上签名并捺印。郴州某银行及所辖分社自行终止，债权债务由该行及其辖内分支机构承接。

裁判观点

法院认为，关于何某乙是否承担保证责任的问题。根据《保证合同》之约定，何某乙自愿为何某甲的借款提供连带责任保证，保证期间为主合同约定的债务人履行债务期限届满之日起二年，即2014年10月19日至2016年10月18日，但在此期间，郴州某银行无证据证实要求何某乙承担保证责

① 参见郴州某银行与何某甲、曹某、何某乙金融借款合同纠纷案，湖南省郴州市北湖区人民法院（2021）湘1002民初1647号民事判决书。

任。根据《民法典》第 693 条第 2 款“连带责任保证的债权人未在保证期间请求保证人承担保证责任的，保证人不再承担保证责任”之规定，对郴州某银行要求何某乙对何某甲、曹某的上述债务承担连带偿还责任的诉讼请求，法院不予支持。

案例评析

本案是关于保证期间的典型案例。

首先，关于保证期间的性质。保证期间是确定保证人承担保证责任的期间。保证期间（有学者称为或有期间）不同于诉讼时效期间，不发生中止、中断和延长，即使保证人未提出免除保证责任的抗辩，法院也应当主动审查债权人主张债权时是否超过保证期间。保证期间不同于除斥期间，可以由当事人约定；除斥期间适用对象主要为形成权，保证期间适用对象为债权人请求保证人承担保证责任。

其次，关于保证期间的类型。保证期间可以分为约定的保证期间和法定的保证期间，我国立法采行“约定优先、法定填补”的原则。当事人可以约定保证期间，但是约定的保证期间早于主债务履行期限或者与主债务履行期限同时届满的，视为没有约定。当事人没有约定保证期间或者约定不明确的，实行法定的保证期间，法定的保证期间为主债务履行期限届满之日起 6 个月。

最后，债权人在保证期间内未依法行使权利的法律后果。债权人在保证期间内未依法行使权利的，保证人不再承担保证责任。保证期间届满，一般保证的债权人未在保证期间对债务人提起诉讼或者申请仲裁的，保证人不再承担保证责任；连带保证的债权人未向保证人主张保证责任的，保证人不再承担保证责任。在共同保证中，保证期间届满后，债权人不得以在保证期间内已依法向部分保证人行使权利为由，向其他保证人行使权利。

因债权人在保证期间内未依法行使权利，导致保证责任消灭。保证责任消灭后，债权人书面通知保证人要求其承担保证责任，保证人在通知书上签字、盖章或者按指印的，不能作为保证人继续承担保证责任的依据，但债权人举证证明当事人之间成立了新的保证合同的除外。

类案参考

裁判要点

保证责任消灭后，保证人在《履行担保责任催收确认书》上签字，不属于成立了新的保证合同，保证人不承担保证责任。

裁判观点

在某银行天府支行与梦某公司、大某公司、紫某公司金融借款合同纠纷案[①]中，法院认为，关于《履行担保责任催收确认书》的性质是否属于成立新的保证合同的问题。某银行成都分行向梦某公司发送了《履行担保责任催收确认书》，梦某公司盖章后送回，落款时间是2019年4月3日，送回时间是2019年年末。最高人民法院《关于人民法院应当如何认定保证人在保证期间届满后又在催款通知书上签字问题的批复》[②]认为："保证责任消灭后，债权人书面通知保证人要求承担保证责任或者清偿债务，保证人在催款通知书上签字的，人民法院不得认定保证人继续承担保证责任。但是，该催款通知书内容符合合同法和担保法有关担保合同成立的规定，并经保证人签字认可，能够认定成立新的保证合同的，人民法院应当认定保证人按照新保证合同承担责任。"最高人民法院《关于适用〈中华人民共和国民法典〉有关担保制度的解释》第34条第2款规定："债权人在保证期间内未依法行使权利的，保证责任消灭。保证责任消灭后，债权人书面通知保证人要求承担保证责任，保证人在通知书上签字、盖章或者按指印，债权人请求保证人继续承担保证责任的，人民法院不予支持，但是债权人有证据证明成立了新的保证合同的除外。"具体到本案中，《履行担保责任催收确认书》内容为："我司为债务人某商贸公司与贵行签订的《流动资金借款合同》承担担保责任。现该笔债务法律规定的清偿期限已届满，截至2019年4月3日债务人大某公司仍拖欠贵行上述合同项下的贷款/垫款本金4999.15万元及按照双方合同约定所产生的利息、垫款利息及罚息等。按照合同约定，我公司应履行合同约定的担保责任。"《履行担保责任催收确认书》仅仅是保证人在某银行天府支行要求其承担保证责任的通知书上盖章，无论是内容还是形式，均

---

① 参见四川省成都市中级人民法院民事判决书，(2021)川01民终2578号。

② 此批复已于2021年1月1日因最高人民法院《关于废止部分司法解释及相关规范性文件的决定》施行而失效。

不能体现成立新的保证合同的意思表示，故不能视为梦某公司在保证期间经过，保证责任消灭后，出具了新的保证承诺。

065 保证债务的诉讼时效如何计算？

要点解答

保证期间内，出借人未依法定方式行使权利的，保证人不承担保证责任，此时无须计算保证债务的诉讼时效。若出借人在保证期间内依法行使权利的，保证债务的诉讼时效开始计算。保证债务的诉讼时效有以下两种计算方式：(1)一般保证中，出借人在保证期间届满前对借款人提起诉讼或者申请仲裁的，从保证人拒绝承担保证责任的权利消灭之日起计算；(2)连带责任保证中，出借人在保证期间届满前请求保证人承担保证责任的，从出借人请求保证人承担保证责任之日起计算。

计算保证债务的诉讼时效以出借人在保证期间届满前依法行使权利为前提条件。

典型案例

裁判要点

连带责任保证的债权人在保证期间内对保证人提起诉讼后，又撤回起诉，起诉状副本未送达保证人的，视为其未向保证人行使权利，保证人不再承担保证责任。

案情简介[①]

2016 年 5 月 11 日，瑞某公司经金某公司及付某、关某担保，从辽中县某银行处借款 850 万元。该借款于 2017 年 4 月 20 日到期，年利率为 6.09%。同日，王某乙向辽中某银行出具担保书，内容为：本人同意以公司全部财产及公司记载于股东名册的股份为债务人瑞某公司与债权人辽中某

① 参见辽中某银行与金某公司、付某、关某，瑞某公司、孙某、王某金融借款合同纠纷案，辽宁省沈阳市中级人民法院(2022)辽 01 民终 2477 号民事判决书。

银行已发生借款合同债务提供保证担保、承担连带担保责任。担保期间为主合同约定的债务人履行债务期限届满之日起两年。

同日，金某公司向辽中某银行出具担保书，内容同上，担保人处盖有金某公司公章，后面盖有孙某印章。

裁判观点

法院认为，对于金某公司、付某、关某的请求，根据最高人民法院《关于适用〈中华人民共和国民法典〉有关担保制度的解释》第 31 条第 2 款的规定，连带责任保证的债权人在保证期间内对保证人提起诉讼或者申请仲裁后，又撤回起诉或者仲裁申请，起诉状副本或者仲裁申请书副本已经送达保证人的，法院应当认定债权人已经在保证期间内向保证人行使了权利。本案中，辽中某银行在保证期间内提起诉讼，但未送达前即申请撤诉，辽中某银行亦未提交证据证明其采取其他方式在保证期间内向保证人主张了权利，因此，现有证据不能证明辽中某银行在保证期间内向保证人主张权利。根据《民法典》第 693 条第 2 款的规定，连带责任保证的债权人未在保证期间请求保证人承担保证责任的，保证人不再承担保证责任。故本案保证人不应再承担保证责任。

066 主债权债务合同变更对保证责任有何影响？

要点解答

出借人与借款人变更主债权债务合同的，影响保证人的保证责任，具体有以下几种情形：(1) 出借人和借款人经保证人书面同意，协商变更主债权债务合同的，保证人对变更后的债务承担保证责任；(2) 出借人和借款人未经保证人书面同意，协商变更主债权债务合同内容，减轻债务的，保证人对变更后的债务承担保证责任；(3) 出借人和借款人未经保证人书面同意，协商变更主债权债务合同内容，加重债务的，保证人对加重的部分不承担保证责任；(4) 出借人和借款人变更主债权债务合同的履行期限，未经保证人书面同意的，保证期间不受影响。

出借人与借款人变更主债权债务合同的，影响保证人的保证责任。

典型案例

裁判要点

借款人与出借人达成调解协议，未作出免除保证人保证责任的意思表示，协议内容未加重债务人债务，也未超过保证范围，保证人不能免除保证责任。

案情简介[①]

2020年2月25日，谢某以房屋装修为由向常德某银行申请借款600,000元，并签订了《个人借款合同》，合同约定借款期限为24个月，自实际提款日起算，利率为年利率8.7%，逾期罚息利率为在年利率8.7%的基础上加收30%，谢某为上述借款提供抵押担保，并另行签订《抵押合同》。王某以《个人借款合同》为主合同与常德某银行签订了《保证合同》，为上述600,000元借款提供连带责任担保，保证期间为主合同约定的债务人履行债务期限届满之日起两年。《个人借款合同》签订当日，常德某银行即按约向谢某发放了600,000元借款，借款期限为2020年2月25日至2022年2月24日。常德某银行向法院提起诉讼，并将谢某丈夫罗某作为共同借款人一并起诉至法院。经法院主持调解，双方达成调解协议，调解书载明协议内容为："一、截至2020年7月20日，谢某、罗某尚欠常德某银行借款本金600000元及利息4350元，由谢某、罗某于2020年10月31日前一次性付清……"但谢某、罗某未按照上述调解书内容履行清偿义务，银行又另行起诉王某，要求王某承担保证责任。

裁判观点

法院认为，本案的争议焦点为王某是否应当承担保证责任。王某自愿为谢某的600,000元借款提供连带责任担保，并与常德某银行签订了《保证合同》，该《保证合同》系双方当事人的真实意思表示，自成立时生效并受法律保护，双方应按约履行各自的义务。谢某、罗某与常德某银行达成调解协议的内容，仅是双方按照合同约定，要求借款人承担借款偿还责任，双方未解除合同，未作出免除保证人保证责任的意思表示，协议内容未加重债务人债务，也未超过保证范围。根据《民法典》第695条之规定："债权人和债务人未经保证人书面同意，协商变更主债权债务合同内容，减轻债务的，保

---

① 参见常德某银行与王某保证合同纠纷案，湖南省常德市鼎城区人民法院(2022)湘0703民初21号民事判决书。

证人仍对变更后的债务承担保证责任；加重债务的，保证人对加重的部分不承担保证责任。债权人和债务人变更主债权债务合同的履行期限，未经保证人书面同意的，保证期间不受影响。”因此，对王某辩称因本案的借款主合同经债权债务人达成调解协议而应免除保证人保证责任的主张，法院不予支持。

067 主债权转让和主债务转移对保证责任有何影响？

要点解答

出借人与借款人协商主债权转让或主债务转移的，影响保证人的保证责任，具体有以下几种情形：(1)出借人转让全部或者部分债权，通知了保证人的，该转让对保证人发生法律效力；(2)保证人与出借人约定禁止债权转让，出借人未经保证人书面同意转让债权的，保证人对受让人不再承担保证责任；(3)出借人允许债务人转移全部或者部分债务，未经保证人书面同意的，保证人对未经其同意转移的债务不再承担保证责任，但是出借人和保证人另有约定的除外。

出借人与借款人协商主债权转让或主债务转移的，影响保证人的保证责任。

典型案例

裁判要点

债权人转让债权，通过短信的形式通知各保证人的，保证人应当继续承担保证责任。

案情简介[①]

2018 年 6 月 4 日，案外人钟某作为贷款方（甲方），孙某作为借款方（乙方），崔某、林某、冯某作为保证人（丙方），签订《借款合同》，合同约定，乙方向甲方借款本金 200，000 元，用于瑞某公司订货。借款期限为 12 个月，自 2018 年 6 月 4 日起至 2019 年 6 月 3 日止。借款年利率为 21.6%。还款

① 参见张某与孙某、崔某、林某、冯某民间借贷纠纷案，沈阳市沈河区人民法院（2021）辽 0103 民初 13595 号民事判决书。

方式为等额本金及利息还款、按月还款。乙方每月应还款本金 16,667 元，利息 3600 元。丙方提供连带责任保证担保。保证期限为主债务履行期限届满之日起两年。保证期间内，甲方有权将本合同债权转让给任何第三方（包括但不限于自然人、法人或其他组织），丙方完全同意该种债权转让，同时丙方仍在原保证担保的范围内对受让人承担保证责任。甲方可以根据自己的意愿进行上述债权的转让，无须通知乙方、丙方。在甲方的债权转让后，乙方需对债权受让人继续履行本合同下其对甲方的还款义务，担保人、抵押人仍对转让的债务提供担保，不得以未接到债权转让通知为由拒绝履行还款义务。

同日，钟某向孙某银行账户转款 200,000 元，孙某、崔某、林某、冯某四人向钟某出具收到银行转账 200,000 元的收据一张。

2021 年 1 月 6 日，钟某作为甲方（转让人），张某作为乙方（受让人），签订《债权转让协议》，约定甲方对债务人、担保人享有的全部债权一并转让给乙方。协议签订后，钟某向孙某、崔某、林某、冯某四人分别发送短信告知债权转让事宜。

裁判观点

法院认为，关于张某主张崔某、林某、冯某承担保证责任的问题。张某受让债权后，原债务人以短信形式将债权转让事宜告知三被告，且《借款合同》亦对债权转让事宜进行了明确约定，张某的主张并未超出保证期间，故对张某主张崔某、林某、冯某承担保证责任的诉讼请求，法院予以支持。（本案法律关系参见图 9）

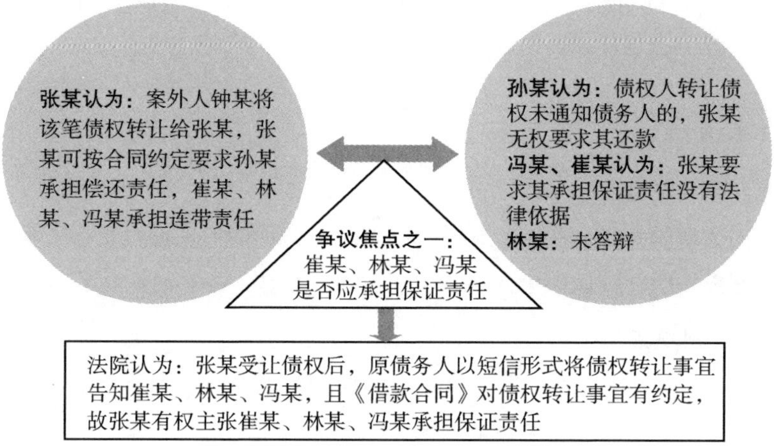

图 9　本案法律关系示意

案例评析

本案是关于债权转让和债务转移对担保影响的典型案例。

首先，债权人转让债权已通知了保证人的，该债权转让对保证人发生法律效力。债权人转让债权应通知债务人，保证人属于“债务人”范畴，因此，债权人转让债权时应通知保证人，若未通知保证人，该转让对保证人不发生法律效力。第三人提供物的担保，债权人转让债权未通知担保人的，担保人亦不再承担担保责任。

其次，保证人与债权人约定禁止债权转让，转让债权应经保证人书面同意，否则保证人不再承担保证责任。保证人与债权人约定仅对特定的债权人承担保证责任或者禁止债权转让的，债权人应当遵守这一约定，债权人未按约定将债权转让的，即使债权人通知了保证人，保证人不再承担保证责任；但保证人书面同意转让债权的，保证人应当承担保证责任。保证人与债权人之间的约定不能对抗第三人，债权人与受让人之间的转让行为仍然有效，只是保证人对受让人不再承担保证责任。

最后，债务转移未经保证人书面同意的，保证人不再承担保证责任。为了维护保证人自愿原则，保护保证人的合法权益，债务转移应由保证人书面同意，未经其书面同意的，保证人不承担保证责任，但是债权人与保证人另有约定的除外。在债务转移时，保证人对新的债务人的清偿能力不知情，可能新的债务人不具备清偿能力，在此情形下，要求保证人继续承担保证责任则加大了保证人的责任风险。第三人提供的物的担保，债权人允许债务人转移全部或者部分债务而未通知担保人的，担保人亦不再承担相应的担保责任。

类案参考

裁判要点

第三人提供担保，债务人未经债权人允许转移债务且借款主合同约定担保人对未生效的债务转移仍需承担保证责任的，担保人应承担相应的担保责任。

裁判观点

在安某公司与某银行长安支行、高某、杜某金融借款合同纠纷案[①]中，

① 参见北京金融法院民事判决书，(2021)京74民终99号。

法院认为，本案二审的争议焦点在于安某公司是否应承担连带保证责任。《民法典》第697条第1款规定："债权人未经保证人书面同意，允许债务人转移全部或者部分债务，保证人对未经其同意转移的债务不再承担保证责任，但是债权人和保证人另有约定的除外。"从该条文意来看，在债权人允许债务人转移债务前提下，未书面同意对转移的债务承担保证的保证人不再承担保证责任，而债权人未允许债务人转移债务则不适用上述规定。本案中，某银行长安支行确认其对于法院的调解书载明的"对该套房产的剩余未付房款由宋某偿还"一节不知情也不同意，故安某公司主张自己不再承担保证责任的主张缺乏法律依据。同时，《借款合同》第15条担保人通用条款第1款第4项约定："本合同项下债务的转移行为未生效，担保人仍按照担保条款约定对贷款人承担担保责任"，安某公司主张自己不再承担保证责任的主张缺乏合同依据。

068 共同保证人如何承担保证责任？

要点解答

两人或两个以上的保证人因同一债务而向债权人提供担保的，属于共同保证，共同保证可为债权的实现提供更有力的保障。出借人要求共同保证人承担保证责任，保证合同约定了保证份额的，按照其约定；没有约定保证份额的，出借人可以请求任何一个保证人在其保证范围内承担保证责任。

在共同保证人与债权人的法律关系中，共同保证人作为一个整体向债权人承担保证责任。

典型案例

裁判要点

同一债务有两个以上保证人，没有约定保证份额的，债权人起诉共同保证人后又撤回其中一人的，其他保证人仍应在其保证范围内承担保证责任。

案情简介[①]

2019年2月，刘某向马某借款600,000元，同年2月16日马某分两笔各300,000元向刘某支付了款项。借款后刘某按月息2分支付利息至2019年6月16日。后经催要无果，2020年8月15日，马某（甲方出借人）与刘某（乙方借款人）、陈某、王某（丙方担保人）签订《借款（担保）合同》，约定：乙方于2019年2月16日借甲方人民币陆拾万元，已于2020年2月16日到期，至今未归还，甲、乙、丙三方依照原借款协议，重新订立借款合同：（1）借款金额人民币60万元整用于乙方合法开支。（2）借款利息：月利率贰分，每月付息一次。（3）丙方自愿承担连带保证责任，担保范围为本息及所有要账所产生的上述一切费用，担保期限两年。

2021年6月30日，马某向法院申请撤回对王某的起诉，法院裁定准许。

裁判观点

法院认为，依据《民法典》第699条“同一债务有两个以上保证人的，保证人应当按照保证合同约定的保证份额，承担保证责任；没有约定保证份额的，债权人可以请求任何一个保证人在其保证范围内承担保证责任”之规定，陈某与王某共同为刘某该笔借款提供连带责任担保，未约定保证份额，现马某主张陈某承担保证责任于法有据，陈某辩解王某应当承担的部分陈某应免于承担理由不能成立，不予采信。

069 共同担保人之间是否可以相互追偿？

要点解答

共同担保人之间原则上不能相互追偿，存在以下三种情形时，可以相互追偿。（1）共同担保人之间约定可相互追偿及分担份额的，承担了担保责任的担保人有权向其他担保人追偿约定分担的份额；（2）担保人之间约定承担连带共

① 参见马某与刘某、陈某民间借贷纠纷案，安徽省灵璧县人民法院（2021）皖1323民初4327号民事判决书。

同担保，或者约定可相互追偿但是未约定分担份额的，承担了担保责任的担保人有权请求其他担保人按照比例分担向债务人不能追偿的部分；(3)共同担保人对相互追偿未作约定且未约定承担连带共同担保，但均在同一份合同书上签字、盖章或者按指印，承担了担保责任的担保人有权请求其他担保人按照比例分担向债务人不能追偿的部分。

共同担保人之间原则上相互不能追偿，承担了担保责任的担保人享有向债务人追偿的权利。

典型案例

裁判要点

同一债务有两个以上第三人提供担保，担保人之间未明确对借款承担连带共同担保责任或约定相互追偿的权利，承担了担保责任的担保人无权向其他担保人行使追偿权。

案情简介[1]

2016年9月13日，怡某甲公司与某银行签订借款合同一份，约定怡某甲公司向某银行借款500万元。同日，民某公司、杨某甲、强某与某银行签订保证合同，由民某公司、杨某甲、强某为怡某甲公司向某银行的以上贷款承担连带担保责任；怡某乙公司向某银行出具关联企业承诺书一份，为怡某甲公司向某银行的以上贷款承担连带担保责任。同日，杨某乙、马某、高某均与民某公司签订了反担保合同，约定了上述借款合同和担保合同，一旦民某公司履行了保证责任，杨某乙、马某、高某为怡某甲公司向民某公司提供连带责任反担保保证，同时约定若杨某乙、马某、高某依照之前签订的承诺书办妥抵押登记，则该合同终止；同日，杨某甲、强某为民某公司向某银行的担保签署了个人反担保承诺书，承诺以两人的家庭财产提供抵押担保，后杨某甲、强某、杨某乙、马某、高某均未提供抵押物签订抵押合同、设定抵押担保。另查明，某银行贷款发放后，因怡某甲公司逾期还款，2017年7月31日，某银行从民某公司账户上划扣2,750,000元。

裁判观点

法院认为，本案主要涉及民某公司作为主债务保证人在承担保证责任

---

① 参见民某公司与怡某甲公司、杨某甲、强某、杨某乙、马某、高某、怡某乙公司追偿权纠纷案，江苏省常州市中级人民法院(2022)苏04民终628号民事判决书。

后，对于担保债务是否享有向怡某甲公司、杨某甲、强某追偿权的认定问题。最高人民法院《关于适用〈中华人民共和国民法典〉有关担保制度的解释》第 13 条规定："同一债务有两个以上第三人提供担保，担保人之间约定相互追偿及分担份额，承担了担保责任的担保人请求其他担保人按照约定分担份额的，人民法院应予支持；担保人之间约定承担连带共同担保，或者约定相互追偿但是未约定分担份额的，各担保人按照比例分担向债务人不能追偿的部分。同一债务有两个以上第三人提供担保，担保人之间未对相互追偿作出约定且未约定承担连带共同担保，但是各担保人在同一份合同书上签字、盖章或者按指印，承担了担保责任的担保人请求其他担保人按照比例分担向债务人不能追偿部分的，人民法院应予支持。除前两款规定的情形外，承担了担保责任的担保人请求其他担保人分担向债务人不能追偿部分的，人民法院不予支持。"本案中，首先，怡某乙公司出具的关联企业承诺书并未明确对怡某甲公司向江某银行的贷款承担连带共同担保责任或约定相互追偿的权利，民某公司向怡某乙公司行使追偿权于法无据。其次，民某公司在二审中，补充提供了与杨某甲、强某为涉案主债务签订的反担保保证合同，约定了杨某甲、强某对民某公司代偿的借款本息等费用提供保证，该约定系双方真实意思表示，合法有效，民某公司在承担保证责任后，有权要求杨某甲、强某对其承担的保证债务承担保证责任。

公司篇

070 个体工商户的借款债务如何承担？

要点解答

个体工商户属于法定的民事主体，但不是法律上的“独立主体”，个体工商户的借款债务以经营主体的财产承担，具体有以下三种情形：(1)个人经营的，以个人财产承担；(2)家庭经营的，以家庭财产承担；(3)无法区分经营主体的，以家庭财产承担。

个体工商户的借款债务以经营主体的财产承担无限责任。

典型案例

裁判要点

经营者为其以个人财产经营的个体工商户提供保证担保的，不产生保证的法律后果。

案情简介[①]

2019年5月7日，李某装修铺（借款人）、李某、陈某（保证人）与裕某公司（贷款人）签订《汽车贷款合同》，约定李某装修铺因购买汽车需要向裕某公司借款，借款金额为81,100元，利率为年利率12.97%，期限36个月，自贷款实际发放之日起算，每期还款2731.29元。保证人为合同项下借款人、共同借款人的全部债务提供连带责任保证，当债务人不履行债务时，贷款人可直接要求保证人承担责任，贷款人享有的其他抵押、质押等形式的担保并不减轻或解除保证人在本保证项下的保证责任。保证期间为自合同生效之日起至本合同项下贷款履行期限届满之日或被宣告提前到期之日起2年止。

同日，李某装修铺（抵押人）与裕某公司（抵押权人）签订《汽车抵押合同》，约定抵押人以贷款车辆作为抵押物为主合同项下债务提供担保。

同日，李某装修铺与车某公司签订《购车交易确认书》，确认购车贷款系李某装修铺真实意思表示。

---

① 参见裕某公司与李某装修铺、李某、陈某借款合同纠纷案，湖南省长沙县人民法院(2021)湘0121民初12217号民事判决书。

2019年5月21日，该车辆办理抵押登记，抵押权人为裕某公司。

2019年5月10日，裕某公司向车某公司银行账户付款231，100元，该款项包含本案车辆贷款81，100元。

2019年6月26日起，李某装修铺开始按月还款。李某装修铺偿还了八期本息共计21，932.97元（其中含本金15，413.11元）及第九期部分本金605.29元。

裁判观点

法院认为，关于李某的保证责任。《民法典》第54条规定："自然人从事工商业经营，经依法登记，为个体工商户。个体工商户可以起字号。"第56条规定："个体工商户的债务，个人经营的，以个人财产承担；家庭经营的，以家庭财产承担；无法区分的，以家庭财产承担。"因此，个体工商户的实质系经依法登记从事工商业经营的自然人，个体工商户（字号）不具有独立于经营者的财产，其债务以经营者的财产承担。李某作为李某装修铺的经营者，应对本案债务承担直接清偿责任，其以个人名义为李某装修铺的债务提供保证担保，实际上是自己为自己的债务提供担保，不产生担保法有关保证规定的法律后果。故此，对裕某公司要求李某承担连带清偿责任的诉讼请求，法院不予支持。（本案法律关系参见表19）

表19　诉审不一：李某是否应承担保证责任

诉讼主体		观点
当事人	裕某公司	《汽车贷款合同》约定李某对全部债务提供连带责任保证，故李某应承担连带保证责任
	李某、李某装修铺、陈某	未陈述
法院		李某作为李某装修铺的经营者，应对本案债务承担直接清偿责任，其以个人名义为李某装修铺的债务提供保证担保，实际上是自己为自己的债务提供担保，不产生保证的法律后果

案例评析

本案是关于个体工商户的债务承担的典型案例。

首先，关于个体工商户的性质。个体工商户，是指在法律允许的范围内，依法经核准登记，从事工商经营活动的自然人或家庭。个体工商户本质上是自然人从事工商业经营及商事活动资格法律化的体现，是具有商事特质的自然人主体。

其次，个人经营的个体工商户的债务以个人财产承担。个人经营个体工商户的，权利和义务主体均是个人，与其他人无关，故应当以其个人财产承担个体工商户的债务。个人财产包括作为投资经营的全部资本和家庭共有财产中个人应有的份额。

再次，家庭经营的个体工商户的债务以家庭财产承担。以家庭经营的个体工商户，通常存在经营的共同或经营利润的共享，其中，经营的共同是指家庭成员共同决策、共同投资、分工合作、共同经营管理。在诉讼过程中，以家庭经营的个体工商户为被告时，应当列明所有家庭成员为共同被告。

最后，无法区分经营主体的，个体工商户的债务以家庭财产承担。对于无法区分个人经营还是家庭经营，个人投资还是家庭投资的，一般适用以下认定标准：(1)以自然人个人名义申请登记的个体工商户，用家庭共有财产投资，或者收益的主要部分供家庭成员享用的，其债务应以家庭共有财产清偿；(2)夫妻关系存续期间，一方从事个体经营，其收入为夫妻共有财产，债务亦应以夫妻共有财产清偿；(3)无法区分经营主体是个人还是家庭的，个体工商户的债务以家庭财产承担。

公司篇

类案参考

裁判要点

个体工商户注销的，其债务由经营者承担。

裁判观点

在裕某公司与黄某借款合同纠纷案[①]中，法院认为，《民法典》第54条规定："自然人从事工商业经营，经依法登记，为个体工商户。个体工商户可以起字号。"第56条规定："个体工商户的债务，个人经营的，以个人财产承担；家庭经营的，以家庭财产承担；无法区分的，以家庭财产承担。"因此，个体工商户的实质系经依法登记从事工商业经营的自然人，个体工商户(字号)不具有独立于经营者的财产，其债务以经营者的财产承担。裕某公司按约发放了借款，借款人应按约还款。现素某鲜花店已经注销工商登记，黄某作为素某鲜花店的经营者，应对本案债务承担直接清偿责任。

① 参见湖南省长沙县人民法院民事判决书，(2021)湘0121民初12210号。

071 普通合伙人对合伙企业到期不能清偿的借款债务承担何种责任？

要点解答

合伙企业是非法人组织民事主体，其所负借款债务以企业财产清偿，不能足额清偿的部分，由普通合伙人承担无限连带责任。《民法典》第104条规定："非法人组织的财产不足以清偿债务的，其出资人或者设立人承担无限责任。法律另有规定的，依照其规定。"

合伙企业债务的承担分为两个层次，第一顺序为合伙企业，第二顺序为普通合伙人。

典型案例

裁判要点

普通合伙人已经实际退伙，但未办理变更登记的，其对合伙企业的债务承担无限连带责任。

案情简介[①]

雅某厂于2004年3月31日在工商管理部门登记成立，类型为普通合伙企业，合伙人为谭某、王某甲、吉某、吴某，执行事务合伙人为谭某。2009年12月30日，王某甲提出退伙，谭某、王某甲、吉某、吴某签订退伙协议一份，主要内容如下：同意王某甲退伙申请，王某甲的股金分两个月全额退还，具体由谭某负责安排退还，王某甲退伙后以前雅某厂的一切债务与王某甲无关，王某甲不再享受合伙人权利，也不再承担任何责任。2017年7月31日，雅某厂注销。

2013年2月28日，吴某、谭某向王某乙出具借条一份，内容为："借条　借到王某乙人民币壹拾捌万元肆仟叁佰元整（184300元），暂借两年（利息为一分五厘）　据：吴某　谭某　2013年2月28日"。同日，张某给

---

① 参见谭某、王某甲、吉某与王某乙、吴某民间借贷纠纷案，江苏省淮安市中级人民法院(2021)苏08民终3851号民事判决书。

雅某厂出具收条一份，内容为："收条　今收到淮安市雅某厂纱款壹拾捌万元肆仟叁佰元正　据张某（淮安市爱某制线厂） 2013.2.28"。出具借条后，吴某分三次向王某乙支付了共计 10，800 元利息。

裁判观点

法院认为，本案争议焦点之一为谭某、王某甲、吉某应否与吴某共同向王某乙偿还借款本金 184，300 元以及相应利息。本案双方均认可涉案 184，300 元借条系偿还案外人的货款，由于雅某厂系普通合伙企业，由谭某、王某甲、吉某与吴某四人合伙注册成立，谭某、王某甲、吉某作为合伙人对雅某厂的债务依法应承担无限连带责任，虽然王某甲、吉某主张其已经实际退伙，但由于未办理变更登记，对外不具有对抗第三人的公示效力，王某甲、吉某仍应承担原合伙人的责任，其可待承担责任后另行向其他合伙人追偿。

072　公司对其借款债务承担何种责任?

要点解答

公司是企业法人，具有民事权利能力和民事行为能力，依法独立享有民事权利和承担民事责任。其有独立的法人财产，享有法人财产权。公司以其全部财产对公司的借款债务承担责任，股东以其全部投资，也仅以该投资额为限，对公司债务承担责任。

公司以其全部财产对其借款债务承担责任，若其财产不足以清偿到期债务，则可能面临破产。

典型案例

裁判要点

公司以其全部财产对公司的债务承担责任，有限责任公司的股东以其认缴的出资额为限对公司承担责任。

案情简介[①]

龙某公司于2006年3月14日成立，法定代表人为钟某，经营范围为农产品、粮油购销加工、化肥销售。龙某合作社于2014年9月25日成立，法定代表人为钟某，经营范围为蔬菜种植、加工、销售。

龙某公司经营期间，向吕某乙（吕某甲的哥哥）借款460,000元，约定月利率15‰，从即日起计息，期限一年。借款后，龙某公司偿还部分借款，截至2016年12月31日，龙某公司欠吕某乙借款额为493,738元，龙某公司向吕某甲出具493,738元书面借据一份，约定年利率10%，期限一年，钟某、龙某合作社在经手人处签名、加盖公章，借据与账页记载数额相符。吕某甲于2018年4月21日收钟某款130,000元，出具收款收据一份，载明：收借款本金130,000元，双方认可停息付本金，钟某支付给吕某甲，第一年付130,000元，两年内付清，利息部分待本金结清后双方再协商解决。财务张某在收据上签名，付款人钟某。2020年7月2日，吕某甲收龙某公司还款50,000元，吕某甲出具收款收据一份，载明，收龙某公司还借款50,000元，剩余80,000元于2020年12月31日前还清。

裁判观点

法院认为，关于吕某甲提出的龙某公司与钟某构成人格混同关系的问题。《公司法》第3条规定："公司是企业法人，有独立的法人财产，享有法人财产权。公司以其全部财产对公司的债务承担责任。有限责任公司的股东以其认缴的出资额为限对公司承担责任；股份有限公司的股东以其认购的股份为限对公司承担责任。"第20条第3款规定："公司股东滥用公司法人独立地位和股东有限责任，逃避债务，严重损害公司债权人利益的，应当对公司债务承担连带责任。"公司人格独立和股东有限责任是《公司法》的基本原则。否认公司独立人格，由滥用公司法人独立地位和股东有限责任的股东对公司债务承担连带责任，是股东有限责任的例外情形。否认公司法人人格，须具备股东实施滥用公司法人独立地位及股东有限责任的行为以及该行为严重损害公司债权人利益的法定要件，需要综合多方面因素判断公司是否具有独立意思、公司与股东的财产是否混同且无法区分、是否存

① 参见吕某甲、龙某合作社与钟某、龙某公司民间借贷纠纷案，辽宁省铁岭市中级人民法院(2022)辽12民终742号民事判决书。

在其他混同情形等。具体到本案中，吕某甲提交的证据尚不足以证明龙某公司与钟某构成人格混同关系，依据最高人民法院《〈关于适用中华人民共和国民事诉讼法〉的解释》第 90 条“当事人对自己提出的诉讼请求所依据的事实或者反驳对方诉讼请求所依据的事实，应当提供证据加以证明，但法律另有规定的除外。在作出判决前，当事人未能提供证据或者证据不足以证明其事实主张的，由负有举证证明责任的当事人承担不利的后果”的规定，应当承担举证不利的法律后果。因此，法院对该项请求不予支持。（本案法律关系参见图 10）

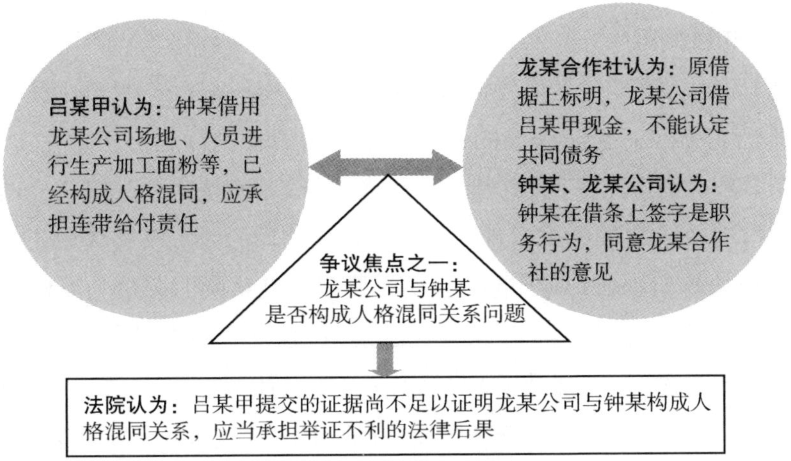

图 10　本案法律关系示意

案例评析

本案是关于公司独立责任与股东有限责任的典型案例。

首先，公司以其全部财产对外独立承担民事责任。公司具有独立财产和独立责任是现代公司制度的核心，公司的各种债务由公司以其独立的财产对外承担责任。公司是企业法人，具有民事权利能力和民事行为能力，有自己独立的财产，享有法人财产权，依法独立承担民事责任。公司承担民事责任的范围是其全部财产，其财产不足以清偿到期债务的，将面临破产。

其次，股东以其投资对公司债务承担有限责任。股东以其出资对公司承担责任，债权人不能直接要求股东对公司债务承担责任。股东以其投资对公司债务承担有限责任的具体情形为：有限责任公司的股东以其认缴的出资额为限对公司承担责任，股份有限公司的股东以其认购的股份为限对公司承担责任。以有限责任公司为例，当公司发生债务责任时，股东并不直接对债权人负责，而是由公司以自己的全部财产对公司债务承担责任。股东对公司的债务承担有限责任，即仅以该投资额为限，对公司债务承担责任。也就是说，股东在依照有关法律和公司章程的规定履行了出资义务后，对公司债务将不再承担责任。

类案参考

裁判要点

公司独立对其债务承担责任，债权人未举证证明该债务与股东的财产有关联性的情况下，股东对公司债务不承担连带偿还责任。

裁判观点

在郑某甲、李某与嘉某公司、郑某乙民间借贷纠纷案[1]中，法院认为，关于郑某乙是否应对嘉某公司的借款承担连带责任的问题。根据《公司法》第 3 条“公司是企业法人，有独立的法人财产，享有法人财产权。公司以其全部财产对公司的债务承担责任。有限责任公司的股东以其认缴的出资额为限对公司承担责任；股份有限公司的股东以其认购的股份为限对公司承担责任”的规定，嘉某公司作为企业法人，有独立的法人财产，其独立对公司的债务承担责任，在郑某甲、李某无法证实该债务与郑某乙本人的财产有关联性的情况下，郑某乙不应对嘉某公司的上述债务承担连带偿还责任。

073 公司合并、分立后的借款债务如何承担?

要点解答

公司合并分立后的债务皆由存续的公司承继。公司合并的，其借款债务由合并后存续或者新设立的公司偿还。公司分立的，借贷双方当事人对债务承担有约定的，从其约定；没有约定的，则由分立后的公司承担连带责任。

公司合并、分立时应通知出借人，出借人可要求借款人公司在合并时清偿债务或者提供相应的担保。

---

[1] 参见广东省遂溪县人民法院民事判决书，(2022) 粤 0823 民初 468 号。

典型案例

裁判要点

在保证期限内，债权人将公司合并导致债权人主体变更的事实通过诉讼的方式通知了债务人的，保证人应承担保证责任。

案情简介[①]

2018年3月20日，创某装饰公司与金某乙小贷公司签订《金某乙小贷公司贷款合同》，约定金某乙小贷公司向创某装饰公司提供1000万元的贷款，贷款期限为12个月，月利率为1.8%。同日，创某装饰公司3名股东召开股东会议，决议通过公司向金某乙小贷公司借款1000万元，期限12个月，借款用途为经营周转金。黄某、韦某、陆某、罗某、澳某木业公司、中某木业公司、大某木业公司分别与金某乙小贷公司签订《金某乙小贷公司保证合同》，愿意为上述款项提供连带责任保证担保，保证期间为自本合同生效之日起至主合同项下债务履行期限届满之日后两年止。

2018年3月21日，金某乙小贷公司转账1000万元至指定的百色某木业公司银行账号。

2020年8月26日，金某甲小贷公司与金某乙小贷公司等6个小贷公司签订《吸收合并协议》，金某甲小贷公司通过购买金某乙小贷公司全部资产的方式进行吸收并重组，吸收合并后，金某甲小贷公司作为存续公司继续存续，金某乙小贷公司解散并注销，金某乙小贷公司的全部权利和义务（债权债务）由金某甲小贷公司承继，各方负责对各自的债权人、债务人履行告知义务。2020年9月9日，金某甲小贷公司及金某乙小贷公司在《广西日报》刊登吸收合并公告。2020年9月24日，金某乙小贷公司向创某装饰公司、黄某、韦某、陆某、罗某、澳某木业公司、中某木业公司、大某木业公司送达《债权人变更通知书》，告知金某乙小贷公司对创某装饰公司享有的债权及主债权下的担保债权，依法由金某甲小贷公司承继。

裁判观点

二审法院认为，本案争议焦点包括债权人有无通知黄某、韦某债权转

---

① 参见黄某、韦某与金某甲小贷公司、创某装饰公司、陆某、罗某、澳某木业公司、大某木业公司、中某木业公司借款合同纠纷案，广西壮族自治区百色市中级人民法院（2021）桂10民终2902号民事判决书。

让的义务，债权人是否已经履行了通知，黄某、韦某应否对本案债务承担连带清偿责任。金某甲小贷公司与金某乙小贷公司签订《吸收合并协议》收购金某乙小贷公司的全部资产之后，债权人虽未将《债权人变更通知书》直接送达本案黄某、韦某，但在黄某、韦某为涉案借款提供保证的保证期间届满前，已将黄某、韦某列为被告向一审法院起诉要求黄某、韦某承担连带清偿责任，在诉状中陈述了吸收合并的事实，应视为金某甲小贷公司已通过诉讼的方式通知了黄某、韦某，因此，黄某、韦某以本案债权人转让债权未通知债务人、保证人，对黄某、韦某不发生效力的主张理由不成立，不应支持。黄某、韦某作为涉案借款合同的保证人，且金某甲小贷公司提起本案诉讼系在保证期限内，故黄某、韦某本应对债务承担保证责任，一审判决由黄某、韦某与其他保证人一起对债务承担连带清偿责任并无不当。（本案法律关系参见表20）

表20　争议焦点之一：黄某、韦某是否应对本案债务承担连带清偿责任

诉讼主体		观点
当事人	金某甲小贷公司	公司吸收合并后，原公司的债权债务由合并后存续的公司承继，保证人应当承担连带清偿责任
	创某装饰公司、陆某、罗某、澳某木业公司、大某木业公司、中某木业公司	未陈述
	黄某、韦某	债权转让未通知债务人，不承担连带清偿责任
法院		债权人将债权人变更的事实通过诉讼的方式通知了债务人，且在保证期限内提起诉讼的，保证人应承担连带清偿责任

案例评析

本案是关于公司合并、分立后对公司债权、债务承继的典型案例。

首先，公司合并的债权债务由存续或者新设公司承继。根据主体的承继性原则，合并后存续或新设公司承继合并前公司的债权债务，这是债的概括承受，具有法定性和无因性，不以债权债务的对方当事人同意为生效要件。合并后公司可以对合并前公司的债权进行收取，同时必须对合并前公司的债务进行清偿。

其次，公司与债权人对分立前的债务承担有约定的，从其约定。公司分立的债务承担以当事人约定优先为原则。若公司在分立前已经与债权人就债务清偿问题达成协议，该类协议对分立后的公司和债权人具有拘束力，于此情形，债务的处理应当按照所达成的协议办理。如一方不履行协议的，另一方可依法定程序请求履行该协议。

最后，公司与债权人对公司分立前的债务承担没有约定的，分立后的公司承担连带责任。为了既保护分立的公司自由分配原公司财产的权利，同时保护债权人的利益，我国法律在分立程序与分立法律后果两个层面均进行了相应的规制。在公司分立的过程中，需要按照分立的法定程序进行，在分立完成后，若公司与债权人对公司分立前的债务承担没有约定或约定不明的，分立后的公司对公司分立前的债务承担连带清偿责任，债权人可以向任意一家或几家分立后的公司主张债权。

类案参考

裁判要点

公司与债权人对公司分立前的债务承担没有约定的，分立后的公司对公司分立前的债务承担连带责任。

裁判观点

在精某公司与腾某甲公司、腾某乙公司合同纠纷案[①]中，法院认为，根据《公司法》中有关公司分立的有关规定，分立后的公司应对公司分立前的债务承担连带责任。且无论两被告之间是否属于分立，腾某甲公司以签署对账单、企业征询函的方式确认其尚欠精某公司货款的行为，均已表明腾某甲公司系对原腾某乙公司之债务的自愿加入，其亦应对腾某乙公司的债务承担相应责任。

074 法定代表人以个人名义借款用于公司生产经营的，该借款由谁偿还？

要点解答

公司的法定代表人以其个人名义向出借人借款，所借款项用于公司生产

① 参见上海市金山区人民法院民事判决书，(2021)沪 0116 民初 10489 号。

经营的，该借款由公司和法定代表人共同偿还。最高人民法院《关于审理民间借贷案件适用法律若干问题的规定》第22条第2款规定：“法人的法定代表人或者非法人组织的负责人以个人名义与出借人订立民间借贷合同，所借款项用于单位生产经营，出借人请求单位与个人共同承担责任的，人民法院应予支持。”

出借人借款给公司法定代表人且用于该公司生产经营的，可在借条上写明借款用途。

典型案例

裁判要点

公司的法定代表人以个人名义借款，所借款项用于支付农民工工资的，出借人可要求公司与法定代表人共同承担偿还责任。

案情简介[①]

2016年6月30日，谭某以其投资经营的白某公司急需支付农民工工资为由向蛇某镇政府借款23万元，并向蛇某镇政府出具了借条一张，内容为：“今借到人民币（大写）贰拾叁万元整（230000.00元），借款人谭某，借款用途说明：白某公司付农民工工资（2016年7月31日前还清）”。同日，蛇某镇政府通过蛇某镇财政所账户向谭某账户付款23万元。白某公司法定代表人为谭某；2017年10月9日，白某公司办理工商登记变更为煜某公司。

裁判观点

法院认为，蛇某镇政府与谭某之间的借贷关系明确，证据确凿。谭某在蛇某镇政府向其主张债权以后，理应偿还所借款项。最高人民法院《关于审理民间借贷案件适用法律若干问题的规定》第22条第2款规定：“法人的法定代表人或者非法人组织的负责人以个人名义与出借人订立民间借贷合同，所借款项用于单位生产经营，出借人请求单位与个人共同承担责任的，人民法院应予支持。”谭某借款时系白某公司法定代表人，且其所借款项用于白某公司支付农民工工资，白某公司（变更工商登记后的煜某公司）应与其法定代表人谭某共同承担偿还责任。故对蛇某镇政府要求谭某、煜某公

① 参见蛇某镇政府与谭某、煜某公司民间借贷纠纷案，湖南省娄底市娄星区人民法院（2022）湘1302民初573号民事判决书。

司偿还借款23万元的诉讼请求，法院予以支持。

075 法定代表人超越权限对外担保会产生怎样的法律效果？

要点解答

公司的法定代表人违反公司法关于公司对外担保决议程序的规定，超越权限代表公司与出借人订立担保合同，出借人为善意的，则担保合同对公司发生效力，公司应承担担保责任；出借人为非善意的，担保合同对公司不发生效力。出借人请求公司承担赔偿责任的，其承担的赔偿责任不应超过债务人不能清偿部分的1/2。

法定代表人个人无权决定对外担保事项，其超越权限对外提供担保的，公司将承担相应的责任。

典型案例

裁判要点

法定代表人未经公司决议程序擅自对外提供担保，公司存在过错，借款合同有效，公司应承担不超过债务人不能清偿部分的1/2。

案情简介[①]

2020年4月29日，田某作为出借方、袁某作为借款方、唐某医院公司作为保证人签订《借款协议》，协议上记载借款本金为200，000元，借款利率为月利率1%，借款期限为一年，保证方式为对借款本息承担连带责任担保，保证期限为主债务到期后两年。违约责任中约定，未按时还息或还本的，利息自出借之日起调整为月利率1.5%。

裁判观点

法院认为，《公司法》第16条第2款规定："公司为公司股东或者实际控制人提供担保的，必须经股东会或者股东大会决议。"《民法典》第61条规定："依照法律或者法人章程的规定，代表法人从事民事活动的负责人，

① 参见唐某医院公司与田某、袁某民间借贷纠纷案，湖南省长沙市中级人民法院（2021）湘01民终15767号民事判决书。

公司篇

为法人的法定代表人。法定代表人以法人名义从事的民事活动，其法律后果由法人承受。法人章程或者法人权力机构对法定代表人代表权的限制，不得对抗善意相对人。”第 504 条规定：“法人的法定代表人或者非法人组织的负责人超越权限订立的合同，除相对人知道或者应当知道其超越权限外，该代表行为有效，订立的合同对法人或者非法人组织发生效力。”最高人民法院《关于适用〈中华人民共和国民法典〉有关担保制度的解释》第 7 条规定：“公司的法定代表人违反公司法关于公司对外担保决议程序的规定，超越权限代表公司与相对人订立担保合同，人民法院应当依照民法典第六十一条和第五百零四条等规定处理：（一）相对人善意的，担保合同对公司发生效力；相对人请求公司承担担保责任的，人民法院应予支持。（二）相对人非善意的，担保合同对公司不发生效力；相对人请求公司承担赔偿责任的，参照适用本解释第十七条的有关规定。法定代表人超越权限提供担保造成公司损失，公司请求法定代表人承担赔偿责任的，人民法院应予支持。第一款所称善意，是指相对人在订立担保合同时不知道且不应当知道法定代表人超越权限。相对人有证据证明已对公司决议进行了合理审查，人民法院应当认定其构成善意，但是公司有证据证明相对人知道或者应当知道决议系伪造、变造的除外。”第 17 条第 1 款规定：“主合同有效而第三人提供的担保合同无效，人民法院应当区分不同情形确定担保人的赔偿责任：（一）债权人与担保人均有过错的，担保人承担的赔偿责任不应超过债务人不能清偿部分的二分之一……”从上述法律及司法解释的规定可知，公司对外担保，都需要经过公司决议程序来决定。相对人善意的，担保合同对公司发生法律效力；相对人非善意的，担保合同对公司不发生法律效力，但债权人、担保人有过错的，应承担相应的责任。本案中，田某陈述其与袁某签订涉案借款合同时，袁某未提供唐某医院公司通过的唐某医院公司作为保证人的公司决议，其亦未要求袁某提供上述决议。田某的行为不符合上述司法解释中所称的善意，涉案担保合同对唐某医院公司不发生法律效力。袁某作为法定代表人，未经公司决议程序擅自对外提供担保，构成越权代表。唐某医院公司未提供证据证明田某明知或应知袁某超越权限签订担保，应承担相应的责任，但不超过袁某对田某所负债务不能清偿部分的 1/2。（本案法律关系参见图 11）

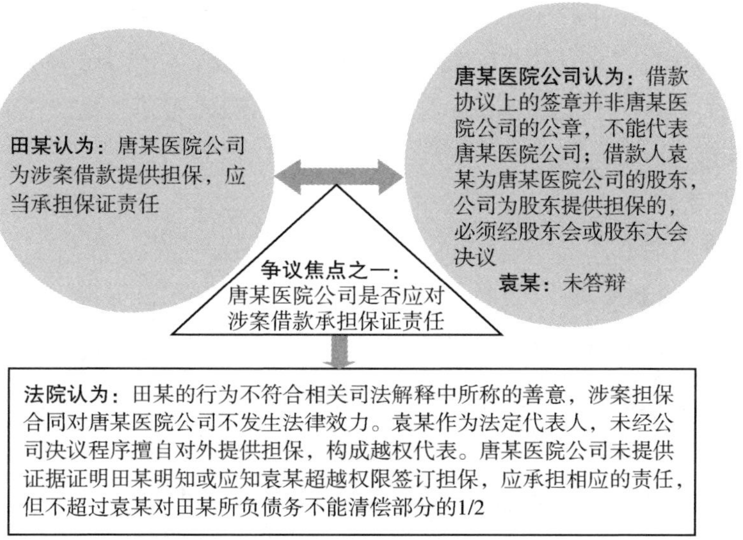

图 11　本案法律关系示意

案例评析

本案是关于法定代表人越权担保的典型案例。

首先，法定代表人越权担保且公司无过错的，相对人为非善意的，担保合同对公司不发生法律效力。法定代表人在未经董事会或者股东会决议时，越权为他人提供担保的行为构成越权代表。若相对人非善意且公司无过错的，该担保行为不对公司发生法律效力，即公司不承担担保责任；若公司存在过错的，借款合同有效，则公司需承担的赔偿责任不应超过债务人不能清偿部分的 1/2，借款合同无效，则公司需承担的赔偿责任不应超过债务人不能清偿部分的 1/3。

其次，法定代表人越权担保的，善意相对人可请求公司承担法律责任，按照《公司法》的规定，在经董事会或者股东会决议后，公司可以为他人提供担保。公司法定代表人未经公司机关决议而越权提供担保的越权代表行为，在相对人为善意的情形下，构成表见代表，其法律效果等同于有效担保，公司应当承担担保责任，公司承担责任后，有权向法定代表人追偿。

最后，对于相对人“善意”的认定标准。在法定代表人越权担保中，相对人的“善意”，是指相对人在订立担保合同时不知道且不应当知道法定代表人超越权限，其有证据证明已对公司决议进行了合理审查的，法院应认定为善意。在非关联担保中，相对人应审查的事项包括：（1）担保决议是否存在；（2）公司章程中的决议权机关为董事会还是股东会；（3）股东或者董事的身份是否属实；(4)出席会议的人数或者股东所持表决权是否符合《公司法》或者公司章程的规定；(5)表决结果是否达到《公司法》或者公司章程规定的通过比例。在关联担保中，相对人还应审查：担保决议是否由股东会作出；关联股东是否回避。

类案参考

裁判要点

主合同有效而担保合同无效，债权人、公司均有过错的，公司承担民事责任的部分不应超过债务人不能清偿部分的1/2。

裁判观点

在于某与朱某、科某公司、威某公司、万某公司民间借贷纠纷案[①]中，法院认为，关于威某公司的担保责任问题，根据相关法律及司法解释规定，担保合同系由单独或者共同持有公司2/3以上有表决权的股东签字同意的，即便债权人知道或者应当知道没有公司机关决议，也应当认定担保合同符合公司的真实意思表示，合同有效。本案中，威某公司的股东为万某公司，而万某公司及法定代表人朱某已在协议书上盖章签字，故威某公司应就朱某和科某公司的上述债务承担连带还款责任。关于万某公司的担保责任问题，根据法律规定，公司为他人提供担保，必须以公司股东会、董事会等公司机关的决议作为授权的基础和来源，债权人对公司机关决议内容应尽到必要注意义务的审查。本案中，于某提供的协议书虽盖有万某公司公章，但万某公司股东有朱某和陈某二人，于某在加盖公章时未审查万某公司对涉案借款提供担保是否经公司董事会决议或者股东会议决议，故不构成善意相对人，而万某公司亦未对担保行为进行追认，故万某公司在协议书上加盖公章的行为对公司不发生效力，于某主张万某公司承担连带保证责任的诉讼请求，法院依法不予支持。根据相关司法解释规定，主合同有效而担保合同无效，债权人、公司提供担保有过错的，公司承担民事责任的部分，不应超过债务人不能清偿部分的1/2，本案中，于某及万某公司在签订协议书时，于某没有对公司机关决议进行形式审查，万某公司没有形成股东会或者董事会决议仍为股东的债务提供担保，双方均存在一定的过错，故万某公司应

---

① 参见江苏省淮安市清江浦区人民法院民事判决书，(2021)苏0812民初432号。

对朱某和科某公司的上述债务在二被告不能清偿部分的1/2范围内承担还款责任。于某称，万某公司的担保应视为公司为其直接或者间接控制的公司开展经营活动向债权人提供担保，但本案中万某公司和科某公司的股东均有朱某和陈某二人，且二人在签订协议书时已离婚，故于某依据本案三个公司的法定代表人系朱某一人、经营范围一致即认定万某公司直接或间接控制科某公司，证据不足，法院不予支持。

076 公司对外担保时，无须公司机关决议的情形有哪些？

要点解答

公司对外担保中，有以下情形的，即便出借人知道或者应当知道没有公司机关决议，也应当认定担保合同符合公司的真实意思表示，合同有效：(1)金融机构开立保函或者担保公司提供担保；(2)公司为其全资子公司开展经营活动提供担保；(3)担保合同系由单独或者共同持有公司2/3以上对担保事项有表决权的股东签字同意；(4)一人有限责任公司为其股东提供担保。

无公司决议对外担保中，存在法定例外情形时，公司不能以未经公司机关决议为由主张免责。

典型案例

裁判要点

持有公司2/3以上对担保事项有表决权的股东签字同意担保的，公司应当承担担保责任。

案情简介[①]

2019年3月9日，湟中某银行与瑞某合作社签订《流动资金借款合同》，合同约定：贷款金额为2,000,000元，贷款期限为2019年3月9日至2020年3月9日，贷款年利率为6.525%。同日，湟中某银行与姜某签订

---

① 参见湟中某银行与瑞某合作社、姜某、茂某公司金融借款合同纠纷案，青海省西宁市中级人民法院(2021)青01民终1015号民事判决书。

《保证合同》,约定姜某对上述贷款提供连带责任保证;保证期间为主债务履行期限届满之日起两年。同时,姜某持茂某公司印章及法定代表人何某印鉴,与湟中某银行签订了《保证合同》,由茂某公司为该笔贷款提供担保。同年 3 月 12 日,湟中某银行向瑞某合作社发放贷款 2,000,000 元。茂某公司股东为何某和姜某,其中何某出资比例为 85%,姜某出资比例为 15%。

裁判观点

法院认为,关于湟中某银行诉求茂某公司承担连带清偿责任的请求,根据《公司法》第 16 条第 1 款“公司向其他企业投资或者为他人提供担保,依照公司章程的规定,由董事会或者股东会、股东大会决议;公司章程对投资或者担保的总额及单项投资或者担保的数额有限额规定的,不得超过规定的限额”之规定,结合本案查明的事实,茂某公司章程中并未规定公司对外不能提供担保等禁止性条款。同时,依据最高人民法院《关于适用〈中华人民共和国民法典〉有关担保制度的解释》第 8 条第 1 款“有下列情形之一,公司以其未依照公司法关于公司对外担保的规定作出决议为由主张不承担担保责任的,人民法院不予支持:……(三)担保合同系由单独或者共同持有公司三分之二以上对担保事项有表决权的股东签字同意”之规定,茂某公司股东为何某与姜某,其中何某出资占比 85%,湟中某银行与茂某公司所签《保证合同》中加盖了茂某公司公章及何某印章,该《保证合同》满足持有公司 2/3 以上对担保事项有表决权的股东签字同意的条件,且茂某公司法定代表人何某对所加盖印章的真实性不持异议,因此湟中某银行与茂某公司所签《保证合同》对茂某公司发生法律效力,茂某公司理应按约承担担保责任。虽然茂某公司抗辩其与湟中某银行所签《保证合同》不是其真实意思表示,但其并未提交相应反驳证据予以证明,对其抗辩意见法院不予采纳。

077 公司分支机构超越权限对外担保的法律效力如何?

要点解答

公司的分支机构未经公司股东会或者董事会决议以自己的名义与出借人订立担保合同,公司不承担担保责任。但出借人为善意的,则担保合同对公司及其分支机构发生效力，其应承担担保责任。金融机构的分支机构在其营业执照记载的经营范围内开立保函，或者经有权从事担保业务的上级机构授权开立保函的，金融机构或者其分支机构不能因担保决议程序违法而免责。

出借人为善意的，公司分支机构超越权限与其签订的担保合同对公司及分支机构发生法律效力。

典型案例

裁判要点

分公司未经公司股东会或者董事会决议，以自己的名义与出借人订立担保合同，公司不承担担保责任。

案情简介[①]

王某甲申请再审称，一审、二审判决引用《公司法》第16条判决建筑公司不承担补充赔偿责任，错误。具体理由如下：(1)宛某西峡分公司明知其对涉案某处的房产无处分权，仍然以买卖合同的形式就涉案房产为债务人提供担保，存在明显过错，虽然担保合同无效，但因其过错应当承担的民事责任不应当免除。(2)宛某西峡分公司有营业执照，是宛某公司发现其分公司违规才于2014年7月16日申请注销的，说明宛某公司也知道分公司存在过错。(3)借款本金是45万元，并非50万元。王某乙提供的2019年3月4日宋某“证明”一份，也仅仅提到45万元本金。

裁判观点

再审法院认为，关于宛某公司应否承担责任的问题。宋某向杨某借款，宛某西峡分公司与杨某签订两份《售房合同》，以某处的两套房产（总价格95.4万元）为借款提供抵押担保，王某甲亦以公司负责人身份在《售房合同》上签字。宛某西峡分公司对盛某城小区房产并没有处置权，王某甲系该小区的投资人和实际开发建设人。涉案两份《售房合同》虽系以宛某西峡分公司名义所签，但得到实际开发建设人王某甲的签字认可，为涉案借款提供房屋抵押应为王某甲的真实意思表示，该合同依法成立，但双方约定如借款不还，房子归杨某所有的内容应为无效，其他内容应为有效。原审法院认定《售房合同》全部无效虽有不当，但各方对此并未提出异议，且杨某对

---

① 参见王某甲与杨某、宛某公司、宋某、王某乙民间借贷纠纷案，河南省高级人民法院(2021)豫民申3843号民事裁定书。

于王某甲的过错责任承担亦没有提出异议，视为杨某对于原审判决的认可。宛某西峡分公司仅是名义售房人，并非真正的担保人，亦没有证据证明宛某公司授权或者许可宛某西峡分公司可以从事对外担保行为，宛某公司不应承担赔偿责任。王某甲申请称宛某公司应承担赔偿责任的理由不能成立。

078 公司以将有的生产设备抵押，借款人不能偿还到期债务时，出借人能否就抵押财产确定时的动产优先受偿？

要点解答

公司作为抵押人的借款合同中，其可将现有的以及将有的生产设备、原材料抵押，当借款人不能偿还到期债务或发生约定的实现抵押权的事项，出借人对抵押财产确定时的动产享有优先受偿权。《民法典》第 396 条规定："企业、个体工商户、农业生产经营者可以将现有的以及将有的生产设备、原材料、半成品、产品抵押，债务人不履行到期债务或者发生当事人约定的实现抵押权的情形，债权人有权就抵押财产确定时的动产优先受偿。"

公司可将现有或将有的生产设备、原材料等设定浮动抵押。

典型案例

裁判要点

抵押人以生产设备、原材料、半成品、产品抵押，债务人不履行到期债务的，债权人有权就抵押财产确定时的动产优先受偿。

案情简介[①]

2019 年 7 月 29 日，民某公司与李某签订《委托担保合同》，约定：民某公司为李某向某银行茶城支行的借款 1，950，000 元提供连带责任保证；担保期限为 1 年；从民某公司代偿之日起，民某公司有权要求反担保人承担连带责任，并有权以拍卖等方式依法处置抵押物、质押物后优先受偿等。

① 参见民某公司与李某、陈某、君某合作社、海某公司追偿权纠纷案，云南省普洱市思茅区人民法院(2022)云 0802 民初 561 号民事判决书。

同日，民某公司与四被告签订了4份反担保合同：(1)民某公司与李某、陈某签订《反担保保证合同》，约定由李某、陈某为上述借款提供连带责任保证的反担保；(2)民某公司与君某合作社签订《反担保保证合同》，约定由君某合作社为上述借款提供连带责任保证的反担保；(3)民某公司与李某、陈某、海某公司、君某合作社签订《反担保抵押合同》，约定以那某工厂厂房及咖啡加工生产设备、石某工厂厂房及咖啡加工生产设备、陈某名下的云 JD×××× 小型轿车、李某名下的云 JD×××× 小型轿车作为上述借款的反担保，并对那某工厂及石某工厂的生产设备办理了动产抵押登记；(4)民某公司与李某签订《反担保抵押合同》，约定由李某用其名下的某处房屋作为上述借款的反担保，并办理了不动产抵押登记。上述4份反担保合同的担保范围约定为民某公司为李某代位清偿的全部债务，包括：主债权本金、利息、逾期利息等民某公司为实现债权和相关从权利而发生的费用(包括但不限于诉讼费、保全费、律师代理费等)以及其他应付的费用。

2019年8月21日，李某作为借款人，陈某作为共同借款人，与某银行茶城支行签订《个人借款合同》，约定李某、陈某向某银行茶城支行借款1,950,000元，借款期限自2019年8月21日起至2020年8月21日止。李某与陈某系夫妻关系，涉案借款发生在婚姻关系存续期间。同日，民某公司与某银行茶城支行签订《最高额保证合同》和《最高额质押合同》，约定由民某公司为李某、陈某的上述借款提供连带责任保证。《个人借款合同》到期后，某银行茶城支行经催收未能收回借款，遂分别于2020年11月3日、2021年4月7日向民某公司发出《督促履行担保责任通知书》，催告民某公司履行担保责任。2021年12月29日，民某公司与某银行茶城支行签订《担保人代偿协议》，约定由民某公司对1,950,000元借款进行代偿。民某公司于2021年12月30日向某银行茶城支行转账1,950,000元代偿款。

裁判观点

法院认为，对民某公司主张优先受偿权的问题。《民法典》第396条规定："企业、个体工商户、农业生产经营者可以将现有的以及将有的生产设备、原材料、半成品、产品抵押，债务人不履行到期债务或者发生当事人约定的实现抵押权的情形，债权人有权就抵押财产确定时的动产优先受偿。"第402条规定："以本法第三百九十五条第一款第一项至第三项规定的财产或者第五项规定的正在建造的建筑物抵押的，应当办理抵押登记。抵押权自登记时设立。”第403条规定：“以动产抵押的，抵押权自抵押合同生效时设立；未经登记，不得对抗善意第三人。”第410条规定：“债务人不履行到期债务或者发生当事人约定的实现抵押权的情形，抵押权人可以与抵押人协议以抵押财产折价或者以拍卖、变卖该抵押财产所得的价款优先受偿。协议损害其他债权人利益的，其他债权人可以请求人民法院撤销该协议。抵押权人与抵押人未就抵押权实现方式达成协议的，抵押权人可以请求人民法院拍卖、变卖抵押财产。抵押财产折价或者变卖的，应当参照市场价格。”本案中，海某公司与民某公司签订《反担保抵押合同》，以那某工厂及石某工厂的生产设备提供反担保，并办理了动产抵押登记；李某与民某公司签订《反担保抵押合同》，以其名下的思茅区某处房屋作为反担保，并办理了不动产抵押登记；陈某、李某与民某公司签订《反担保抵押合同》，以陈某名下的云JD××××小型轿车及李某名下的云JD××××小型轿车提供反担保。故民某公司要求确认其对上述抵押物拍卖、变卖所得价款享有优先受偿权的诉请，符合合同约定及法律规定，法院予以支持。另外，案涉《反担保抵押合同》约定以那某工厂厂房及石某工厂厂房作为反担保的抵押物，但并未对上述两处厂房办理不动产抵押登记。故根据前述法律规定，民某公司对那某工厂厂房及石某工厂厂房依法不享有优先受偿的权利。对民某公司的该项诉请，法院不予支持。

079 借款人公司破产，出借人可否要求担保人承担担保责任?

要点解答

法院受理借款人公司破产案件的，出借人在破产程序中申报债权后，可要求担保人承担担保责任，借款利息自法院受理破产申请之日起停止。在借款人公司破产程序中出借人的借款债权未获全部清偿的，仍可要求担保人继续承担担保责任。

借款人公司破产的，不影响出借人向担保人主张担保责任。

典型案例

裁判要点

债务人破产案件中，债权人申报债权后可请求担保人承担担保责任。

案情简介①

2020年4月14日，巩义某银行大峪沟支行与红某煤业公司签订《流动资金借款合同》，约定红某煤业公司向巩义某银行大峪沟支行借款，贷款金额为2500万元；贷款期限为12个月，从2020年4月14日起至2021年4月14日止；贷款利率为固定利率即年利率4.788%；贷款担保为保证担保；同日，巩义某银行大峪沟支行与泰某置业公司、鹏某建材公司签订《保证合同》，约定：泰某置业公司和鹏某建材公司担保的主合同为巩义某银行大峪沟支行和红某煤业公司的借款合同及其补充协议；主债权本金为2500万元；保证担保的范围包括主债权本金、利息、罚息、复利、手续费、违约金、损害赔偿金，以及巩义某银行大峪沟支行为实现债权而产生的全部费用和损失等全部债权；保证方式为连带责任保证；保证期间为主债务履行期限届满之日起三年。泰某置业公司和鹏某建材公司向巩义某银行大峪沟支行提供了公司股东同意为涉案贷款提供连带责任保证担保的股东会决议。同日，巩义某银行大峪沟支行向红某煤业公司发放贷款2500万元。巩义某银行大峪沟支行系巩义某银行依法设立的分支机构。2020年10月25日，法院裁定受理上海蓝某公司对红某煤业公司的破产清算申请。巩义某银行已申报债权。

裁判观点

法院认为，关于泰某置业公司承担保证责任的时间和范围等问题。首先，根据《民法典》第688条的规定，对于连带责任保证，债务履行期限届满后，债权人可以请求债务人履行债务，也可以请求保证人承担保证责任，保证人和债务人对债务承担连带责任，债务人履行债务和保证人承担保证责任没有先后顺序。其次，根据《企业破产法》第51条的规定，保证人承担责任后可以其对债务人的求偿权申报债权。最高人民法院《关于适用〈中华人民共和国民法典〉有关担保制度的解释》第23条第1款规定："人民法院

① 参见巩义某银行、泰某置业公司与鹏某建材公司、红某煤业公司金融借款合同纠纷案，河南省高级人民法院(2021)豫民再511号民事判决书。

公司篇

受理债务人破产案件，债权人在破产程序中申报债权后又向人民法院提起诉讼，请求担保人承担担保责任的，人民法院依法予以支持。”上述法律、司法解释并未规定债务人破产程序终结后保证人才开始承担保证责任，相反，根据上述法律、司法解释规定的精神，债权人在债务人破产程序中申请债权并不影响其请求保证人承担保证责任。再次，虽然《企业破产法》规定，保证人和其他连带债务人仍需对债权人依照破产程序未受清偿的债权，依法继续承担清偿责任。但如果债权人必须在破产程序终结后才能向保证人主张承担保证责任，尤其是破产案件审理周期较长的，一旦届时保证人下落不明或者丧失清偿能力，势必会影响债权人保证利益的实现。因此，债权人向保证人主张清偿的权利不应当受到破产程序的影响。在避免债权人重复受偿的前提下，债权人同时享有在破产程序中申报债权和向保证人主张保证责任的权利，更有利于债权人权益的实现。最后，本案保证合同约定的保证方式为连带责任保证。借款履行期限已经届满，出借人巩义某银行作为债权人，有权直接向连带保证人泰某置业公司、鹏某建材公司主张权利，泰某置业公司、鹏某建材公司应当承担连带清偿责任。泰某置业公司承担责任后，可依法代替债权人巩义某银行在债务人红某煤业公司破产程序中受偿，或者就债权人巩义某银行通过破产分配和实现担保债权等方式获得清偿总额中超出债权的部分，在其承担担保责任的范围内依法请求债权人返还。（本案法律关系参见图 12）

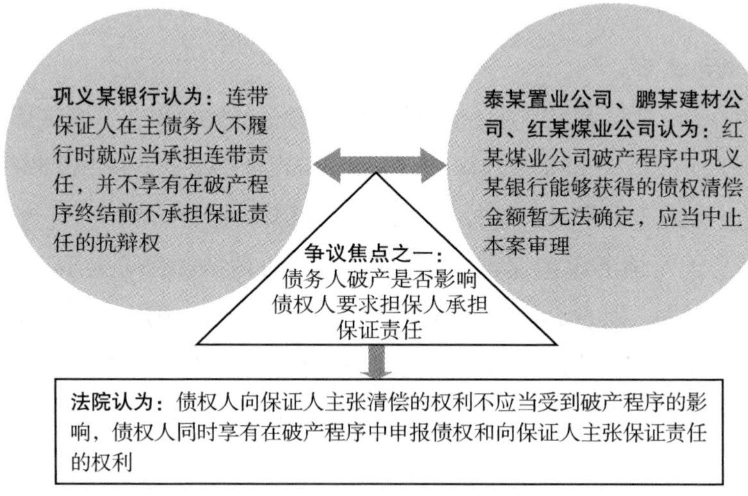

图 12　本案法律关系示意

案例评析

本案是关于债务人破产案件中担保人承担责任与权利救济的典型案例。

首先，债务人破产后，担保债务停止计息。担保具有从属性，担保债务不应也不能超过主债务数额。《企业破产法》规定，“附利息的债权自破产申请受理时起停止计息”，相应地，担保债务也适用债务人破产程序中停止计息的规定。若在主债务人破产后，担保债务不停止计息，则可能出现保证责任大于主债务金额，从而加大了担保人的责任。

其次，债权人在债务人破产程序中申报债权后，可向担保人主张权利。债务人破产案件进入破产程序的情况下，债权人在破产程序中申报债权的，其还可要求担保人承担担保责任，即债务人破产程序的启动不影响债权人向担保人主张权利。即便在一般保证中，保证人享有的先诉抗辩权也被排除。债权人在破产程序中申报债权后又向法院提起诉讼，请求担保人承担担保责任的，法院如迳行判决保证人承担保证责任，应当在判决中明确应扣除债权人在债务人破产程序中可以分得的部分。

最后，债务人破产程序中担保人的权利救济方式。在债务人破产程序中，担保人享有追偿的权利，以不能损害债权人的利益为原则，具体包括以下几种情形：

（1）担保人的全额求偿权。担保人清偿了债权人的全部债权，可以取得债权人对债务人的权利，并在破产程序中受偿。

（2）担保人的超额返还权。债权人从债务人破产程序中和担保人处所获清偿总额超过主债权金额的，担保人可请求债权人返还超过部分的金额。

（3）担保人的预先追偿权。在债务人破产程序中，债权人未申报债权或只申报部分债权的，担保人可就将来求偿权向债务人申报债权，但在和解协议或者重整计划执行完毕的情形下，担保人不能向债务人追偿。

（4）担保人的通知抗辩权。债权人在知道债务人破产时，既不申报债权，又不告知担保人债务人破产的事实，导致担保人不能行使预先追偿权的，担保人在其如及时申报债权可从破产财产中分配到的价额范围内免责。

类案参考

裁判要点

债权人在债务人破产案件中申报债权后又请求一般保证人承担担保责

任的，一般保证人不享有先诉抗辩权。

裁判观点

在圣某公司与安某公司保证合同纠纷案[①]中，二审法院认为，关于先诉抗辩权的问题。本案中，法院于2020年12月2日裁定受理桂某公司的重整申请，根据最高人民法院《关于适用〈中华人民共和国民法典〉时间效力的若干规定》第3条“民法典施行前的法律事实引起的民事纠纷案件，当时的法律、司法解释没有规定而民法典有规定的，可以适用民法典的规定，但是明显减损当事人合法权益、增加当事人法定义务或者背离当事人合理预期的除外”的规定，可适用《担保法》第17条“……一般保证的保证人在主合同纠纷未经审判或者仲裁，并就债务人财产依法强制执行仍不能履行债务前，对债权人可以拒绝承担保证责任。有下列情形之一的，保证人不得行使前款规定的权利：……（二）人民法院受理债务人破产案件，中止执行程序的；……”的规定。最高人民法院《关于适用〈中华人民共和国民法典〉有关担保制度的解释》第23条第1款规定：“人民法院受理债务人破产案件，债权人在破产程序中申报债权后又向人民法院提起诉讼，请求担保人承担担保责任的，人民法院依法予以支持。”综上所述，安某公司直接请求圣某公司承担保证责任，理据充分，二审法院予以支持。一审判决圣某公司向安某公司支付97，187.8元，合法有据，二审法院予以维持。圣某公司提出其承担一般保证责任，享有法定先诉抗辩权的主张，依据不足，理由不能成立，二审法院不予支持。圣某公司在清偿了全部或部分债务后，可主动向桂某公司的破产管理人提供相应的清偿凭证，披露和申报保证债权。

080 如何认定公司之间借款合同的法律效力？

要点解答

对于公司之间的借贷行为，应当区别认定不同借贷行为的性质与效力。公司之间为生产、经营需要订立的民间借款合同，且不违反法律的强制性规定

① 参见广西壮族自治区贺州市中级人民法院民事判决书，（2021）桂11民终1128号。

的，借款合同有效。不具备从事金融业务资质，但实际经营放贷业务、以放贷收益作为公司主要利润来源的，借款合同无效。

公司之间借款的，借款用途的性质决定借款合同的法律效力。

典型案例

裁判要点

为生产、经营而产生法人之间的借贷关系，不具有法定的无效情形的，应当认定借款合同有效。

案情简介①

2009 年 11 月 24 日，借款人金某合作社与出借人农某公司以及担保人（监管人）金堂县某镇人民政府签订了《借款合同》，约定：借款人向出借人申请借款，出借人同意向借款人发放借款；借款用途为农民专业合作社发展龙虾养殖基地购买种虾；借款金额 150 万元，借款期限 12 个月，自 2009 年 11 月 24 日起至 2010 年 11 月 23 日止；本合同项下的借款资金占用费率为 7.11%。

同日，农某公司向金某合作社转款 697，937.56 元；2010 年 4 月 20 日，农某公司向金某合作社转款 716，431 元。

2014 年 9 月 19 日，农某公司向金某合作社发送了《结息通知》。2018 年 3 月 27 日，农某公司向金某合作社发送了《还本付息通知》，并形成了催收工作记录。

裁判观点

法院认为，根据最高人民法院《关于审理民间借贷案件适用法律若干问题的规定》第 31 条第 1 款“本规定施行后，人民法院新受理的一审民间借贷纠纷案件，适用本规定”之规定，本案应按该司法解释相关规定进行处理。根据该司法解释第 10 条“法人之间、非法人组织之间以及它们相互之间为生产、经营需要订立的民间借贷合同，除存在民法典第一百四十六条、第一百五十三条、第一百五十四条以及本规定第十三条规定的情形外，当事人主张民间借贷合同有效的，人民法院应予支持”和第 13 条“具有下列情形之一的，人民法院应当认定民间借贷合同无效：（一）套取金融机构贷款转

① 参见农某公司与金某合作社民间借贷纠纷案，四川省金堂县人民法院（2021）川 0121 民初 5076 号民事判决书。

贷的；（二）以向其他营利法人借贷、向本单位职工集资，或者以向公众非法吸收存款等方式取得的资金转贷的；（三）未依法取得放贷资格的出借人，以营利为目的向社会不特定对象提供借款的；（四）出借人事先知道或者应当知道借款人借款用于违法犯罪活动仍然提供借款的；（五）违反法律、行政法规强制性规定的；（六）违背公序良俗的”的规定，本案中农某公司与金某合作社之间发生的借贷关系，不具有上述无效情形，故涉案《借款合同》应合法有效。

081 公司以借款形式向职工筹资，用于本公司生产经营的，借款合同是否有效？

要点解答

公司内部通过借款形式向职工筹集资金，用于本公司生产、经营，且不违反法律的强制性规定，借款合同有效。公司内部通过借款形式向职工筹集资金，用于转贷的，借款合同无效。企业内部集资作为民间借贷的一种形式，有利于企业的生产经营，但应防止非法集资。

公司以借款形式向职工筹资，借款用途决定借款合同的法律效力。

典型案例

裁判要点

公司为其经营活动而通过借款形式向职工筹集资金，不存在违反法律的强制性规定情形的，民间借贷关系合法有效。

案情简介[①]

朱某曾在百某公司工作。百某公司以集资形式向员工借款，分别于2012年2月1日向朱某借款10万元，2013年2月1日向朱某借款5万元，2014年2月13日向朱某借款5万元，2016年2月5日向朱某借款10万

① 参见百某公司与朱某、李某甲民间借贷纠纷案，广西壮族自治区钦州市中级人民法院（2021）桂07民终605号民事判决书。

元，合计借款30万元。每次借款由朱某将款项存入百某公司名下账号，百某公司开具收款收据，载明“借款”字样。

裁判观点

法院认为，最高人民法院《关于审理民间借贷案件适用法律若干问题的规定》第10条规定：“法人或者非法人组织在本单位内部通过借款形式向职工筹集资金，用于本单位生产、经营，且不存在民法典第一百四十四条、第一百四十六条、第一百五十三条、第一百五十四条以及本规定第十三条规定的情形，当事人主张民间借贷合同有效的，人民法院应予支持。”本案中，百某公司为法人组织，朱某为百某公司的内部职工，百某公司为了公司的经营活动通过借款形式向职工筹集资金，且不存在违反法律的情形，百某公司与朱某之间的民间借贷关系合法有效。

082 滥权股东严重损害出借人利益的，对公司借款债务承担何种责任？

要点解答

公司股东应当遵守法律、行政法规和公司章程的规定，依法行使股东权利，股东滥用公司法人独立地位和股东有限责任损害出借人利益的，应当对公司借款债务承担连带责任。《公司法》第20条第3款规定：“公司股东滥用公司法人独立地位和股东有限责任，逃避债务，严重损害公司债权人利益的，应当对公司债务承担连带责任。”

股东滥用公司法人独立地位和股东有限责任损害出借人利益的，出借人可依据法人人格否认制度，要求该股东对公司借款债务承担连带责任。

典型案例

裁判要点

涉案证据不足以认定公司股东达到“滥用”公司法人独立地位和股东有限责任程度及债权人因股东“滥用”行为受损达到“严重”程度的，股东对公司借款债务不承担连带清偿责任。

案情简介[①]

2014年5月21日，禹某公司与庞某签订借款合同，约定："乙方（禹某公司）借甲方（庞某）人民币1,000,000元，使用期限一年，月利率1.5%，每半年结算利息一次。"当日，庞某将出借资金100万元转入郑某的银行账户。2019年5月21日，禹某公司与庞某续签借款合同，借款金额、利率、利息结算方式等均不变，使用期限为2019年5月21日至2020年5月21日。

禹某公司成立于2003年5月21日。2014年1月16日，该公司股东为四人，其中郑某的持股比例变更为0.6173%；2014年4月17日，郑某的持股比例变更为1.8519%。2015年2月15日，经股东会研究并一致同意，郑某将其所持公司1.8519%的股权转让给邵某，并对公司章程进行了修正。

2014年5月21日签订的借款合同到期后至2019年，庞某与禹某公司每年均续签借款合同书。

裁判观点

法院认为，庞某依据《公司法》第20条第3款的规定主张郑某对涉案债务承担连带责任，亦表明其认可禹某公司系涉案借款的债务人。

《公司法》第20条第3款规定："公司股东滥用公司法人独立地位和股东有限责任，逃避债务，严重损害公司债权人利益的，应当对公司债务承担连带责任。"该规定涉及公司人格否认。依据该条款规定，公司股东的行为必须达到"滥用"公司法人独立地位和股东有限责任的程度，且因"滥用"行为受到的损害必须达到"严重"程度，才有必要否认公司人格，让公司股东对公司债务承担连带责任。依据本案查明事实，2014年5月借款发生时，郑某在禹某公司的持股比例是1.8519%，2015年2月，郑某将其持有的上述股权转让他人，至2015年5月21日续签借款合同及换据时，郑某已不是禹某公司股东。此后，庞某又自愿与禹某公司逐年签订涉案款项的借款合同书，并无充分证据证实后续借贷事宜与郑某有关。综合上述情形，在案证据尚不足以认定郑某达到"滥用"公司法人独立地位和股东有限责任的程度及债权人因郑某"滥用"行为受损达到"严重"程度。故庞某依据《公司法》规定要求郑某承担连带责任的主张，法院不予支持。（本案法律关系参见表21）

---

① 参见庞某与郑某、禹某公司民间借贷纠纷案，安徽省蚌埠市中级人民法院（2021）皖03民终2616号民事判决书。

表 21　争议焦点之一：股东郑某对公司的欠款是否承担连带清偿责任

<table>
<tr><th colspan="2">诉讼主体</th><th>观点</th></tr>
<tr><td rowspan="3">当事人</td><td>庞某</td><td>禹某公司和郑某对涉案债务承担连带清偿责任</td></tr>
<tr><td>禹某公司</td><td>借款与郑某无关，郑某不应承担连带清偿责任</td></tr>
<tr><td>郑某</td><td>其不是借款主体，不是实际控制人，不应承担连带清偿责任</td></tr>
<tr><td colspan="2">法院</td><td>不足以认定郑某达到“滥用”程度及债权人因郑某“滥用”行为受损达到“严重”程度，股东不承担连带清偿责任</td></tr>
</table>

案例评析

本案是关于公司人格否认的典型案例。

首先，公司人格否认的法律意义。公司人格否认，是指公司股东滥用公司法人独立地位和股东有限责任，且严重损害公司债权人利益，则由其直面公司债权人，对公司债务承担连带责任。公司人格否认制度是为了保护债权人利益，只对特定个案中公司的独立人格予以否认，对特定法律关系中的公司人格及股东有限责任加以否认，直接追索公司背后的股东责任。

其次，公司人格否认的构成及特征，（1）公司人格否认的发起主体：公司债权人，仅限于合法权益受到严重损害的公司债权人；（2）公司人格否认的责任主体：滥用公司法人独立地位和股东有限责任的公司股东，其他股东不应是责任主体；（3）公司人格否认的适用情形：人格混同、过度支配与控制、资本显著不足等；（4）公司人格否认的事实后果：严重损害公司债权人利益，主要是指股东滥用行为使公司财产不足以清偿公司债权人的债权；（5）公司人格否认的法律责任：滥用公司法人独立地位和股东有限责任的股东对公司债务承担连带责任；（6）公司人格否认效力的非反射性：判决结果的个案适用性，个案中否认公司人格的判决既判力仅仅约束该诉讼的各方当事人，不当然适用于涉及该公司的其他诉讼，不影响公司独立法人资格的存续。

最后，在审判实践中，认定股东滥用法人人格和有限责任，应综合多种因素作出判断，包括公司设立的背景，公司的股东、控制人以及主要财务人员的情况，公司的主要经营业务以及与其他公司之间的交易目的，公司的纳税情况以及具体债权人与公司签订合同时的背景情况和履行情况等因素。

公司人格否认只有在股东实施了滥用公司法人独立地位及股东有限责

任的行为，且该行为严重损害了公司债权人利益的情况下才能适用。公司股东仅存在单笔转移公司资金的，不足以否认公司独立人格，公司股东不应对公司的债务承担连带责任。

类案参考

裁判要点

一人公司股东不能证明公司财产独立于股东自己的财产的，应对公司债务承担连带责任。

裁判观点

在施某与霖某公司、常某公司、金某公司、百某公司民间借贷纠纷案[①]中，法院认为，常某公司未能举证证明其与霖某公司财产相互独立。《公司法》第63条规定，一人有限责任公司的股东不能证明公司财产独立于股东自己的财产的，应当对公司债务承担连带责任。施某已举证证明常某公司100%持股霖某公司，常某公司的总经理兼董事与霖某公司的监事均为杨某。作为一人有限责任公司股东的常某公司未提供证据证明霖某公司财产独立于其自己的财产，应当对霖某公司的债务承担连带责任。

金某公司不应当对霖某公司的债务承担连带责任。霖某公司持有金某公司90%股权，施某持有金某公司10%股权。依据《公司法》第20条第3款的规定，施某提供的证据不足以证明金某公司与霖某公司存在前述法条中所列滥用行为且严重损害公司债权人利益，施某请求金某公司对霖某公司的债务承担连带责任，法院不予支持。

公司人格理论的意义在于，承认公司是独立的主体，享有与自然人一样的人格，从而使公司可以独立承担责任，使股东承担有限责任。公司的独立人格可能遭到否认，使股东直接对公司债务承担责任。

公司法人独立地位是公司的人格基础，股东有限责任是法律赋予股东的优惠特权，如果股东以逃避公司债务、损害公司利益为目的而利用公司法人独立地位和股东有限责任，可导致公司人格否认，公司人格被股东人格所吸收。

---

① 参见最高人民法院民事判决书，(2021)最高法民终1301号。

083 公司不能清偿借款债务的，出借人是否有权要求已认缴出资但未届缴资期限的股东提前缴纳出资？

要点解答

股东应按章程的规定缴纳其所认缴的出资额。若公司股东未履行或者未全面履行出资义务的，该股东应补足其出资差额并加算银行同期存款利息；给公司债权人造成损失的，还应当承担赔偿责任，设立时的其他股东对此承担连带责任。若公司不能清偿到期债务，且明显缺乏清偿能力，公司或者债权人有权要求已认缴出资但未届缴资期限的股东提前缴纳出资。

出资不实的股东对公司债务承担补充赔偿责任，该股东以出资义务超过诉讼时效期间为由进行抗辩的，法院不予支持。

典型案例

裁判要点

公司已具备破产原因，但不申请破产的，未届缴资期限的股东在未出资范围内对公司不能清偿的债务承担补充赔偿责任。

案情简介①

佳某公司诉隆某公司民间借贷纠纷案，法院作出民事判决书，认定双方于2018年4月8日订立协议，约定将佳某公司于2018年1月支付的货款及此前支付的预付款772000元转化为对隆某公司的借款，并判决隆某公司向佳某公司返还借款本金39万元，并按年利率12%标准支付自2018年4月15日起至清偿之日止的利息，另返还借款本金382，000元，并按年利率24%标准支付自2018年4月15日起至清偿之日止的利息。此民事判决发生法律效力后，隆某公司未履行义务。佳某公司向法院申请强制执行。2019年9月6日，法院作出执行裁定书，认定截至同年3月8日，该案已执行到位0元，依法裁定终结该次执行程序。

隆某公司成立于2015年7月3日，注册资本为300万元，股东为付某、

---

① 参见付某、倪某、杨某、周某与马某、佳某公司、隆某公司股东损害公司债权人利益责任纠纷案，湖南省长沙市中级人民法院（2021）湘01民终11894号民事判决书。

马某、杨某,分别认缴出资额为120万元、90万元、90万元,出资期限均为2065年7月1日。付某于2015年12月18日将其全部股权转让至倪某名下。2016年3月25日,马某将其60万元股份转让至倪某名下、30万元股份转让至杨某名下。2019年8月19日,倪某将其147万元股份转让给了付某、33万元股份转让给了周某,杨某将其120万元股份转让给了周某。转让后公司的股权情况为周某认缴出资金额为153万元,付某认缴出资数额为147万元。上述股权转让的过程中,实缴出资额均为0元,出资时间为2065年7月1日。

裁判观点

法院认为,关于付某、倪某、杨某、周某应否在出资范围内承担清偿债务责任的问题。付某、倪某、杨某、周某主张现有证据不能证明隆某公司没有财产,即便存在明显丧失清偿能力情形,也应先提出重整、和解或清算申请,不应直接要求股东承担补充清偿责任。法院认为,在注册资本认缴制下,股东依法享有期限利益。债权人以公司不能清偿到期债务为由,请求未届缴资期限的股东在未出资范围内对公司不能清偿的债务承担补充赔偿责任的,一般情况下,法院不应支持。但是,下列情况除外:(1)公司作为被执行人的案件,法院穷尽执行措施无财产可供执行,已具备破产原因,但不申请破产的;(2)在公司债务产生后,公司股东(大)会决议或以其他方式延长股东出资期限的。第一种情况包括被法院裁定终结本次执行或者终结执行。本案中,佳某公司对隆某公司的债权已由法院民事判决确认,并由法院作出执行裁定书,认定截至同年3月8日,该案已执行到位0元,依法裁定终结本次执行程序。但隆某公司及债权人尚未提起破产申请,故符合上述股东出资加速到期的第一种情形,债权人佳某公司以隆某公司不能清偿到期债务为由,请求未届缴资期限的股东在未出资范围内对公司不能清偿的债务承担补充赔偿责任的诉讼请求应予支持。付某、倪某、杨某、周某的该理由不能成立,法院不予采信。(本案法律关系参见表22)

表22 争议焦点之一:公司明显丧失清偿能力,股东出资未届期的,该股东是否在出资范围内承担清偿责任

诉讼主体		观点
当事人	佳某公司	公司明显丧失清偿能力,股东对公司不能清偿的债务应承担补充赔偿责任

续表

诉讼主体		观点
当事人	付某、倪某、杨某、周某	马某应承担连带责任，佳某公司先提出重整、和解或清算申请，不应直接要求股东承担补充清偿责任
	隆某公司	未陈述
	马某	付某、倪某、杨某、周某对公司不能清偿的债务应承担补充赔偿责任，其无须承担责任
法院		公司已具备破产原因，但不申请破产的，未届缴资期限的股东在未出资范围内对公司不能清偿的债务承担补充赔偿责任

案例评析

本案是关于股东出资加速到期的典型案例。

首先，关于出资不实的股东对公司债务的有限补充赔偿责任。(1)出资不实的股东对公司债务不能清偿部分的补充赔偿责任。股东未按公司章程规定按期足额缴纳出资的，属出资不实。公司债权人在请求公司偿还债务时，可以将未履行或者未全面履行出资义务的股东列为共同被告，要求其对公司债务不能清偿的部分承担补充赔偿责任。(2)出资不实的股东以出资额为限承担补充赔偿责任。出资不实的股东对公司债务不能清偿部分的补充赔偿责任仅以出资本息为限，这也是其最大的责任范围，利息的计算方法一般以全国银行间同业拆借中心公布的贷款市场报价利率为标准。(3)出资不实的股东承担补充赔偿责任后的排他性。出资不实的股东在出资本息范围内对公司债务不能清偿的部分承担补充赔偿责任后，公司其他债权人提出相同请求的，其可以已履行出资为由，抗辩其他债权人。

其次，原始股东、发起人对公司设立时出资不实股东的补充赔偿责任承担连带责任。在公司设立过程中，股东未按照公司章程规定按期足额缴纳其所认缴的出资，原始股东、发起人之间承担连带认缴责任，故公司债权人可请求公司原始股东、发起人对公司设立时出资不实的股东的补充赔偿责任承担连带责任；公司的原始股东、发起人承担连带责任后，可以向出资不实的股东追偿。

再次，未尽忠实、勤勉义务的公司董事、监事、高级管理人员对公司出资不实股东的补充赔偿责任承担相应责任。股东未按照公司章程规定按期足额缴纳其所认缴出资的，公司董事、监事、高级管理人员负有向股东催缴出资的勤勉义务，应当向该股东发出书面催缴书。若其未履行该义务，则应对出资不实股东的补充赔偿责任承担相应的责任，董事、监事、高级管理人员承担责任后，可以向出资不实的股东追偿。

最后，公司丧失偿还能力和股东恶意延长出资期限的，未届缴资期限的股东在未出资范围内对公司不能清偿的债务承担补充赔偿责任。在注册资本认缴制下，股东依法享有期限利益，公司未履行到期债务时，未届缴资期限的股东对公司不能清偿的债务不承担补充赔偿责任，但公司丧失偿还能力和股东恶意延长出资期限的，则未届缴资期限的股东在未出资范围内承担补充赔偿责任。即在下列情形中未届缴资期限的股东在未出资范围内对公司不能清偿的债务承担补充赔偿责任：(1)公司作为被执行人的案件，法院穷尽执行措施仍无财产可供执行，已具备破产原因，但不申请破产的；(2)在公司债务产生后，公司股东会决议或以其他方式延长股东出资期限的；(3)公司启动破产程序的。

类案参考

裁判要点

已届出资期限的股东在出资本息范围内对公司债务不能清偿的部分承担补充赔偿责任。

裁判观点

在黔某公司、陈某、卢某与山某公司借款合同纠纷案[①]中，二审法院认为，关于陈某、卢某是否承担还款责任的问题，根据最高人民法院《关于适用〈中华人民共和国公司法〉若干问题的规定(三)》第13条第2款“公司债权人请求未履行或者未全面履行出资义务的股东在未出资本息范围内对公司债务不能清偿的部分承担补充赔偿责任的，人民法院应予支持”的规定，本案中，根据黔某公司章程的约定，陈某作为黔某公司的股东，应于2020年4月9日前履行出资义务，但至案件审理时陈某尚未完全履行出资义务，山某公司作为黔某公司的债权人，有权请求陈某在未出资的本息范围内对黔某公司债务不能清偿的部分承担补充赔偿责任。此外，关于卢某是否应在未出资的本息范围内对黔某公司债务不能清偿的部分承担补充赔偿责任的问题，因卢某在二审期间已就其并非系黔某公司股东向一审法院另

① 参见贵州省黔东南苗族侗族自治州中级人民法院民事判决书，(2021)黔26民终2118号。

行提起诉讼，且该案尚在审理中，对于卢某是否系黔某公司股东尚未作出最终认定，故本案对卢某是否应在未出资的本息范围内对黔某公司债务不能清偿的部分承担补充赔偿责任不予处理。

084 抽逃出资的股东对公司借款债务承担何种责任？

要点解答

公司股东不得抽逃出资，股东抽逃出资的，出借人可请求其在抽逃出资本息范围内对公司借款债务不能清偿的部分承担补充赔偿责任；同时协助抽逃出资的其他股东、董事、高级管理人员或者实际控制人承担连带责任。抽逃出资的股东已经承担补充赔偿责任后，可对其他提出相同请求的债权人免责。

抽逃出资的股东对其他股东、公司及公司债权人承担多重责任。

典型案例

裁判要点

抽逃出资的股东对公司不能偿还的债务在抽逃出资本息范围内承担补充赔偿责任。

案情简介①

2014年6月20日，圣某公司向某银行莒县支行借款900万元，借款到期日为2015年5月19日。圣某公司为偿还该笔借款，申请向莒县国有某公司临时借款900万元。为此，某银行莒县支行于2015年5月18日向莒县国有某公司出具《续贷银行续贷确认书》，内容为："圣某公司在我行贷款玖佰万元，于2015年5月19日到期归还后，我行确认于2015年5月28日前将玖佰万元贷给圣某公司，并负责将该笔资金于5月28日前归还县国某公司。"

2015年5月19日，圣某公司自莒县国有某公司借款900万元，并用该款结清其在某银行莒县支行的贷款。后某银行莒县支行未重新向圣某公司

---

① 参见某银行莒县支行与王某甲、王某乙、王某丙金融不良债权追偿权纠纷案，山东省莒县人民法院(2021)鲁1122民初2645号民事判决书。

发放借款。

莒县国某公司向法院起诉圣某公司，要求其履行《莒县 2015 年企业过桥资金借款协议》约定的还款义务。法院判决某银行莒县支行在圣某公司对 900 万本金及 2015 年 5 月 19 日至 2016 年 12 月 31 日的利息履行不能的范围内对莒县某公司承担补充赔偿责任。后因圣某公司财产被其他案件处理完毕，该公司无可供执行的财产，法院终结了莒县某公司与圣某公司民间借贷纠纷案的执行。2020 年 10 月 19 日，某银行莒县支行按照生效判决给付莒县某公司共计 11,051,440 元及该案一审、二审诉讼费共计 97,400 元。

圣某公司成立于 2008 年 3 月 7 日，注册资本为 300 万元，初始股东为王某甲（认缴出资额为 270 万元）、王某乙（认缴出资额为 30 万元）。2008 年 3 月 6 日，王某甲向圣某公司账户支付 270 万元，王某乙向圣某公司账户存入 30 万元；同日，圣某公司以支付货款为由转账给日照宋某公司 210 万，以支付劳务费为由转账给陈某 770,970 元。2010 年 6 月 4 日，圣某公司增资至 800 万元，王某甲于当日向圣某公司账户电汇 400 万元，王某乙向圣某公司账户电汇 100 万元。2010 年 6 月 10 日，该款分两笔各 250 万元转入某银行王府支行 3700××9978 账号内；2010 年 10 月 20 日，圣某公司登记增资至 1276 万元，其中黄某认缴出资额为 476 万元，黄某分别于 9 月 2 日、9 月 10 日、10 月 14 日向圣某公司账户汇入 966,000 元、1,348,577.23 元、2,394,432 元，三笔款项分别于出资同日转入日某公司，公司变更登记信息显示黄某出资至 2010 年 10 月 13 日已全部到位。2013 年 12 月 26 日，该公司股东由王某甲、王某乙、黄某变更为王某甲、王某乙，王某甲实际出资额变更为 1146 万元。

裁判观点

法院认为，本案争议焦点之一是能否认定圣某公司股东王某甲、王某乙存在抽逃出资行为。

最高人民法院《关于适用〈中华人民共和国公司法〉若干问题的规定（三）》第 20 条规定：“公司成立后，公司、股东或者公司债权人以相关股东的行为符合下列情形之一且损害公司权益为由，请求认定该股东抽逃出资的，人民法院应予支持：（一）制作虚假财务会计报表虚增利润进行分配；（二）通过虚构债权债务关系将其出资转出；（三）利用关联交易将出资转出；（四）其他未经法定程序将出资抽回的行为。”本条规定了四种股东抽逃出资的情形，由此不能仅将出资款转回至股东个人账户或者股东自行提取认定为抽逃出资，若债权人提供对股东履行出资义务产生合理怀疑的初步证据，股东应就其履行出资义务，且未存在抽逃出资的情形承担举证责任。本案中，从某银行莒县支行提供的圣某公司交易流水等证据可以看出，股东的绝大部分出资、增资均在出资、增资当日、次日或极短时间内以大额资金的形式转出，一次性转出如此巨额款项，足以让人产生合理怀疑，圣某公司股东有义务也有能力说明出资存在此种不合理情形的事由，但其未做合理解释，也未提供证据证明相关款项转出系基于公司正常经营业务需要，或经过公司的法定程序，在此种情形下，应作出对股东不利的判断，认定圣某公司股东存在抽逃出资行为。本案中，某银行莒县支行举证证实圣某公司非正常转出的出资额为12,579,979.23元，故王某乙应在1,300,000元范围内对某银行莒县支行主张的债权承担赔偿责任，王某甲在11,051,440元本息范围内对某银行莒县支行主张的债权承担赔偿责任。对某银行莒县支行请求的利息，可自其垫付之日起，按同期全国银行间同业拆借中心公布的贷款市场报价利率计算。王某甲和王某乙二人的给付义务以11,051,440元本息为限。王某甲无偿自黄某处受让部分股权，其作为圣某公司的法定代表人，实际负责该公司经营管理，其受让股权时应明确股权真实情况，故王某甲自他人处受让股权的事实不影响其赔偿责任的承担。（本案法律关系参见图13）

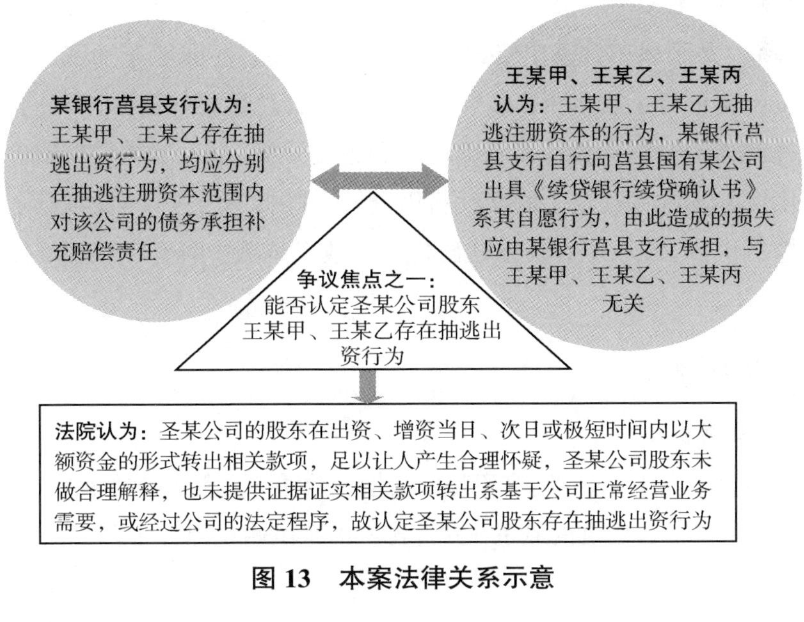

图13　本案法律关系示意

案例评析

本案是关于股东抽逃出资的典型案例。

首先，关于抽逃出资的认定。抽逃出资，是指未经合法程序而取回其出资财产，但依然保留其股东资格并按原有数额持有股权或股份。

抽逃出资的构成要件：（1）形式要件，存在抽逃出资的事实行为，包括制作虚假财务会计报表虚增利润进行分配、通过虚构债权债务关系将其出资转出、利用关联交易将出资转出及其他未经法定程序将出资抽回的行为。（2）实质要件，损害公司及相关权利人的合法权益。

抽逃出资的认定：凡是在公司成立后，股东未经法定程序而将其出资抽回并且损害公司权益的，均认定该股东构成抽逃出资行为，在司法实践中，主要考量的是公司资产减少及资产减少是否具有合理性。

其次，抽逃出资的股东对公司不能偿还的债务在抽逃出资本息范围内承担补充赔偿责任。最高人民法院《关于适用〈中华人民共和国公司法〉若干问题的规定（三）》第 14 条第 2 款规定："公司债权人请求抽逃出资的股东在抽逃出资本息范围内对公司债务不能清偿的部分承担补充赔偿责任、协助抽逃出资的其他股东、董事、高级管理人员或者实际控制人对此承担连带责任的，人民法院应予支持；……"抽逃出资的股东除了承担以上责任外，还可能对公司承担返还责任、对其他股东承担违约责任，甚至可能承担行政和刑事责任。

最后，关于股东抽逃出资案的举证责任分配。主张股东抽逃出资的当事人应当提供对于股东将出资转出行为产生合理怀疑的证据，即证明该股东通过制作虚假财务会计报表虚增利润进行分配、通过虚构债权债务关系将其出资转出或者利用关联交易将出资转出等抽逃出资行为；该股东应就其已履行出资义务、不存在抽逃出资行为或资产减少具有合理性承担举证责任。

类案参考

裁判要点

在执行案件中，公司财产不足以清偿生效法律文书确定的债务的，申请执行人可追加抽逃出资的股东在抽逃出资的范围内承担责任。

裁判观点

在荣某公司与杨某、通某公司、水某公司追加被执行人异议之诉案[①]中，二审法院认为，最高人民法院《关于民事执行中变更、追加当事人若干问题的规定》第 18 条规定："作为被执行人的营利法人，财产不足以清偿生效法律文书确定的债务，申请执行人申请变更、追加抽逃出资的股东、出资人为被执行人，在抽逃出资的范围内承担责任的，人民法院应予支持。"因此，追加通某公司原股东荣某公司为被执行人的裁定应否撤销，关键在于如何认定荣某公司将 650 万元注册资本汇入通某公司账户后又转回的行为性质。《公司法》第 35 条规定："公司成立后，股东不得抽逃出资。"最高人民法院《关于适用〈中华人民共和国公司法〉若干问题的规定（三）》第 12 条规定："公司成立后，公司、股东或者公司债权人以相关股东的行为符合下列情形之一且损害公司权益为由，请求认定该股东抽逃出资的，人民法院应予支持：……（四）其他未经法定程序将出资抽回的行为。"本案中，其一，荣某公司对其于 2011 年 5 月 4 日将 650 万元从通某公司账户转回荣某公司账户的事实没有异议，但辩称其撤回 650 万资金的行为系通过股权转让方式从通某公司退还资金而非抽逃出资。荣某公司虽在二审中提交了新某公司于 2011 年 12 月 31 日向通某公司支付了 650 万元的证据，但该证据系复印件，杨某对该证据的真实性和证明目的均不予认可。而该证据系通某公司内部财务记账凭证，该凭证上记载"650 万元系往来款，其中新某公司往来款 490 万元，为水某公司与新某公司往来款通过通某公司转账。通某公司往来款 160 万元"，故该证据不能证明新某公司已代荣某公司补缴了注册资本。其二，从本案查明的事实看，荣某公司与股权受让方新某公司签订股权转让协议的时间是 2012 年 2 月 22 日，办理股权工商变更登记的时间是 2012 年 3 月 16 日，而荣某公司在此之前即 2011 年 5 月 4 日已将 650 万元从通某公司转回，当时尚未与新某公司签订股权转让协议。可见，荣某公司撤回资金在先，股权转让行为在后。荣某公司称其撤回 650 万元资金的行为系通过股权转让方式从通某公司退还资金而非抽逃出资，与发生股权转让的客观事实不符。其三，荣某公司和新某公司是签订《股份转让协议》的相对方，应由股权受让人新某公司支付股权转让款给荣某公司，而非直接从通某公

① 参见湖南省高级人民法院民事判决书，（2021）湘民终 934 号。

司将650万元款项转回荣某公司。荣某公司从通某公司将650万元款项转回荣某公司，直接导致了通某公司财产的减损和偿债能力的削弱。综上所述，对于荣某公司的涉案行为应认定为股东抽逃出资。

荣某公司还辩称杨某与通某公司的民间借贷行为发生在荣某公司退出通某公司并变更工商登记以后，该债务与荣某公司无关。最高人民法院《关于民事执行中变更、追加当事人若干问题的规定》第19条规定："作为被执行人的公司，财产不足以清偿生效法律文书确定的债务，其股东未依法履行出资义务即转让股权，申请执行人申请变更、追加该原股东或依公司法规定对该出资承担连带责任的发起人为被执行人，在未依法出资的范围内承担责任的，人民法院应予支持。"本案中，如前所述，荣某公司已构成对通某公司抽逃出资，即使涉案借款发生在荣某公司股权转让之后，当通某公司的财产不足以清偿债务时，荣某公司仍应在其抽逃出资的范围内承担清偿责任。荣某公司是否参与实际经营或者对外工商登记是否变更均不影响其责任的承担。

综上所述，股东投入公司的出资，非经法定程序不得抽回。荣某公司于2011年5月4日从通某公司将650万元转账给自己，但并未办理公司减资等相关手续。该行为结果上使得目标公司通某公司的股东实缴资本被抽回，减损了通某公司偿债能力，侵害了公司及外部债权人的权益，一审法院认定荣某公司撤回资金的行为构成抽逃出资并无不当。

085 公司不能清偿借款债务的，名义股东是否应承担赔偿责任？

要点解答

公司注册资本未按照章程规定缴足的，出借人可请求登记股东在未出资本息范围内对公司借款债务不能清偿的部分承担补充赔偿责任，名义股东与实际出资人的内部约定不能对抗第三人，故登记股东不能以其仅为名义股东而非实际出资人为由，拒绝承担赔偿责任。

名义股东在未出资本息范围内对公司不能清偿的债务承担补充赔偿责任后，可向实际出资人追偿。

典型案例

裁判要点

出借人以名义股东未履行出资义务为由，请求其对公司债务不能清偿的部分在未出资本息范围内承担补充赔偿责任，名义股东不能以其为非实际出资人为由进行抗辩。

案情简介[①]

民某公司因为与王某甲、武某、昌某公司存在借款合同纠纷提起诉讼，法院判决：王某甲及昌某公司在判决生效后10日内给付民某公司借款291万元及利息，武某对上述欠款及利息承担连带清偿责任。武某代偿后，有权向王某甲、昌某公司追偿。判决生效后，王某甲及昌某公司、武某未履行判决内容，民某公司向法院申请强制执行。法院裁定：被执行人昌某公司、王某甲、武某无能力履行生效法律文书所确定的义务。被执行人昌某公司违反相关法律规定抽逃注册资金，某办公室于2015年4月2日取消了被执行人昌某公司的经营资格。昌某公司的开办单位（全体股东）在开办公司时出资2000万元，而在经营中抽逃注册资金1157万元。另查，昌某公司于2011年6月10日注册成立，经营范围：办理各项小额贷款，注册资金2000万元，认缴出资情况为：万某公司600万元，陈某、王某、周某、于某、林某、任某各200万元，指定代表或者共同委托代理人张某，公司董事长万某，公司法定代表人兰某。张某在涉嫌非法集资案中供述：在出资方面陈某出资200万元，其出资1800万元，其出资的1800万元是分别以林某、王某乙、于某、周某、王某丙、任某、万某公司的名义出资的。

裁判观点

法院认为，本案争议焦点之一为是否应当追加陈某为西某公司诉王某、武某、昌某公司借款合同纠纷案的被执行人。经审查认为，依据最高人民法院《关于适用〈中华人民共和国公司法〉若干问题的规定（三）》第13条第2款规定："公司债权人请求未履行或者未全面履行出资义务的股东在未出资本息范围内对公司债务不能清偿的部分承担补充赔偿责任的，人民法院应予支持；未履行或者未全面履行出资义务的股东已经承担上述责任，其他债

① 参见陈某与民某公司执行异议纠纷案，辽宁省铁岭市中级人民法院（2022）辽12民终199号民事判决书。

权人提出相同请求的，人民法院不予支持。”第26条规定：“公司债权人以登记于公司登记机关的股东未履行出资义务为由，请求其对公司债务不能清偿的部分在未出资本息范围内承担补充赔偿责任，股东以其仅为名义股东而非实际出资人为由进行抗辩的，人民法院不予支持。名义股东根据前款规定承担赔偿责任后，向实际出资人追偿的，人民法院应予支持。”名义股东承担补充赔偿责任是基于实际出资人未履行出资义务。本案中，陈某作为昌某公司的名义股东未履行出资义务，实际出资人张某在验资后抽逃资金亦属于未履行出资义务。根据上述司法解释的规定，陈某应对昌某公司债务不能清偿部分在未出资本息范围内承担补充赔偿责任。陈某承担赔偿责任后，可以向实际出资人张某追偿。对陈某主张昌某公司其他5名自然人股东被法院判决不被追加为昌某公司的被执行人，要求参照适用的意见，因该判决认定其他5名自然人股东为冒名股东，而陈某为名义股东。冒名股东与名义股东有所区别，陈某作为名义股东，应当依据上述司法解释规定在未出资本息范围内承担补充赔偿责任。

086 有限公司不能清偿借款债务的，知道或者应当知道出资瑕疵的股权受让人承担何种责任？

要点解答

有限责任公司股东未履行或者未全面履行出资义务，将股权转让给知道或者应当知道出资瑕疵的受让人，公司不能清偿借款债务的，出借人可要求未全面出资的股东在未出资本息范围内承担补充赔偿责任，同时可请求该受让人对此债务承担连带责任。

出资瑕疵股东的出资义务不因股权转让而消除。

典型案例

裁判要点

抽逃出资的股东对公司不能清偿的债务在抽逃出资本息范围内承担补充赔偿责任，明知股权存在瑕疵的受让人与该抽逃出资股东对此债务承担连带责任。

案情简介[①]

2018年2月26日，张某甲作为乙方与甲方中某公司签订一份借款合同，约定中某公司向张某甲借款6,000,000元，借款期限一天；借款人法定代表人对此借款承担无限连带责任。在合同的甲方(签章)处，加盖"滨州中某公司"公章及"王某"印章并签有"王某"字样。同日，中某公司出具借据一份，内容为"今借到张某甲人民币陆佰万元整，于2018年2月26日全部还清。"落款借款人(签章)处，同样加盖"滨州中某公司"公章及"王某"印章并签有"王某"字样。当日上午10时许，张某甲通过张某乙账户向中某公司汇款6,000,000元。

中某公司于2006年11月29日成立时股东(发起人)为青岛中某公司、张某丙、侯某、张某丁，注册资本为2,000,000元，出资方式为实缴出资，后公司股东变更为石某、程某、袁某。2013年8月28日，石某新增出资8,000,000元，增资款8,000,000元于当日以货款名义转入石某的账户后又转入中某公司账户。2013年8月29日，中某公司将账户内资金8,000,077.78元全部转出，并办理了注册验资销户手续。2014年1月24日，石某将其持有的占注册资本的92%的股权以10,000元的价格转让给王某，并办理了工商变更登记。

裁判观点

法院认为，借款合同虽约定借款人的法定代表人即王某对本案借款承担连带责任，但未约定保证期间。张某甲未提供证据证明其在法定的保证期间请求王某承担保证责任，故不得再以保证为由向王某主张权利。虽然张某甲没有证据证明石某存在最高人民法院《关于适用〈中华人民共和国公司法〉若干问题的规定(三)》第12条所列举的四种抽逃出资的行为，但提供了中某公司在注册资本增加的验资次日即转走全部增资资金的事实，足以使人对股东抽逃出资产生合理怀疑。石某未提供应在公司账目中显示的发票等相应证据证明存在正常交易，可以认定石某抽逃出资，应当对公司不能清偿的债务承担补充赔偿责任。石某抽逃出资后将持有的中某公司的

① 参见张某甲与中某公司、王某、石某民间借贷纠纷案，山东省济南市钢城区人民法院(2021)鲁0117民初237号民事判决书。

股权转让给王某，王某未对原股东出资情况审慎核查，且股权转让对价明显过低，王某应当知道石某抽逃出资而未全面履行出资义务，应与抽逃出资股东对公司债务承担连带责任。

087 分公司不能清偿到期借款债务的，总公司应当承担何种责任？

要点解答

分公司可以自己的名义从事民事活动，但其不具有法人资格，无独立的财产权，其财产属于总公司，不能独立享有民事权利和承担民事责任。分公司不能清偿到期借款债务的，由总公司承担清偿责任，也可以先以分公司的财产承担，不足以承担的，由总公司承担。《公司法》第 14 条第 1 款规定："公司可以设立分公司。设立分公司，应当向公司登记机关申请登记，领取营业执照。分公司不具有法人资格，其民事责任由公司承担。"

总公司对分公司民事责任的承担方式有两种：直接责任和补充责任。

典型案例

裁判要点

分公司不具有法人资格，其民事责任由公司承担。

案情简介[①]

云某公司西藏分公司与康某于 2015 年 2 月 9 日向旦某出具借条一张，载明："今借到丹某人民币壹佰伍拾万元整（1500000.00 元）。2015 年 3 月底前项目签订时此借条退还，项目若不签订，按丹某自定利息，本利同时归还。"借款人处有云某公司西藏分公司的公章及康某的签字捺印。该借条上的公章系云某公司西藏分公司的样本公章，属于先字后印。

借款人康某的身份信息不明，双方当事人均不能提供相关的身份信息。

① 参见云某公司、云某公司西藏分公司与旦某民间借贷纠纷案，西藏自治区高级人民法院(2021)藏民申 388 号民事裁定书。

裁判观点

再审法院认为，关于云某公司、云某公司西藏分公司与旦某之间是否成立借贷关系的问题。首先，针对旦某与涉案借条中的丹某是否系同一人的问题，二审判决已做详细阐释，再审法院不再赘述。其次，一审中对涉案借条所盖印章经鉴定，可证明系云某公司西藏分公司印章。对此，云某公司及其西藏分公司未提出异议。据此，可以确认涉案借条所指相对人为云某公司西藏分公司。根据《公司法》第 14 条的规定："公司可以设立分公司。设立分公司，应当向公司登记机关申请登记，领取营业执照。分公司不具有法人资格，其民事责任由公司承担。公司可以设立子公司，子公司具有法人资格，依法独立承担民事责任。"本案中向旦某偿还借款的责任主体应当为云某公司。云某公司西藏分公司不承担责任，其向再审法院提出涉案借条加盖其印章行为并非出于公司本意的理由，不符合本案实际，无事实和法律依据，不能成立。另外，云某公司西藏分公司提出的执行问题，系其总公司与分公司内部责任承担问题，非本案审理范围，再审法院不做审查。最后，关于涉案款项是否交付的问题，原审法院根据旦某提供的银行转账记录确认其已交付 100 万元，事实认定与适用法律正确。云某公司和云某公司西藏分公司的该再审申请与事实不符，无法律依据，不能成立。

088 清算组成员故意损害出借人利益的，对公司借款债务承担何种责任？

要点解答

清算组成员有以下行为的，应当对公司借款债务承担赔偿责任：(1)执行未经确认的清算方案、恶意处置财产、非法侵占、私分、毁灭、隐匿被解散公司的财产，造成公司财产减少；(2)不作为行为即在法定的时间内未依法履行清算义务，造成公司出借人的合法债权不能实现等。

清算组成员故意或者重大过失损害出借人利益的，出借人可以请求清算组成员承担赔偿责任。

089 清算义务人未及时履行清算义务的，出借人可否要求其对公司借款债务承担相应的清偿责任？

要点解答

公司的清算义务人未及时成立清算组开始清算，导致公司财产贬值、流失、毁损或者灭失，出借人可要求其在造成的损失范围内对公司债务承担赔偿责任。清算义务人因怠于履行清算义务，导致公司主要财产、账册、重要文件等灭失，无法进行清算，出借人可要求其对公司债务承担连带清偿责任。

清算义务人未及时清算而损害出借人利益的，出借人可要求其对公司借款债务承担相应的清偿责任。

典型案例

裁判要点

清算组未对已知债权人履行书面通知义务，导致债权人未能申报债权，造成债权人债权无法获得清偿的，清算组成员应对债权人未获清偿的全部债权承担赔偿责任。

案情简介[①]

一某公司成立于2013年9月22日，为有限责任公司（自然人投资或控股），注册资本100万元，登记股东为张某甲、张某乙。

张某丙诉张某乙、张某丁、一某公司民间借贷纠纷一案，法院判令：张某丁应于判决发生法律效力之日起10日内向张某丙归还款项291万元及自2015年9月1日起至实际清偿之日止按年利率24%计付的利息；张某乙、一某公司对上项债务承担连带清偿责任。2016年12月6日，张某丙就上述判决向法院申请执行。法院裁定，被执行人目前没有可供执行的财产，且申请执行人也不能提供被执行人可供执行财产或财产线索，裁定终结本次执行程序。

① 参见张某甲、张某乙与张某丙股东损害公司债权人利益责任纠纷案，广东省佛山市中级人民法院(2021)粤06民终13800号民事判决书。

一某公司于 2017 年 9 月 27 日作出股东会决议，同意公司解散，同意成立清算组，清算组成员为张某甲、张某乙。2017 年 10 月 12 日，一某公司在《珠江时报》发出清算公告。清算结束后，公司将依法向登记部门申请注销登记。

同年 11 月 28 日，一某公司制作清算报告，载明：一某公司于 2017 年 9 月 27 日成立清算组对公司资产进行清算，清算组成员由张某甲、张某乙组成，组长为张某乙。清算结果为，工人工资已缴清，社会保险费用已缴清，法定补偿金已缴清；所欠税款已缴清；公司所有债权债务已清理完毕；公司所有应付款项已缴清。公司剩余财产为货币资金 840，617 元。2017 年 11 月 29 日，一某公司核准注销。

裁判观点

法院认为，关于张某甲、张某乙应否对涉案债务承担责任的问题。《公司法》及其司法解释明确规定了清算组未通知债权人申报债权时，清算组成员应承担赔偿责任。公司清算制度的作用之一就是为了保护债权人的利益，使清算过程受到法定程序的制约，以避免在清算过程中公司为逃避债务或利益股东作出有损于债权人的不公正行为。从保护债权人利益的角度出发，清算组成员不履行通知义务，导致债权人未及时申报债权而未获清偿，清算组成员的赔偿范围应为债权人未获清偿的全部债权。本案清算组未对已知债权人张某丙履行书面通知义务，导致张某丙未能申报债权，侵犯了债权人的法定权利，造成张某丙债权无法获得清偿，张某甲、张某乙作为清算组成员应向张某丙承担赔偿责任。

关于张某甲、张某乙应承担赔偿责任的范围问题。张某丙主张张某甲、张某乙应对一某公司债务承担连带清偿责任；张某甲、张某乙抗辩称，其只应在一某公司清算时的剩余资产 840，617 元范围内向张某丙承担赔偿责任。经审查，首先，《公司法》第 1 条规定："为了规范公司的组织和行为，保护公司、股东和债权人的合法权益，维护社会经济秩序，促进社会主义市场经济的发展，制定本法。"由此可知，《公司法》的立法目的同时包括了保护债权人利益和股东利益两个方面的价值追求。《公司法》的目标并非单纯地实现公司股东的利益最大化目标，而是为了实现《公司法》上的各种利益关系主体之间的利益平衡。与之相应地，公司清算的制度价值之一是保护股东的合法权益。其另一价值体现是保障债权人的利益，通过规定严格的法定清算程序，使清算过程受到程序上的制约，避免公司在清算过程中，为逃避债务或利益股东而作出有损于债权人的不公正行为。其次，相对于股东而言，债权人对于公司的财务状况和经营管理处于信息上的劣势。公司往往不会对债权人透明自己的财务状况，有限责任公司股东承担有限责任，成为股东抽身而逃的途径。而清算制度通过规定清算组的通知义务，可以使得债权人通过申报债权，介入清算过程中，获得清算过程中的各种财务信息，监督清算组的清算工作，平衡其弱势地位，维护其合法权益。通知义务的规定无疑使得债权人和股东之间的权利义务得以均衡。再次，若支持张某甲、张某乙的抗辩主张，可能引发的结果是，清算组不再严格按照法律规定履行书面通知义务，债权人不能申报债权，在债权人未申报债权的情况下，清算组注销公司，使得债权人无法对公司清算进行监督，在此情形下，不能排除股东为了追求自身利益，在公司清算过程中，任意虚报公司责任财产的数额，其风险却只是承担可以预见的很小的赔偿责任，《公司法》关于清算组书面通知义务的规定将失去其法律意义。最后，作为清算组成员之一的张某乙，与一某公司一并作为另案被告，并被法院判令一起向债权人张某丙承担还款责任。张某甲、张某乙明知张某丙在另案中债权未获清偿，却故意不书面通知张某丙即清算并注销了一某公司，明显属于恶意清算、虚假清算，损害了一某公司债权人张某丙合法利益。据此，一审判令清算义务人张某甲、张某乙对债权人张某丙未获清偿的全部债权承担赔偿责任，并无不当。（本案法律关系参见表23）

表23　争议焦点：清算组未对已知债权人履行书面通知义务，导致债权人未能申报债权人的，清算组成员赔偿责任的范围

诉讼主体		观点
当事人	张某丙	张某甲、张某乙对公司债务承担连带责任
当事人	张某甲、张某乙	在公司清算时剩余资产840,617元范围内向张某丙承担赔偿责任
法院		清算组成员应对债权人未获清偿的全部债权承担赔偿责任

案例评析

本案是关于清算组成员的赔偿责任的典型案例。

首先，清算组成员应当履行诚信义务，在下列情形中应当对公司债权人承担相应的法律责任:(1)清算组未履行对已知债权人通知及对未知债权人公告义务,导致债权人未及时申报债权而未获清偿的;(2)清算组执行未经确认的清算方案给债权人造成损失的;(3)清算组成员恶意处置财产、非法侵占、私分、毁灭、隐匿被解散公司的财产,造成公司责任财产减少的;(4)清算组从事清算事务时,违反法律、行政法规或公司章程给债权人造成损失的。清算组成员之间承担连带责任。

其次,关于清算义务人怠于履行清算义务的,对公司债权人的法律责任问题。清算义务人,是指基于与公司之间存在的特定法律关系而在公司解散时对公司负有依法组织清算义务,并在公司未及时清算给相关权利人造成损害时依法承担相应责任的民事主体。清算义务人的法律界定,《民法典》第70条第2款规定:"法人的董事、理事等执行机构或者决策机构的成员为清算义务人。法律、行政法规另有规定的,依照其规定。"清算义务人怠于履行清算义务的具体情形有:(1)清算义务人未在法定期限内成立清算组开始清算,导致公司财产贬值、流失、毁损或者灭失,公司债权人可要求其在造成损失范围内对公司债务承担赔偿责任;(2)清算义务人因怠于履行义务,导致公司主要财产、账册、重要文件等灭失,无法进行清算,债权人可要求其对公司债务承担连带清偿责任。

最后,清算组成员因故意或者重大过失给公司或者债权人造成损失的,应当承担赔偿责任。清算义务人与清算组成员责任的法律性质属于侵权行为损害赔偿责任,侵权行为,是指行为人就其对他人的人身权利和财产权利造成的损害,依法应当承担过错责任或无过错责任的行为。认定一般侵权行为的构成要件应当包括:(1)损害事实;(2)违法行为;(3)损害事实与违法行为的因果关系;(4)过错。

类案参考

裁判要点

债权人已提交证据证实清算义务人怠于履行清算义务,但未提交证据证明该不作为行为导致公司账册文件灭失,无法进行清算等事实存在的,其主张清算义务人承担连带清偿责任的,法院不予支持。

裁判观点

在马某与董某、陈某、达某公司民间借贷纠纷案[①]中，再审法院认为，关于董某应否承担连带清偿责任的问题。根据《公司法》第180条第4项、第183条之规定，有限责任公司股东应当在解散事由出现之日起15日内成立清算组，开始清算。本案中，达某公司于2012年2月24日被吊销营业执照，作为公司股东的董某、张某始终未对公司启动清算程序，公司股东确实存在怠于履行清算义务的情形。但是，股东是否因此要为公司的债务承担连带清偿责任，还应根据最高人民法院《关于适用〈中华人民共和国公司法〉若干问题的规定（二）》第18条第1款、第2款之规定进行审查和认定。第18条第1款规定："有限责任公司的股东、股份有限公司的董事和控股股东未在法定期限内成立清算组开始清算，导致公司财产贬值、流失、毁损或者灭失，债权人主张其在造成损失范围内对公司债务承担赔偿责任的，人民法院应依法予以支持。"第18条第2款规定："有限责任公司的股东、股份有限公司的董事和控股股东因怠于履行义务，导致公司主要财产、账册、重要文件等灭失，无法进行清算，债权人主张其对公司债务承担连带清偿责任的，人民法院应依法予以支持。"由此可知，有限责任公司的债权人主张公司股东就公司债务承担责任的情形有两种，一种是因股东未在法定期限内成立清算组开始清算导致公司财产贬值、流失、毁损或者灭失的，债权人有权主张其在造成损失范围内对公司债务承担赔偿责任；另一种是因股东怠于履行义务导致公司主要财产、账册、重要文件等灭失无法清算的，债权人有权向其主张连带清偿责任。就本案而言，董某作为公司股东，始终未对公司进行清算，马某作为公司债权人亦未申请法院强制清算，因此马某主张达某公司股东董某怠于履行清算义务，导致公司财产流失、毁损或者灭失、造成公司账册文件灭失，无法进行清算等事实是否存在，还尚处于未知状态。原审法院因马某未提交证据证实董某怠于履行清算义务，导致公司账册文件灭失，无法进行清算等事实存在，对其主张董某承担连带清偿责任的请求不予支持，并无不当，马某可根据达某公司的清算情况，另循法律途径解决。

① 参见新疆维吾尔自治区高级人民法院民事裁定书，（2021）新民申2610号。

090 公司实际控制人以虚假的清算报告骗取法人注销登记的，出借人可否要求其对公司借款债务承担清偿责任？

要点解答

有限责任公司的股东、股份有限公司的董事和控股股东，以及公司的实际控制人未经依法清算，以虚假的清算报告骗取公司登记机关办理法人注销登记，或者在公司解散后，恶意处置公司财产给出借人造成损失，出借人可要求其对公司的借款债务承担相应赔偿责任。

公司的清算义务人恶意侵权和欺诈注销公司的，应对公司的借款债务承担相应的赔偿责任。

典型案例

裁判要点

有限责任公司的股东以虚假的清算报告骗取公司登记机关办理法人注销登记的，债权人可要求其对公司债务承担相应的赔偿责任。

案情简介①

2019 年 1 月 11 日，赵某就之前三笔借款向张某甲出具借条，主要内容为：赵某在 2017 年 1 月 5 日借张某甲 200,000 元，约定月利息 3%，2018 年 1 月 4 日到期；在 2017 年 4 月 18 日借张某甲 100,000 元，约定月利息 2%，2018 年 4 月 17 日到期；在 2017 年 12 月 12 日借张某甲 80,000 元。上述借款均是赵某委托徐某账户代收。目前借款已到期，特出具本借条作为借款凭证，月利息按 2% 计算。该借条下方空白处加盖了娇某公司的公章，公章上书写了“担保人担保期三年”字样。

娇某公司于 2016 年 9 月 2 日成立，法定代表人为张某乙，类型为有限责任公司，注册资本为 500 万元。2020 年 9 月 4 日，该公司作出股东会决议，同意成立清算组，清算组成员是张某乙、赵某、郭某、李某、王某，清算组

---

① 参见张某乙、李某、郭某与张某甲、赵某、王某民间借贷纠纷案，北京市第二中级人民法院(2022)京 02 民终 3208 号民事判决书。

公司篇

负责人是张某乙。2020 年 10 月 27 日，该公司因股东会决议解散，办理注销登记，该公司的清算报告载明：债权债务已清理完毕；各项税款、职工工资已经结清；已于 2020 年 9 月 9 日在《新京报》上发布注销公告。

裁判观点

法院认为，关于娇某公司股东应承担的责任问题，最高人民法院《关于适用〈中华人民共和国公司法〉若干问题的规定（二）》第 19 条规定："有限责任公司的股东、股份有限公司的董事和控股股东，以及公司的实际控制人在公司解散后，恶意处置公司财产给债权人造成损失，或者未经依法清算，以虚假的清算报告骗取公司登记机关办理法人注销登记，债权人主张其对公司债务承担相应赔偿责任的，人民法院应依法予以支持。"本案中，原娇某公司股东虽出具《清算报告》，但通过张某乙、李某、郭某的意见可知，其均未实际参与娇某公司的经营，可见娇某公司并未依法清算，且未有证据证明曾通知张某甲进行清算，本案《清算报告》实为虚假报告，在未经清算的情况下即办理公司注销登记，根据上述司法解释规定，娇某公司原股东理应对娇某公司的债务向债权人张某甲承担赔偿责任。郭某上诉提出其被冒名使用身份证成为娇某公司股东，且其仅为小股东不应承担责任的主张，证据不足，法院亦不予采纳。因张某乙、赵某、李某、郭某、王某同为娇某公司股东，赵某亦应承担股东责任，故法院确定张某乙、李某、郭某、王某应承担的部分为总计对赵某的债务在赵某不能清偿部分的 1/3 向张某甲承担赔偿责任。

091 承担资产评估、验资或者验证的机构给公司的出借人造成损失的，应当承担何种责任？

要点解答

承担资产评估、验资或者验证的机构因为自己的过错，出具的评估结果、验资或者验证证明不实，公司的出借人因信任其评估结果、验资或者验证证明而遭受损失的，该机构在其评估或者证明不实的金额范围内承担赔偿责任；若该机构能举证证明其没有过错则可以免责。

承担资产评估、验资或者验证的机构出具的评估结果、验资或者验证证明不实，将承担补充赔偿责任。

典型案例

裁判要点

1994年《公司法》中并未对评估机构和验资机构的错误评估行为和虚假验资行为应当承担民事责任作出规定，故评估机构依当时法律规定无须在其评估不实的金额范围内承担赔偿责任。

案情简介[①]

润某公司与宝某公司、中某甲公司借款合同纠纷一案，法院判决：宝某公司于判决生效之日起10日内向润某公司偿还借款本金488万元并支付利息，中某甲公司对宝某公司应付的款项向润某公司承担连带保证责任；中某甲公司承担连带保证责任后，有权向宝某公司追偿。

判决书生效后，润某公司向法院申请执行，因没有财产可供执行，法院裁定终结本次执行。

中某甲公司成立于1996年7月11日，公司类型为有限责任公司，设立时注册资本为800万元，股东蔡某出资480万元，其中现金出资4万元，实物出资476万元；张某实物出资320万元。1998年8月28日，公司注册资本增加至2800万元，蔡某出资增加至1680万元，张某出资增加至1120万元。蔡某增资的1200万元和张某增资的800万元均为实物出资。2006年11月17日，中某甲公司被吊销营业执照。

《资产评估报告书》载明，评估对象：蔡某、张某本次申报评估的实物资产为复印机。评估结果：经评估，以1998年7月25日为评估基准日，蔡某本次申报拟投入中某甲公司的实物资产，评估价值1200万元，张某本次申报拟投入中某甲公司的实物资产，评估价值为800万元。实物资产评估总值为2000万元（详见资产评估明细表）。报告书后附有“资产评估明细表”“购货发票复印件”“资产评估证书复印件”。

《变更登记验资报告书》载明，根据中某甲公司出具的股东会决议：（1）增加注册资本2000万元，使公司注册资本达到2800万元。（2）股东蔡

---

① 参见润某公司与张某、蔡某、华某公司、中某乙公司股东损害公司债权人利益责任纠纷案，北京市朝阳区人民法院（2020）京0105民初66341号民事判决书。

某由原出资额480万元增加到1680万元投入到中某甲公司，多投入的实物部分已由华某公司于1998年7月31日出具的《资产评估报告书》予以确认，张某以实物出资1120万元投入中某甲公司，实物已由华某公司于1998年7月31日出具的《资产评估报告书》予以确认。中某甲公司经过上述变更后，各股东的出资情况如下：蔡某出资额为1680万元，占注册资本的60%，张某出资1120万元，占注册资本的40%。

另查，张某购买作为实物出资的复印机的南某服务部于1996年9月25日注销。

裁判观点

法院认为，本案争议焦点之一是华某公司和中某公司是否存在评估不实和虚假验资的行为，是否应当对润某公司承担民事责任。

根据中某公司的工商档案显示，华某公司出具的《资产评估报告书》附件中的开票单位为“南某服务部”的购货发票记载，张某购买25台型号为FT6655的复印机，总价为220万元，开票时间为1998年2月3日。然而，通过查询企业公示信息可知，南某服务部已经于1996年9月25日注销，不可能再于1998年2月3日向张某出售复印机并开具发票，因此，该发票显然属于虚假发票。华某公司在对所有实物资产进行评估时，应当按照彼时有效的《资产评估操作规范意见（试行）》的规定，检查核实资产并验证资料，而该等义务也绝非仅仅是对相关资产和资料进行形式审核，而是应当通过现场清点、抽查核实和逐项验证等方式，判断和确认资产和资料的可信性，尤其如本案中涉及评估巨额资产时，更应当保持独立审慎的立场，作出客观准确的评估结论。具体到本案中的发票，华某公司在验证该发票时，如果全面核查了张某购置该批复印机时的买卖合同和付款记录等资料，不可能不会发现销售单位已经注销的事实，也就不可能不会发现该张发票属于虚假发票。因此，就该部分资产而言，华某公司作为评估机构并未履行其法定义务，应当属于虚假评估。

关于中某公司的验资，《独立审计实务公告第1号——验资》（1996年版）第11条规定，对于投资者以房屋、建筑物、机器设备和材料等实物资产投入的，注册会计师应清点实物、验证其财产归属。而本案中，没有任何证据证明张某和蔡某已经将实物资产交付给中某公司，验资报告中也未见有记载，故可以认定中某公司没有履行验证财产归属的法定义务，导致出现虚假验资的情形。

因华某公司的评估行为和中某公司的验资行为分别发生于 1998 年 7 月和 8 月，故应当依照 1994 年《公司法》确定华某公司和中某公司应当承担的法律责任。1994 年《公司法》中并未对评估机构和验资机构的错误评估行为和虚假验资行为应当承担的民事责任作出规定，而仅规定了其应当承担的行政责任，故华某公司和中某公司无须向润某公司承担民事责任。润某公司主张依照 2005 年修订的《公司法》和最高人民法院《关于审理涉及会计师事务所在审计业务活动中民事侵权赔偿案件的若干规定》要求华某公司和中某公司承担相应的民事责任，显然与“法不溯及既往”的法律原则相悖，故法院对润某公司要求华某公司和中某公司承担民事责任的诉讼请求不予支持。

刑法篇

092 出借人套取金融机构贷款转贷的行为是否构成犯罪?

要点解答

出借人先向银行低息贷款,然后将贷款资金转借给他人,获取差额利息的,出借人与借款人之间的借款合同无效。出借人所得转贷差额利息数额在50万元以上的,构成高利转贷罪。《刑法》第175条规定:"以转贷牟利为目的,套取金融机构信贷资金高利转贷他人,违法所得数额较大的,处三年以下有期徒刑或者拘役,并处违法所得一倍以上五倍以下罚金;数额巨大的,处三年以上七年以下有期徒刑,并处违法所得一倍以上五倍以下罚金。单位犯前款罪的,对单位判处罚金,并对其直接负责的主管人员和其他直接责任人员,处三年以下有期徒刑或者拘役。"

出借人以转贷牟利为目的,套取金融机构信贷资金高利转贷他人的行为违法。

典型案例

裁判要点

以转贷牟利为目的,套取金融机构资金后高利转贷给他人,违法所得数额较大的,构成高利转贷罪。

案情简介①

张某系靖边某公司的法定代表人。2011年以来,宋某因经营需要资金周转,通过李某介绍向张某借款。

2011年8月2日,靖边某公司向靖边某银行申请一般流动资金借款2000万元,贷款用途为购买石油套管。2011年8月4日,靖边某银行将2000万元贷款转入靖边某公司账户,经多次转账后到张某的个人银行账户2000万元。2011年8月4日,张某与宋某、李某、孟某签订借款合同书,约定由张某出借给宋某2520万元,借款期限为11个月。还款方式为:2011年10月4日还款104万元;2011年12月4日还款104万元;2012年2月

① 参见张某犯高利转贷罪案,陕西省靖边县人民法院(2022)陕0824刑初30号刑事判决书。

4日还款104万元；2012年4月4日还款104万元；2012年6月4日还款104万元；剩余2000万元在2012年7月3日前一次性还清。李某、孟某作为保证人承担保证责任。同日，张某向宋某的账户转款1948万元。

2012年1月13日，靖边某公司向靖边某银行申请借款900万元，借款用途为购钢材。2012年3月9日，靖边某银行将贷款900万元转入靖边某公司账户，经多次转账后到张某的账户。2012年3月9日，张某与宋某签订了借款合同，约定由张某出借给宋某2520万元，借款期限为一年，从2012年3月9日起至2013年3月8日止。2012年3月9日，张某向宋某的账户转款1948万元。

后张某以民间借贷纠纷为由将宋某等人起诉至法院。最高人民法院经再审认为，宋某、白某关于其向张某偿还的716万元中部分属于借款本金的再审请求成立，法院予以支持。并认定宋某向张某偿还的716万元中包括偿还利息510.72万元，偿还借款本金205.28万元。

两笔贷款本息均已全部偿还。

裁判观点

法院认为，张某以转贷牟利为目的，套取金融机构贷款高利转贷他人，违法所得数额巨大，其行为构成高利转贷罪。公诉机关指控张某犯高利转贷罪的犯罪事实及罪名成立，法院依法予以支持。公诉机关指控张某高利转贷的违法所得为3，947，946元，其计算是以（2017）最高法民再374号民事判决书中最高人民法院认定的偿还利息数510.72万元为基数，乘以张某从银行贷款后转给宋某的1948万元与借款合同中记载的借款金额2520万元的比例（约0.773）得出。根据在案证据证明的事实，靖边某公司已按约定偿还了涉案的向靖边某银行申请的两笔贷款本息，故在计算张某的违法所得时应当将其已偿还银行的贷款利息1，661，254.40元（19，480，000元×8.528%=1，661，254.40元）予以扣除，据此计算出张某的违法所得为2，286，691.60元。公诉机关指控张某高利转贷的违法所得数额有误，法院依法予以纠正。张某及其指定辩护人均提出转贷获利用于公司经营，本案属于单位犯罪，但未提供任何证据证明。单位犯罪，是指以单位名义实施，体现单位意志，为单位谋取利益的犯罪活动。《刑法》第30条规定："公司、企业、事业单位、机关、团体实施的危害社会的行为，法律规定为单位犯罪的，应当负刑事责任。"本案中，张某系靖边某公司法定代表人，虽然其以靖边某公司之名向靖边某银行申请贷款，但贷款取得后随即转入其个人账户，并以其个人名义出借给宋某，由其个人账户转账给宋某个人账户，最后也是以其个人名义提起诉讼向债务人主张权利。所以，张某以公司名义申请贷款后又将相关款项以个人名义出借给他人以牟取利益，该行为不符合单位犯罪的条件，不能认定为单位犯罪，对张某及其指定辩护人提出单位犯罪的辩护意见，法院不予采纳。

案例评析

本案是关于高利转贷罪的典型案例。

首先，高利转贷罪的构成要件。高利转贷罪，是指以转贷牟利为目的，套取金融机构信贷资金高利转贷他人，违法所得数额较大的行为。高利转贷罪的构成要件包括：（1）客体要件：本罪侵犯的客体是国家对信贷资金的管理秩序；（2）客观要件：犯罪主体已经实施了高利转贷行为；（3）主体要件：已获得金融机构贷款资金的自然人或单位；（4）主观要件：犯罪主体有主观上的故意，且以牟利为目的。

根据最高人民检察院、公安部《关于公安机关管辖的刑事案件立案追诉标准的规定（二）》第 21 条的规定，以转贷牟利为目的，套取金融机构信贷资金高利转贷他人，违法所得数额在 50 万元以上的，应予立案追诉。

高利转贷罪的处罚：违法所得数额较大的，处 3 年以下有期徒刑或者拘役，并处违法所得 1 倍以上 5 倍以下罚金；数额巨大的，处 3 年以上 7 年以下有期徒刑，并处违法所得 1 倍以上 5 倍以下罚金。

其次，出借人套取金融机构贷款转贷的，借款合同无效。根据最高人民法院《关于审理民间借贷案件适用法律若干问题的规定》第 13 条规定：“具有下列情形之一的，人民法院应当认定民间借贷合同无效：（一）套取金融机构贷款转贷的；（二）以向其他营利法人借贷、向本单位职工集资，或者以向公众非法吸收存款等方式取得的资金转贷的；……”出借人套取金融机构贷款转贷的，借款合同无效，借款人能够举证证明在签订借款合同时出借人尚欠银行贷款未还的，一般可以推定为出借人套取金融机构资金转贷，在此情形下，出借人须举证证明所借款项并非从金融机构套取。

最后，高利转贷与民间借贷的关系。高利转贷与民间借贷有一定的关联性，高利转贷行为往往通过民间借贷的表现形式进行，出借人实施转贷行为，大多是将银行取得的贷款转借到民间，但两者有本质的区别：其一，出借资金的来源不同，高利转贷的资金源于金融机构，出借人是“空手套白狼”，民间借贷中，出借人的资金是自有资金；其二，高利转贷不具有合法性，而民间借贷受法律保护。高利转贷侵犯了国家对信贷资金的发放及利率管理秩序，民间借贷是自然人、法人和非法人组织之间进行资金融通的合法行为。

类案参考

裁判要点

出借人套取金融机构贷款转借给借款人，其未从中牟利，借款合同无效。

裁判观点

在宋某与刘某民间借贷纠纷案[①]中，二审法院认为，最高人民法院《关于审理民间借贷案件适用法律若干问题的规定》第13条规定：“具有下列情形之一的，人民法院应当认定民间借贷合同无效：(一)套取金融机构贷款转贷的；(二)以向其他营利法人借贷、向本单位职工集资，或者以向公众非法吸收存款等方式取得的资金转贷的；……”本案中，刘某出借资金42万元并非其自有资金，而是从银行、微粒贷及支付宝处取得，故一审法院按照上述司法解释的规定认定刘某与宋某之间的涉诉民间借款合同无效，并无不当，二审法院予以确认。本案中，刘某将款项借给宋某并未牟利，宋某亦明知刘某资金来源及借款成本，故虽然涉诉民间借款合同无效，但并不免除宋某按照借条的约定承担借款利息、手续费等借款实际成本的责任。

093 借款人非法吸收公众存款或者变相吸收公众存款，扰乱金融秩序的，是否构成非法吸收公众存款罪?

要点解答

借款人非法吸收公众存款或者变相吸收公众存款，扰乱金融秩序，存在下列情形之一的，应予刑事立案追诉：(1)非法吸收或者变相吸收公众存款数额

① 参见北京市第三中级人民法院民事判决书，(2021)京03民终18427号。

在100万元以上的。(2)非法吸收或者变相吸收公众存款对象150人以上的。(3)非法吸收或者变相吸收公众存款,给存款人造成直接经济损失数额在50万元以上的。(4)非法吸收或者变相吸收公众存款数额在50万元以上或者给存款人造成直接经济损失数额在25万元以上,同时具有下列情节之一的,也应当依法追究刑事责任:①曾因非法集资受过刑事追究的;②二年内曾因非法集资受过行政处罚的;③造成恶劣社会影响或者其他严重后果的。

借款人非法吸收公众存款的行为违法。

典型案例

裁判要点

"借款人"采取口口相传等方式,向社会公众吸收资金,数额巨大的,其行为严重破坏国家金融管理秩序,构成非法吸收公众存款罪。

案情简介[①]

天某公司成立于2014年6月16日,天某公司花园口分公司于2015年11月19日注册成立,肖某任总经理。

2015年11月至案发,天某公司花园口分公司未经依法批准,采取线下模式经营所谓的P2P理财项目,以高利息为诱饵,向社会不特定公众公开宣传。天某公司的P2P理财项目均承诺到期返本付息,投资人与天某公司签订《出借咨询与服务协议》,使用自己的银行卡通过POS机将投资资金转入上海富某公司第三方平台账户,之后天某公司以邮寄《债权转让及受让协议》及《债权转让款到账确认书》的方式,告知各投资人出借资金的投资去向,理财项目到期后,本金和利息也经过上海富某平台转账到投资人账户内。2018年5月,国家加大对P2P业务整治力度,天某公司花园口分公司理财产品先后转为金某项目和金某物权项目,继续非法吸收公众存款。

天某公司花园口分公司共吸收投资人存款金额累计240,140,000元,累计返还投资人181,506,351.33元,投资人累计损失58,633,648.17元。

天某公司花园口分公司向花园口地区不特定人员354人募集资金28,150,000元,收回本金以及利息2,544,876.30元,累计损失金额25,604,623.70元。

---

① 参见肖某犯非法吸收公众存款罪案,辽宁省大连市中级人民法院(2021)辽02刑终588号刑事判决书。

肖某在担任天某公司花园口分公司经理期间共获利300,000元。肖某到案后，主动上交200,000元，用于退赔被害人的经济损失。

裁判观点

一审法院认为，肖某作为天某公司花园口分公司经理，在他人的组织、领导下，违反国家金融管理制度，开展所谓P2P网络借贷信息中介业务，采取口口相传等方式，向社会公众吸收资金，数额巨大，其行为严重破坏国家金融管理秩序，已构成非法吸收公众存款罪。肖某在整个天某公司的犯罪过程中，起次要辅助作用，系从犯，依法可从轻或减轻处罚。肖某到案后如实供述自己的犯罪事实，自愿认罪认罚，依法可从轻处罚。肖某主动退还部分赃款，酌情予以从轻处罚。综上所述，对肖某予以减轻处罚。

二审法院认为，肖某违反国家金融管理法律规定，非法吸收公众存款，数额巨大，其行为已构成非法吸收公众存款罪。鉴于天某公司花园口分公司系天某公司的分支机构，肖某在共同犯罪中起次要和辅助作用，系从犯，依法予以减轻处罚。肖某到案后如实供述犯罪事实，主动退还部分违法所得，予以从轻处罚。与上述一致的相关理由，二审法院予以采纳。

案例评析

本案是关于非法吸收公众存款罪的典型案例。

首先，非法吸收公众存款的构成要件及立案追诉标准。非法吸收公众存款的构成要件：(1)客体要件：本罪侵犯的客体是国家金融管理制度。(2)客观要件：行为人实施了非法吸收公众存款或变相吸收公众存款的行为。(3)主体要件：本罪的主体为一般主体。(4)主观要件：本罪在主观方面表现为故意，即行为人必须是明知自己非法吸收公众存款的行为会造成扰乱金融秩序的危害结果，而希望或者放任这种结果发生。

非法吸收公众存款罪立案追诉的标准：(1)非法吸收或者变相吸收公众存款数额在100万元以上的。(2)非法吸收或者变相吸收公众存款对象150人以上的。(3)非法吸收或者变相吸收公众存款，给存款人造成直接经济损失数额在50万元以上的。(4)非法吸收或者变相吸收公众存款数额在50万元以上或者给存款人造成直接经济损失数额在25万元以上，同时具有下列情节之一的，应当依法追究刑事责任：①曾因非法集资受过刑事追究的；②二年内曾因非法集资受过行政处罚的；③造成恶劣社会影响或者其他严重后果的。

最高人民法院《关于审理非法集资刑事案件具体应用法律若干问题的解释》第 1 条规定了非法吸收公众存款罪的四个条件：非法性、公开性、利诱性、社会性，即（1）未经有关部门依法许可或者借用合法经营的形式吸收资金；（2）通过网络、媒体、推介会、传单、手机信息等途径向社会公开宣传；（3）承诺在一定期限内以货币、实物、股权等方式还本付息或者给付回报；（4）向社会公众即社会不特定对象吸收资金。

非法吸收公众存款罪的处罚：非法吸收公众存款或者变相吸收公众存款，扰乱金融秩序的，处 3 年以下有期徒刑或者拘役，并处或者单处罚金；数额巨大或者有其他严重情节的，处 3 年以上 10 年以下有期徒刑，并处罚金；数额特别巨大或者有其他特别严重情节的，处 10 年以上有期徒刑，并处罚金。

其次，民间借贷借款人涉嫌非法吸收公众存款罪，出借人起诉担保人承担担保责任的，法院应当予以受理。非法吸收公众存款罪是由于行为人违反公法规范所规制的当事人市场准入资格的犯罪，但市场准入资格类规范在民法上通常属于管理性强制性规定，而非效力性强制性规定，不能一概作为认定民事合同无效的依据，借款主合同有效的，担保合同亦有效。最高人民法院《关于审理民间借贷案件适用法律若干问题的规定》第 12 条第 2 款规定："担保人以借款人或者出借人的借贷行为涉嫌犯罪或者已经生效的裁判认定构成犯罪为由，主张不承担民事责任的，人民法院应当依据民间借贷合同与担保合同的效力、当事人的过错程度，依法确定担保人的民事责任。"故民间借贷的借款人涉嫌非法吸收公众存款罪，出借人起诉担保人承担担保责任的，法院应当予以受理，依据民间借款合同与担保合同的效力、当事人有无过错，依法确定担保人的民事责任。

最后，民间借贷行为与非法集资行为的区别。二者的最根本区别在于是否向不特定的人借贷。民间借贷行为是机构或个人向特定主体借款的行为，例如，单位向其内部的职工借款，用于本单位生产经营的借贷或者亲友之间的借贷。非法集资是违反国家金融管理法律规定，向社会公众（包括单位和个人）吸收资金的行为。

非法吸收公众存款的犯罪行为与单个民间借贷行为并不等价，民间借款合同并不损害国家利益和社会公共利益，而非法吸收公众存款侵犯了国家金融管理制度，两者之间的行为极有可能呈现为一种正当的民间借贷关系。

民间借贷可演变为非法集资犯罪。单个的借款行为仅仅是引起民间借贷这一民事法律关系的民事法律事实，但是多个“向不特定人借款”的行为从量变到质变，可构成非法吸收公众存款犯罪，非法吸收公众存款的刑事法律事实是数个民间借贷行为的总和。

类案参考

裁判要点

所借款项被认定为非法吸收公众存款犯罪活动涉案款项的，该笔款项依法应当通过刑事追缴或者退赔的方式清退给出借人，而不应通过民事诉讼方式作出处理。

裁判观点

在刘某与许某民间借贷纠纷案[①]中，二审法院认为，根据最高人民法院《关于适用〈中华人民共和国刑事诉讼法〉的解释》第176条“被告人非法占有、处置被害人财产的，应当依法予以追缴或者责令退赔。被害人提起附带民事诉讼的，人民法院不予受理”和《防范和处置非法集资条例》第25条“非法集资人、非法集资协助人应当向集资参与人清退集资资金。清退过程应当接受处置非法集资牵头部门监督。任何单位和个人不得从非法集资中获取经济利益。因参与非法集资受到的损失，由集资参与人自行承担”的规定，本案中，许某向法院主张的涉案款项已被生效的刑事判决书认定为刘某非法吸收公众存款犯罪活动的涉案款项，故该笔款项依法应当通过刑事追缴或者退赔的方式清退给许某，而不应通过民事诉讼方式作出处理。

094 借款人以非法占有为目的，使用诈骗方法非法集资，数额较大的，构成什么罪？

要点解答

借款人以非法占有为目的，使用诈骗方法非法集资，数额较大的，构成集资诈骗罪。《刑法》第192条第1款规定：“以非法占有为目的，使用诈骗

① 参见湖南省岳阳市中级人民法院民事裁定书，(2021)湘06民终2467号。

方法非法集资，数额较大的，处三年以上七年以下有期徒刑，并处罚金；数额巨大或者有其他严重情节的，处七年以上有期徒刑，并处罚金或者没收财产。”

借款人以非法占有为目的，通过签订借款合同等诈骗形式非法集资的行为违法。

典型案例

裁判要点

“借款人”以非法占有为目的，采取虚构“信用卡代还”的事实骗取资金，向社会上不特定的人非法吸收资金，且数额特别巨大，构成集资诈骗罪。

案情简介[①]

2018年8月至2020年11月，张某以投资“澜某化妆品生意”“信用卡代还”为由，以高额利润为诱饵，采取虚构信用卡代还项目、虚假宣传“澜某化妆品生意”经营状况等手段，先后从被害人熊某、魏某、刘某等13人处非法集资共计873.9069万元，所得款项除用于偿付集资款本息外，其余去向不明。2020年12月8日，张某向公安局投案。至案发时，张某已归还614.3717万元，实际诈骗金额为259.5352万元。张某在成为澜某公司代理经销商后，其在2020年度的累计订单金额为1.2912万元。

裁判观点

法院认为，张某确实从事过“信用卡代还”业务及经营澜某化妆品店，但是张某以“信用卡代还”为由集资，资金并非真实用于“信用卡代还”，而是以此为理由，虚构事实，向被害人实行诈骗，骗取资金；张某以“澜某化妆品经营”高额返利为由集资，其在成为澜某公司代理经销商后，2020年度累计订单金额仅为1.2912万元，与其筹集资金规模明显不成比例。在此期间，张某所集资的款项，除部分用于偿付集资款利息外，其余均不能说明去向。根据最高人民法院《关于审理非法集资刑事案件具体应用法律若干问题的解释》（2010年）第2条第11项的规定，张某的行为属于其他非法吸收

---

① 参见张某犯集资诈骗罪案，湖南省平江县人民法院（2021）湘0626刑初253号刑事判决书。

资金的行为。该解释第 4 条第 2 款[①]规定："具有下列情形之一的，可以认定为'以非法占有为目的'：(一)集资后不用于生产经营活动或者用于生产经营活动与筹集资金规模明显不成比例，致使集资款不能返还的；……(七)拒不交代资金去向，逃避返还资金的；……"因此，应当认定张某存在非法占有的目的。综上，张某的行为属于以非法占有为目的，采取虚构"信用卡代还"的事实骗取资金，并且虚假宣传澜某经营状况，虚构高额返利的事实向社会上不特定的人非法吸收资金，且数额特别巨大，应当以集资诈骗罪追究张某的刑事责任。

095 出借人提起虚假的民间借贷诉讼的，法院应当如何裁判？

要点解答

法院在审理中查明出借人提起虚假的民间借贷诉讼后，出借人申请撤诉的，法院不予准许，而应当判决驳回其诉讼请求。若出借人以捏造的事实提起民间借贷诉讼，妨害司法秩序或者严重侵害他人合法权益，构成虚假诉讼罪的应当依法追究刑事责任。

出借人提起虚假的民间借贷诉讼，法院应当从实体上对其提起的诉讼作出实质性否定，判决驳回其诉讼请求。

典型案例

裁判要点

人民法院认定虚假民间借贷诉讼后，原告申请撤诉的，不予准许，依法判决驳回其诉讼请求。

案情简介[②]

金某向于某出具借条三份，分别为：2014 年 5 月 29 日出具借款 10 万

① 相关规定参见 2022 年修正的《关于审理非法集资刑事案件具体应用法律若干问题的解释》第 7 条第 2 款。

② 参见于某与金某民间借贷纠纷案，辽宁省大连市中级人民法院(2021)辽 02 民终 8986 号民事判决书。

元的借条一张，约定年息2分；2016年3月2日出具借款12万的借条一张，约定利息2分，利息每月末支付；2019年10月15日出具借条一张，约定："今借于某人民币壹拾万元整（100000.00）年息2分，三次借款叁拾贰万元应于2021年4月16日前一次还清。"

裁判观点

二审法院认为，关于金某与于某之间是否存在真实的借贷关系的问题，虽然金某向与于某出具了借据，且对于某主张的借款数额及借款过程均予以认可，但自然人之间的借款合同自贷款人提供借款时生效。最高人民法院《关于审理民间借贷案件适用法律若干问题的规定》第18条规定："人民法院审理民间借贷纠纷案件时发现有下列情形之一的，应当严格审查借贷发生的原因、时间、地点、款项来源、交付方式、款项流向以及借贷双方的关系、经济状况等事实，综合判断是否属于虚假民事诉讼：（一）出借人明显不具备出借能力；（二）出借人起诉所依据的事实和理由明显不符合常理；（三）出借人不能提交债权凭证或者提交的债权凭证存在伪造的可能；（四）当事人双方在一定期限内多次参加民间借贷诉讼；（五）当事人无正当理由拒不到庭参加诉讼，委托代理人对借贷事实陈述不清或者陈述前后矛盾；（六）当事人双方对借贷事实的发生没有任何争议或者诉辩明显不符合常理；（七）借款人的配偶或者合伙人、案外人的其他债权人提出有事实依据的异议；（八）当事人在其他纠纷中存在低价转让财产的情形；（九）当事人不正当放弃权利；（十）其他可能存在虚假民间借贷诉讼的情形。"首先，于某主张其系以现金形式零散交付借款，且每一张借条均包括五六次零散款项的交付，如此多次的零散款项交付，于某却未能提交款项交付的凭证，且在五六次零散借款未得到偿还的情况下，于某仍继续向金某多次出借款项，与常理不符；其次，对于于某是否有出借如此大额款项的出借能力的问题，于某于一审期间称其每月工资五六千元，但其二审期间又称其每月打入银行卡的工资是3000多元，但通过现金、微信、支付宝等每月可有七八千元的收入及年底3万～5万元的奖金，于某对于其二审期间关于收入的陈述，未能提交证据加以证明，所以于某的出借能力存疑。综上，一审法院未支持于某的诉讼请求，并无不当。二审法院认为，于某的请求不能成立，应予驳回。（本案法律关系参见图14）

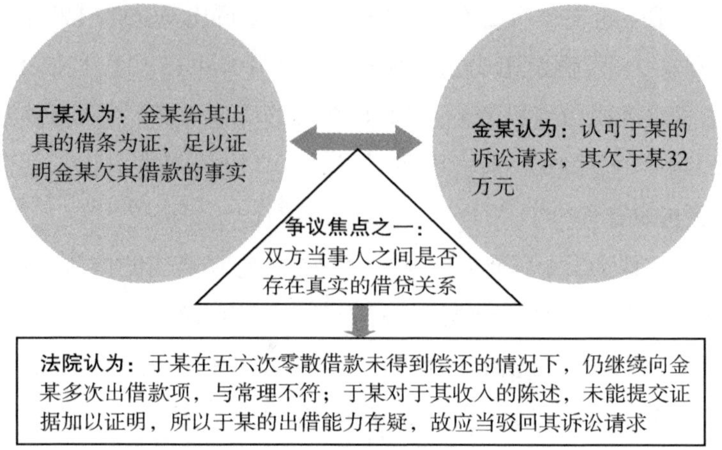

图 14　本案法律关系示意

案例评析

本案是关于虚假民间借贷诉讼的典型案例。

首先，虚假民间借贷诉讼的定义及危害。虚假民间借贷诉讼，是指当事人为了获取非法利益，恶意串通，通过采取捏造事实、伪造证据等方式提起民间借贷民事诉讼，意图使法院作出错误裁判和执行，侵害他人、集体、国家或者社会公共利益的行为。单独或者与他人捏造民事案件基本事实，虚构民事纠纷，向法院提起民事诉讼，构成虚假诉讼；向法院申请执行基于捏造的事实作出的仲裁裁决、调解书及公证债权文书，在民事执行过程中以捏造的事实对执行标的提出异议、申请参与执行财产分配的，也属于虚假诉讼。虚假民间借贷诉讼不仅损害他人合法权益，还严重影响司法的公信力和法律的权威性，造成司法资源浪费。

其次，识别虚假民间借贷诉讼的标准。最高人民法院《关于审理民间借贷案件适用法律若干问题的规定》第 18 条是关于识别虚假民间借贷诉讼最全面、最直接的规定。根据该法条，法院在审理民间借贷纠纷案件，发现下列情形时应当综合各方面事实严格审查：（1）出借人明显不具备出借能力；（2）出借人起诉时所依据的事实和理由明显不合常理；（3）出借人无法提交债权凭证或凭证有伪造可能；（4）双方在一定期限内多次参加民间借贷诉讼；（5）当事人无正当理由不到庭而委托人对借贷事实陈述不清或前后矛盾；（6）双方对借贷事实无争议或诉称明显不合常理；（7）借款人配偶或合伙人、案外人的其他债权人提出有事实依据的异议；（8）当事人在其他纠纷中存在低价转让财产的情形；(9)当事人不正当放弃权利；(10)其他可能存在虚假民间借贷诉讼的情形。此外，最高人民法院《关于深入开展虚假诉讼整治工作的意见》第3条对虚假诉讼的特征也作出了相应的指导性规定。

最后，虚假民间借贷诉讼的处理。法院认定为虚假诉讼的案件，原告申请撤诉的，不予准许，应当根据《民事诉讼法》第115条的规定，判决驳回其诉讼请求。

虚假诉讼侵害他人民事权益的，行为人应当承担赔偿责任。虚假诉讼致人损害符合侵权行为的一般特征和构成要件，属于侵权行为，故行为人因虚假诉讼致人损害的，受害人有权要求虚假诉讼行为人承担侵权责任。

诉讼参与人或者其他人恶意制造、参与虚假诉讼的，依法应予以罚款、拘留；构成犯罪的，应当移送有管辖权的司法机关追究刑事责任。单位恶意制造、参与虚假诉讼的，法院应当对该单位进行罚款，并可以对其主要负责人或者直接责任人员予以罚款、拘留；构成犯罪的，应当移送有管辖权的司法机关追究刑事责任。

类案参考

法院根据当事人陈述不符合常理、出借人无法提交借条原件及出借人不正当放弃权利等因素认定为虚假诉讼，依法判决驳回出借人的诉讼请求。

裁判观点

在蒋某与左某、华某公司民间借贷纠纷案[①]中，法院认为，综合法院查明的案件事实及原告提交的证据，确认本案属于虚假诉讼，理由如下：(1)根据蒋某庭审中陈述的情况，蒋某在左某于2015年8月第一笔借款尚未还清的情况下于2016年6月至7月再次分六次合计出借85万元现金给左某，并且交付地点均为华某公司售楼部。加之在庭审过程中，蒋某表示85万元借款中有部分借款系他向其他四五个案外人所借，但他不记得其他案外人的姓名。蒋某的上述陈述明显不符合常理。(2)经法院多次催要且告知其未提交证据原件将承担不利的法律后果后，蒋某在法院限定的期限内未向法院提交七张借条的证据原件。(3)蒋某在明知实际借款人为左某的情况下，经法院再三询问，依然放弃要求左某承担还款责任，不正当放弃权利。综上，法院

---

① 参见湖南省湘阴县人民法院民事判决书，(2021)湘0624民初630号。

确认本案属于虚假诉讼。根据最高人民法院《关于审理民间借贷案件适用法律若干问题的规定》第 19 条第 1 款“经查明属于虚假民间借贷诉讼，原告申请撤诉的，人民法院不予准许，并应当依据民事诉讼法第一百一十二条之规定，判决驳回其请求”的规定，对蒋某的诉讼请求予以驳回。

096 法院如何审理民间借贷诉讼中的刑民交叉案件？

要点解答

民间借贷诉讼中刑民交叉案件的审理有以下几种情形：(1)民间借贷行为本身涉嫌非法集资等犯罪的，法院应当裁定驳回起诉，并将涉嫌非法集资等犯罪的线索、材料移送公安或者检察机关；(2)民间借贷纠纷案件虽与涉嫌非法集资等犯罪有关联但不是同一事实的，法院应当继续审理民间借贷纠纷案件，并将涉嫌非法集资等犯罪的线索、材料移送公安或者检察机关；(3)借贷纠纷案件的基本案件事实必须以刑事案件的审理结果为依据，而该刑事案件尚未审结的，法院应裁定中止借贷纠纷案件的审理；(4)借款人涉嫌犯罪或者生效判决认定其有罪，出借人起诉请求担保人承担民事责任的，法院应予受理。

民间借贷诉讼中，刑民交叉案件审理的一般原则为先刑后民。

典型案例

裁判要点

民间借贷行为本身涉嫌非法集资等犯罪的，按照“先刑后民”的原则处理，法院依法裁定驳回起诉，并将犯罪线索移送至公安机关处理。

案情简介[①]

2012 年 12 月，南通某公司承建阜阳经济技术开发区某处工程。2015 年 1 月 3 日，南通某公司任命张某为该公司第 100 工程处主任，负责阜阳经济开发区某处项目的管理及内外协调工作，任命王某乙为项目负责人（经营

---

① 参见南通某公司与王某甲、王某乙、张某民间借贷纠纷案，安徽省阜阳市中级人民法院(2021)皖 12 民再 11 号民事裁定书。

管理）。2015 年 2 月 17 日，王某甲向洪某甲转账 79.5 万元，附言：农民工工资。其后，王某甲曾因上述项目的借款起诉南通某公司，要求南通某公司归还包括本案 79.5 万元借款在内的借款。

本案系王某甲针对 2015 年 2 月 17 日出借的 79.5 万元提起的诉讼。庭审中，王某乙承认王某甲向洪某甲个人账户转款 79.5 万元是事实，同时称该借款全部用于工程项目建设了，其作为项目负责人知情，同时约定了月息 5%。证人校某、洪某乙证明该借款用于南通某公司项目运营。

裁判观点

法院再审认为，张某、王某乙以建设阜阳开发区某工程为由，向多人借款，引发多起民间借贷案件。经生效民事判决认定，南通某公司应对张某、王某乙的上述借款承担还款责任，南通某公司为此曾经向公安机关报案，结合公安机关对张某、王某乙等人的讯问笔录，张某、王某乙向多人借款的行为，可能涉及虚假诉讼、非法集资等刑事犯罪情况，本案应先行驳回王某甲的起诉，移送公安机关处理。待刑事案件侦查、审理终结后，王某甲可视刑事案件审理情况，依照法律规定继续主张涉案民事权利。

案例评析

本案是关于刑民交叉案件处理的典型案例。

首先，刑民交叉案件中同一事实的“先刑后民”处理原则。在民间借贷纠纷诉讼中，法院发现民间借贷行为本身涉嫌犯罪，即属于“同一事实”时，按照“先刑后民”的原则处理。“先刑后民”包括：在判决效力方面，刑事判决的效力应高于民事判决；在诉讼程序方面，刑事法律关系的确定应优于民事法律关系。故在刑民交叉案件中，借贷行为本身涉嫌犯罪的，法院先裁定驳回起诉再将犯罪的线索、材料移送公安或者检察机关。

其次，刑民交叉案件中非同一事实的“刑民并行”处理原则。在民间借贷纠纷诉讼中，法院发现民间借贷案件与刑事案件虽有关联但不是同一事实的，即属于“非同一事实”时，按照“刑民并行”的原则处理，法院对民间借贷案件继续审理；同时将犯罪的线索、材料移送公安或者检察机关。例如，借款人为筹集借款而私刻公司公章，并在担保人处加盖该公章，私刻公章与民间借贷属于非同一事实，法院应继续审理民间借贷案件，同时将私刻公章的线索移送给公安机关。

最后，民间借贷纠纷的基本案件事实必须以刑事案件审理结果为依据的，法院裁定中止民间借贷纠纷诉讼。民间借贷案件中用以确定当事人主体资格、具体权利义务和民事责任等的基本事实无法查明时，且与其相关联的刑事案件已经进入审理阶段但未审结时，民间借贷案件的基本事实必须以刑事案件审理结果为依据，法院裁定中止民间借贷纠纷诉讼，待刑事案件审结后，再行审理。

类案参考

裁判要点

民间借贷行为本身涉嫌犯罪的案件中，出借人要求担保人承担担保责任的，借款合同及担保合同效力的确定必须以刑事案件审理结果为依据，刑事案件尚未审结的，法院裁定驳回起诉。

裁判观点

在赵某与谢某保证合同纠纷案[①]中，二审法院认为，根据最高人民法院《关于审理民间借贷案件适用法律若干问题的规定》第5条第1款的规定："人民法院立案后，发现民间借贷行为本身涉嫌非法集资等犯罪的，应当裁定驳回起诉，并将涉嫌非法集资犯罪的线索、材料移送公安机关或者检察机关。"本案中，谢某和王某共同向赵某出具的《担保协议》中载明了"赵某本人在百某平台投资的晟某保理产品"，公安机关根据案外人刘某等人对王某乙伙同他人在滕州市成立百某公司滕州分公司，非法吸收公众存款的报案，决定对王某乙等人涉嫌非法吸收公众存款犯罪立案侦查。一审法院受理本案后，赵某主张该二人系晟某公司经理，其主张的所谓借款，涉及"百某平台"及"晟某广州公司"，而"百某平台"及"晟某广州公司"是否涉嫌法人犯罪，谢某和王某甲在赵某主张的借贷关系的参与度是否应承担刑事责任，均应由公安机关侦查后确认，本案的审理应以公安机关的侦查结果为依据，来确定案涉主合同及担保合同的效力，方能确定担保人应否承担责任，故一审法院裁定驳回起诉，并无不当。

① 参见山东省枣庄市中级人民法院民事裁定书，(2021)鲁04民终2251号。

程序篇

097 出借人起诉借款人偿还借款的，应该向哪个法院提起诉讼？

要点解答

出借人起诉借款人偿还借款应该向哪个法院提起诉讼，具体有以下几种情形：(1)双方约定了被告住所地、合同履行地、合同签订地、原告住所地、标的物所在地等与争议有实际联系的地点的法院管辖的，向约定的管辖法院起诉。(2)双方没有约定管辖法院，向被告住所地或者合同履行地有管辖权的法院起诉。(3)双方没有约定管辖法院，且合同履行地点未明确的，可向出借人住所地有管辖权的法院起诉。

出借人起诉借款人的，应当向有管辖权的法院提起诉讼。按照合同纠纷一般原则确定案件管辖法院。

典型案例

裁判要点

借款合同纠纷诉讼中，借贷双方没有明确约定管辖法院且合同履行地未明确的，接受货币一方所在地为合同履行地。

案情简介[①]

陈某请求：撤销广东省海丰县人民法院民事裁定，并将案件移送至广州市海珠区人民法院审理。事实和理由：根据《民事诉讼法》第23条规定，本案被告住所地为“广州市海珠区某处房产”，而该地点为广州市海珠区人民法院的辖区范围，陈某也提供了房地产登记页证明其居住广州；另外，黄某的身份证地址为广州市天河区，实际上常住地点在广州，没有任何证据证明黄某的经常居住地是在广东省海丰县，因此，广东省海丰县人民法院不具有本案的管辖权。

黄某称：本案应由海丰县人民法院审理，原审原告、被告双方均为海丰县人，借款发生地在海丰县，黄某借款时出具的身份证也是显示其居住地在海丰县，海丰县为本案借款的合同履行地，因此原审法院具有管辖权。

---

① 参见陈某与黄某民间借贷纠纷案，广东省汕尾市中级人民法院（2022）粤15民辖终29号民事裁定书。

裁判观点

二审法院认为，黄某因民间借贷纠纷向海丰县人民法院提起民事诉讼，民间借贷纠纷属合同纠纷，应按照合同纠纷一般原则确定案件管辖，根据《民事诉讼法》第24条的规定，因合同纠纷提起的诉讼，由被告住所地或者合同履行地法院管辖。本案中，作为原审被告的陈某，其户籍地为海丰县××巷，虽陈某提交了房地产登记页，但不足以证明其经常居住地在广州市海珠区，因此，作为被告住所地的海丰县人民法院具有管辖权。另外，由于双方并未明确约定合同履行地，根据《民法典》第511条第3项的规定，履行地点不明确，给付货币的，在接受货币一方所在地履行。现黄某诉请陈某支付欠款，争议标的为给付货币，黄某系接受货币一方，且黄某并未提交证据证明其经常居住地在海丰县，因此，其住所地即户籍地广州市天河区为合同履行地，属广州市天河区人民法院管辖范围。根据《民事诉讼法》第35条的规定："两个以上人民法院都有管辖权的诉讼，原告可以向其中一个人民法院起诉；原告向两个以上有管辖权的人民法院起诉的，由最先立案的人民法院管辖。"本案最先立案的法院为海丰县人民法院，故海丰县法院具有管辖权。（本案法律关系参见图15）

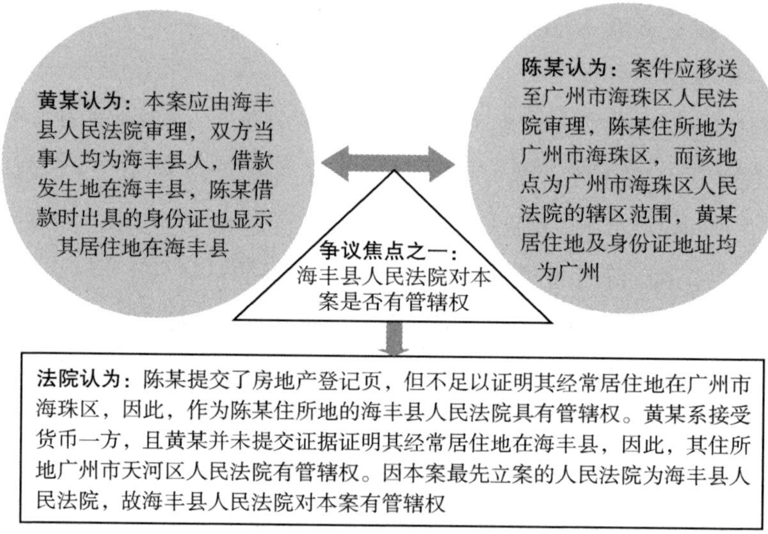

图15　本案法律关系示意

案例评析

本案是关于借款合同纠纷管辖权的典型案例。

借款合同纠纷属于典型的合同纠纷，应按照合同纠纷一般原则确定案件管辖。

首先，借贷双方约定“与争议有实际联系的地点”的法院管辖的，按其约定确定管辖法院。借贷双方可以通过协议确定管辖法院，该约定的管辖法院应当是“与争议有实际联系的地点”的法院，包括被告住所地、原告住所地、合同履行地、合同签订地、标的物所在地和其他与“争议有实际联系的地点”的法院，如被告经常居住地、原告经常居住地。借贷双方协议管辖无效的情形有以下几种：（1）违反级别管辖；（2）违反专属管辖；（3）协议管辖法院与涉案争议没有实际联系。

其次，借贷双方没有约定、约定不明或约定管辖无效的，由被告住所地或者合同履行地法院管辖。借贷双方未约定案件管辖法院，亦未通过其他方式协商一致确定管辖法院，或者虽有协议约定管辖法院，但协议管辖无效的，按照法定管辖原则确定管辖法院。《民事诉讼法》第 24 条规定：“因合同纠纷提起的诉讼，由被告住所地或者合同履行地人民法院管辖。”原告可选择由被告住所地或者合同履行地法院管辖。

被告住所地的确定有以下两种情形：（1）被告为自然人的，住所地是自然人的户籍所在地，住所地与经常居住地不一致的，由经常居住地法院管辖；（2）被告为法人或者非法人组织的，住所地是法人或者非法人组织的主要办事机构所在地，法人或者非法人组织的主要办事机构所在地不能确定的，法人或者非法人组织的注册地或者登记地为住所地。

最后，合同履行地不能确定的，接受货币一方所在地为合同履行地。合同履行地，是指当事人履行合同约定义务的地点。借贷双方就合同履行地未约定或者约定不明确，事后未达成补充协议，按照合同相关条款或者交易习惯仍不能确定的，以接受货币一方所在地为合同履行地。借款合同是双务合同，标的物为货币，“接受货币一方所在地”在实践中存在两种情形，即出借人所在地和借款人所在地。若双方当事人就涉案借款是否出借事项产生争议，以借款人所在地为合同履行地；若双方当事人就涉案借款及其利息是否归还事项产生争议，以出借人所在地为合同履行地。

类案参考

裁判要点

借贷双方通过协议约定"与争议有实际联系的地点"的法院管辖，且不违反级别管辖和专属管辖的，该法院有管辖权。

裁判观点

在好某公司与锦某公司民间借贷纠纷案[①]中，法院认为，本案属于因合同纠纷提起的诉讼。

《民法典》施行后，好某公司主张适用的最高人民法院《关于适用〈中华人民共和国担保法〉若干问题的解释》已被最高人民法院《关于适用〈中华人民共和国民法典〉有关担保制度的解释》取代。最高人民法院《关于适用〈中华人民共和国民法典〉有关担保制度的解释》第21条第2款规定："债权人一并起诉债务人和担保人的，应当根据主合同确定管辖法院。"就本案而言，锦某公司依据《借款合同》《个人连带责任保证》《法人连带责任保证》《股权质押合同》等证据诉至法院，要求判令对方当事人偿还借款本金及利息。故此，本案应以主合同即《借款合同》确定管辖法院。

《民事诉讼法》第35条规定："合同或者其他财产权益纠纷的当事人可以书面协议选择被告住所地、合同履行地、合同签订地、原告住所地、标的物所在地等与争议有实际联系的地点的人民法院管辖，但不得违反本法对级别管辖和专属管辖的规定。"涉案《借款合同》第7条约定："本合同在履行过程中发生的争议，由双方友好协商解决。协商或调解不成的，可依法提交甲方注册地址所在地有管辖权的法院裁判。"该合同在首部同时约定："甲方（贷款人）：锦某公司……注册地址：北京市大兴区西红门镇某处。"故此，当事人之间选择纠纷由与争议有实际联系的地点的法院管辖的意思表示明确，符合上述法律关于协议管辖范围的规定，且未违反级别管辖和专属管辖的规定，约定管辖法院明确，应认定有效。最高人民法院《关于适用〈中华人民共和国民事诉讼法〉的解释》第30条第1款规定："根据管辖协议，起诉时能够确定管辖法院的，从其约定；不能确定的，依照民事诉讼法的相关规定确定管辖。"因《借款合同》存在有效的管辖协议，故本案应依据当事人的约定确定管辖，北京市大兴区人民法院据此对本案有管辖权。

---

① 参见北京市第二中级人民法院民事裁定书，（2022）京02民辖终191号。

098 借款人被监禁或被采取强制性教育措施的，出借人应向哪个法院起诉？

要点解答

借款人被监禁或者被采取强制性教育措施的，出借人可向其住所地有管辖权的法院起诉借款人偿还借款，出借人住所地与经常居住地不一致的，向出借人经常居住地法院起诉。借贷双方均被监禁或者被采取强制性教育措施一年以上的，由借款人被监禁地或者被采取强制性教育措施地法院管辖。

借贷双方当事人都被监禁或者被采取强制性教育措施的，按照“原告就被告”的一般原则确定管辖法院。

典型案例

裁判要点

借款合同纠纷诉讼中，被告方当事人被监禁的，由原告住所地法院管辖。

案情简介[①]

万某大市场诉称：2017 年，王某以生意资金周转为由向万某大市场借款。2017 年 2 月 15 日，万某大市场向王某转账 95 万元。王某对管辖权提出异议，认为王某系监狱服刑人员，已经在辽宁省某监狱服刑一年以上，根据最高人民法院《关于适用〈中华人民共和国民事诉讼法〉的解释》第 8 条的规定：“双方当事人都被监禁或者被采取强制性教育措施的，由被告原住所地人民法院管辖。被告被监禁或者被采取强制性教育措施一年以上的，由被告被监禁地或者被采取强制性教育措施地人民法院管辖。”本案的管辖法院应为王某被监禁地法院即辽宁省凌源市人民法院。

裁判观点

法院认为，王某据以提出管辖异议的最高人民法院《关于适用〈中华人

---

① 参见万某大市场与王某民间借贷纠纷案，辽阳市白塔区人民法院（2021）辽 1002 民初 4371 号民事裁定书。

民共和国民事诉讼法〉的解释》第8条，是对于原告、被告双方均被采取强制性教育措施或被监禁时，确定案件地域管辖的规定，对于只有被告方当事人被采取强制性教育措施或被监禁时，应适用《民事诉讼法》第23条第4项的规定，由原告住所地法院管辖；原告住所地与经常居住地不一致的，由原告经常居住地法院管辖。本案中，只有王某被监禁，应由万某大市场住所地人民法院管辖。本院作为原告住所地法院，对本案有管辖权，故对王某提出的管辖权异议不予支持。

099 出借人同时起诉债务人和担保人的，如何确定管辖法院？

要点解答

出借人同时起诉债务人和担保人的，根据借款合同确定管辖法院，借款人单独起诉担保人的，根据担保合同确定管辖法院。最高人民法院《关于适用〈中华人民共和国民法典〉有关担保制度的解释》第21条第2款和第3款规定："债权人一并起诉债务人和担保人的，应当根据主合同确定管辖法院。债权人依法可以单独起诉担保人且仅起诉担保人的，应当根据担保合同确定管辖法院。"此外，出借人同时起诉共同借款人的，各共同借款人的住所地法院均有管辖权。

出借人同时起诉债务人和担保人的，应根据借款合同的标的额确定级别管辖，再确定地域管辖法院。

典型案例

裁判要点

出借人一并起诉债务人和担保人的，根据主合同确定管辖法院。

案情简介[①]

金某公司上诉称，本案为金融借款合同纠纷。根据金某公司与某银行

① 参见金某公司与某银行深圳分行、彭某、林某、鸿某甲公司、鸿某乙公司、陶某公司金融借款合同纠纷管辖异议案，广东省高级人民法院(2021)粤民辖终313号民事裁定书。

深圳分行签署的《借款合同》第15条的约定可知，各方关于管辖权的约定为具有可选择性的建议性约定，管辖问题是可以进行协商的。同时，陶某公司与某银行深圳分行签署的《抵押合同》第12条约定的争议解决方式亦是协商解决。陶某公司作为抵押人，对本案争议具有最直接、重大的利害关系，因此由陶某公司所在地法院管辖更能维护其合法权益。请求撤销原审裁定，将本案移送广东省东莞市中级人民法院审理。

裁判观点

二审法院认为，本案争议焦点是地域管辖问题。某银行深圳分行依据与金某公司之间签订的《借款合同》以及与其他当事人签订的担保合同提起本案诉讼，故本案是因主合同和担保合同发生纠纷一并对债务人和担保人提起的诉讼。根据最高人民法院《关于适用〈中华人民共和国民法典〉有关担保制度的解释》第21条第2款"债权人一并起诉债务人和担保人的，应当根据主合同确定管辖法院"的规定，本案应根据主合同确定管辖法院。涉案主合同《借款合同》约定产生争议协商不成的，诉讼由贷款人某银行深圳分行住所地法院管辖。该协议管辖条款符合《民事诉讼法》（2017年修正）第34条[①]关于"合同或者其他财产权益纠纷的当事人可以书面协议选择被告住所地、合同履行地、合同签订地、原告住所地、标的物所在地等与争议有实际联系的地点的人民法院管辖，但不得违反本法对级别管辖和专属管辖的规定"的规定，应确认有效。故原审法院作为协议管辖地的中级人民法院对本案享有管辖权。原审裁定正确，应维持。

100 借贷双方约定仲裁协议的，可否排除法院的管辖权？

要点解答

借贷双方以书面形式明确约定仲裁条款或仲裁协议的，出借人应向仲裁机构申请仲裁，其向法院起诉的，法院不予受理。若仲裁协议无效的，出借人应向法院提起诉讼。《仲裁法》第5条规定："当事人达成仲裁协议，一方向人

① 相关规定参见2022年修正的《民事诉讼法》第35条。

民法院起诉的，人民法院不予受理，但仲裁协议无效的除外。”此外，若出借人向法院起诉时没有声明有仲裁协议，借款人亦在首次开庭前未对法院受理该案提出异议的，视为放弃仲裁协议，法院可以继续审理。

借贷双方的仲裁协议是当事人合意选择纠纷解决方式的约定，具有排除司法管辖权的效力。

典型案例

裁判要点

借贷双方当事人已达成仲裁协议，且仲裁协议并不存在无效的情形，涉案纠纷应由约定的仲裁委员会仲裁裁决，不属于法院管辖范围。

案情简介[①]

广东某银行与朱某签订的《个人借款合同》第9.1条约定：“甲、乙双方在本合同履行过程中发生任何争议，应友好协商解决；如协商不成，双方同意在签订或履行以上全部条款的同时，约定以先行签订仲裁调解协议的方式，提交湛江仲裁委员会依其规则及双方认可的互联网或其他方式之简化程序进行确认，以仲裁法律文书的形式确定各方权利义务，当一方不履行时，另一方可直接申请人民法院执行。”第9.2条约定：“甲、乙双方在本合同履行过程中发生任何争议，应友好协商解决；如协商不成，双方同意：□向合同签署地具有管辖权的人民法院提起诉讼；□向原告所在地具有管辖权的人民法院提起诉讼；□向湛江仲裁委员会提起仲裁。”但是，双方未在任一选项前面的□中打“√”。

裁判观点

法院认为，本案是金融借款合同纠纷。关于本案应否由法院管辖的问题，从《个人借款合同》第9.1条约定的内容来看，该条款明显包含了若双方在合同履行过程中发生争议要提交湛江仲裁委员会仲裁的意思表示，故应认定双方已达成仲裁协议。至于广东某银行主张依据最高人民法院《关于仲裁机构“先予仲裁”裁决或者调解书立案、执行等法律适用问题的批复》的规定，《个人借款合同》第9.1条关于仲裁的约定属于无效条款的主张，因最高人民法院作出的上述批复只是针对在“当事人申请人民法院执行

---

① 参见广东某银行与朱某金融借款合同纠纷案，广东省湛江市中级人民法院（2021）粤08民终2779号民事裁定书。

仲裁机构依据仲裁法作出的仲裁裁决或者调解书”时，法院应如何处理所作出的批复，而在本案中，广东某银行公司并不是申请立案执行“仲裁裁决”，而是请求法院对其与朱某之间的金融借款合同纠纷作出处理，故本案与上述批复所涉及的问题并无关联。广东某银行的理由不能成立，法院不予采纳。如前所述，因本案当事人在《个人借款合同》第 9.1 条中已达成仲裁协议，且上述仲裁协议并不存在无效的情形，故《个人借款合同》第 9.2 条中是否再次明确约定本案纠纷由湛江仲裁委员会仲裁，并不影响双方之间已达成仲裁协议这一事实的认定。因此，本案纠纷应由湛江仲裁委员会仲裁裁决，不属于法院管辖范围。一审法院驳回广东某银行的起诉并无不当，二审法院予以维持。

101 借贷双方可否同时约定争议既可申请仲裁又可向法院提起诉讼解决？

要点解答

借贷双方同时约定争议可申请仲裁也可向法院提起诉讼解决的，仲裁协议无效，双方不能向仲裁机构申请仲裁，若该约定符合《民事诉讼法》关于协议管辖规定的，则当事人可依据诉讼管辖条款向有管辖权的法院提起诉讼。最高人民法院《关于适用〈中华人民共和国仲裁法〉若干问题的解释》第 7 条规定：“当事人约定争议可以向仲裁机构申请仲裁也可以向人民法院起诉的，仲裁协议无效。但一方向仲裁机构申请仲裁，另一方未在仲裁法第二十条第二款规定期间内提出异议的除外。”

借贷双方对于争议解决方式只能选择或裁或诉，不能二者同时选定。

典型案例

裁判要点

借贷双方约定争议可以向仲裁机构申请仲裁也可以向法院起诉的，仲裁协议无效，应由有管辖权的法院进行审理。

案情简介[①]

李某向四川省成都高新技术产业开发区人民法院提起诉讼称：2012年4月9日，蒋某、曾某因经营所需向其借款10,000,000元，李某遂同蒋某、曾某签订《抵押借款合同》，约定蒋某、曾某向李某借款10,000,000元，借款期限为两年，借款利率为月利息为二分五厘（月利率2.5%），蒋某提供抵押物，吴某对该笔债务承担连带保证责任。合同签订后的当日，李某向蒋某之妻即曾某转账支付借款10,000,000元，蒋某和吴某向李某出具《借据》。借款到期后，蒋某、曾某、吴某没有履行还款付息义务，李某多次向其催要未果。2020年6月9日，蒋某、曾某、吴某重新向李某出具《借据》，确认借款和担保行为。

裁判观点

四川省成都高新技术产业开发区人民法院认为，本案系民间借贷纠纷，李某与蒋某签订了《抵押借款协议》，该协议在第8条约定“若发生纠纷……提交巴中市仲裁委仲裁或向南江县人民法院提起诉讼”。根据最高人民法院《关于适用〈中华人民共和国仲裁法〉若干问题的解释》第7条的规定：“当事人约定争议可以向仲裁机构申请仲裁也可以向人民法院起诉的，仲裁协议无效。但一方向仲裁机构申请仲裁，另一方未在仲裁法第二十条第二款规定期间内提出异议的除外。”双方关于仲裁协议约定条款无效，且当事人并未向仲裁机构申请仲裁，理应交由有管辖权的法院进行审理。根据《民事诉讼法》第35条的规定：“合同或者其他财产权益纠纷的当事人可以书面协议选择被告住所地、合同履行地、合同签订地、原告住所地、标的物所在地等与争议有实际联系的地点的人民法院管辖，但不得违反本法对级别管辖和专属管辖的规定。”本案李某及蒋某、吴某的住所地均在南江县，当事人明确约定了向“南江县人民法院提起诉讼”，故成都高新技术产业开发区人民法院对本案无管辖权。

---

① 参见李某与蒋某、曾某、吴某民间借贷纠纷案，四川省成都高新技术产业开发区人民法院(2022)川0191民初1525号民事裁定书。

102 出借人起诉借款人个体工商户的，如何列明个体工商户的诉讼地位？

要点解答

出借人起诉借款人个体工商户的，个体工商户的诉讼地位按以下几种情形列明：(1)以营业执照上登记的经营者为被告；(2)有字号的，以营业执照上登记的字号为被告，但应同时注明该字号经营者的基本信息；(3)营业执照上登记的经营者与实际经营者不一致的，以登记的经营者和实际经营者为共同被告。

个体工商户是特殊的自然人主体，其诉讼主体资格容易弄错，而令出借人承担不利后果。

典型案例

裁判要点

个体工商户的经营者与实际经营者不一致的，登记的经营者和实际经营者共同承担责任。

案情简介①

因经营米厂需要资金，史某乙分别于2017年10月19日、2019年1月20日、2019年2月17日向赵某借款300,000元、200,000元和150,000元，约定利息为月息1%。后经双方结算，截至2020年2月20日，史某乙尚欠赵某本金233,000元、利息27,000元，合计260,000元，同时史某乙重新出具借条一份，借条上有小某米厂公章和史某乙签名。小某米厂系个体工商户，登记经营者为史某甲，现已注销。

裁判观点

法院认为，关于史某甲称，其仅向史某乙提供了身份证用于注册小某米厂，之后并未实际参与米厂经营，故本案借款与其无关的问题。根据最高

① 参见史某甲与赵某、史某乙民间借贷纠纷案，安徽省蚌埠市中级人民法院(2021)皖03民终2036号民事判决书。

人民法院《关于适用〈中华人民共和国民事诉讼法〉若干问题的解释》第59条的规定，在诉讼中，个体工商户以营业执照上登记的经营者为当事人。有字号的，以营业执照上登记的字号为当事人，但应同时注明该字号经营者的基本信息。营业执照上登记的经营者与实际经营者不一致的，以登记的经营者和实际经营者为共同诉讼人；同时，根据《民法典》第56条的规定，个体工商户的债务，个人经营的，以个人财产承担；家庭经营的，以家庭财产承担；无法区分的，以家庭财产承担。本案中，根据赵某提供的"企业基本信息"，小某米厂工商登记经营者的姓名系史某甲，故依据上述法律规定，史某甲应当与实际经营者史某乙共同承担本案还款义务。对史某甲的该项理由，法院不予采信。

103 出借人起诉借款人时，应向法院提交哪些证据？

要点解答

实务中，借贷双方常因关系较近，在借贷形式上往往简单，甚至不签订书面的借款合同，而在提起诉讼时，又因没有证据而犯难。出借人起诉借款人时，应向法院提交借据、收据、欠条等债权凭证和支付凭证、证人证言等其他能够证明借贷法律关系存在的证据。

在借贷过程中，出借人应保存好能够证明借贷法律关系存在的证据。

典型案例

裁判要点

出借人未提供借条原件且解释不符合常理，借款人抗辩借款事实不能存在的，法院认定借贷法律关系不存在。

案情简介[①]

2015年4月23日，陈某向潘某出具一份借条载明："潘某人民币叁佰

① 参见潘某与陈某、万某公司、某学校、邹某、雍某、张某民间借贷纠纷案，江苏省盐城市中级人民法院(2022)苏09民终477号民事判决书。

万元整，时间壹年。”同日，潘某向第三人张某银行账户汇款 294 万元。

陈某提供了雍某的三份借条（手机下载图片）以证明其辩称的事实，其中一份借条是在 2015 年 4 月 23 日，雍某及永某公司作为借款人向潘某出具的借条，该借条载明：“今借到潘某人民币叁佰万元，用于家庭及生产经营，保证在 2016 年 4 月 22 日归还。”杜某作为该借款担保人。另两份借条在 2016 年 4 月 23 日换据，雍某作为借款人向潘某立据，借款数额分别为 200 万元、100 万元，担保人为邹某、杜某，并在原 300 万元的借条右上角注明：“此据作废，换新据 2 份，200 万、100 万利息 1.5%，2017 年 4 月 23 日到期，2016.4.23。”潘某对该三份借条不认可，并称其也没有该三份借条。证人杜某证明陈某当初确想借 300 万元的，后来未借成，潘某将 300 万元出借给雍某了，也是杜某让潘某将 294 万元汇至张某银行卡上的。潘某表示由于搬家的原因，300 万元借条原件已找不到，故无法向法院提供 300 万元借条原件，但向法院提供了上半部分为 300 万元的借条复印件，下半部分为陈某与杜某签字字样的“2019.5.31 日本金全部归还”的原件。

裁判观点

法院认为，最高人民法院《关于审理民间借贷案件适用法律若干问题的规定》第 2 条第 1 款规定：“出借人向人民法院提起民间借贷诉讼时，应当提供借据、收据、欠条等债权凭证以及其他能够证明借贷法律关系存在的证据。”本案中，潘某虽然提供了陈某 2015 年 4 月 23 日出具的 300 万元借条复印件，但陈某辩称，其出具借条后，因利息的原因不想借款了。陈某要求潘某出具借条原件，潘某未能提供作为债权凭证的能够证明双方存在借贷关系的借条原件，称其在 2021 年 8 月搬家时遗失了，该解释不符合常理。故应当认定陈某与潘某之间存在借贷法律关系的证据不足。

104 在诉讼过程中，借贷一方当事人应举证的书证被对方控制的，借贷一方可采取什么措施？

要点解答

“谁主张、谁举证”是借款合同纠纷诉讼的一般举证规则。但如果书证在对方当事人的控制之下，承担举证证明责任的借贷一方当事人可以在举证期限届满前书面申请法院责令对方当事人提交。对方无正当理由拒不提交的，法院可认定该书证证明的事实为真实，如果对方存在恶意毁损书证的，还可能承担刑事责任。

“书证提出命令”是对“谁主张、谁举证”的突破，以实现诉讼当事人之间在个案中的实质平等。

典型案例

裁判要点

书证在对方当事人控制之下的，承担举证证明责任的当事人可以在举证期限届满前书面申请法院责令对方当事人提交。

案情简介①

2011年11月22日，白某与丰某公司签订借款合同，白某向丰某公司借款100万元，月息15‰，借款期限为2011年11月22日至2012年1月20日。白某自2011年11月22日起，每月偿还丰某公司借款35,000元，共计24个月合计840,000元。白某于2014年3月10日偿还丰某公司借款本金30万元、2014年5月4日偿还丰某公司借款本金20万元。

裁判观点

法院认为，丰某公司在庭审中拒绝提交涉案借款发生之日至2014年3月期间公司与白某之间的会计账簿，根据最高人民法院《关于适用〈中华人民共和国民事诉讼法〉的解释》第108条第1款“对负有举证证明责任的当事人提供的证据，人民法院经审查并结合相关事实，确信待证事实的存在具有高度可能性的，应当认定该事实存在”、第112条“书证在对方当事人控制之下的，承担举证证明责任的当事人可以在举证期限届满前书面申请人民法院责令对方当事人提交。申请理由成立的，人民法院应当责令对方当事人提交，因提交书证所产生的费用，由申请人负担。对方当事人无正当理由拒不提交的，人民法院可以认定申请人所主张的书证内容为真实”之规定，认定白某自2011年11月22日至2013年10月，每月偿还丰某公司借款利息35,000元，共计24个月合计840,000元的事实成立。

---

① 参见丰某公司与白某民间借贷纠纷案，河南省范县人民法院（2021）豫0926民初2241号民事判决书。

105 在诉讼过程中，借贷一方当事人陈述于己不利事实的，对方是否需要举证？

要点解答

在诉讼过程中，借贷一方当事人自认的事实，另一方当事人无须举证。以下情形均属自认：(1)陈述于己不利的事实的；(2)对于己不利的事实明确表示承认的；(3)在证据交换、询问、调查过程中，或者在起诉状、答辩状、代理词等书面材料中，明确承认于己不利的事实的；(4)一方当事人对于另一方当事人主张的于己不利的事实既不承认也不否认，经审判人员说明并询问后，其仍然不明确表示肯定或者否定的。

诉讼过程中，借贷一方当事人自认的事实，对当事人和法院均产生拘束力。

典型案例

裁判要点

在诉讼过程中，借款人陈述其对出借人的欠款金额的事实构成自认，法院对欠款金额予以认定。

案情简介①

2016年12月至2020年12月29日，王某通过银行转账、微信、支付宝转账等方式，多次向马某支付共计1,175,085元。截至2020年12月31日的账户明细显示，马某向王某支付1,208,118元，还依据王某指示向案外人支付款项335,560元。此期间，马某出具无落款时间的借条一份，记载："今马某借王某现金494000(肆拾玖万肆仟圆整)。借款人马某。"另外，在双方微信聊天截屏中有"本钱赶紧还""我的微信今天超限了12点准时给你转利息"等言语表述。2021年11月22日，王某提出书面意见，"双方在2021年1月4日协商还款过程中，马某自认尚欠12.7万元本金……为化

① 参见马某与王某民间借贷纠纷案，新疆维吾尔自治区乌鲁木齐市中级人民法院(2022)新01民终847号民事判决书。

解矛盾，息诉止争，对于马某自认尚欠 12.7 万元本金的事实予以认可，并以此金额主张”。

裁判观点

二审法院认为，最高人民法院《关于民事诉讼证据的若干规定》第 3 条规定：“在诉讼过程中，一方当事人陈述的于己不利的事实，或者对于己不利的事实明确表示承认的，另一方当事人无需举证证明。在证据交换、询问、调查过程中，或者在起诉状、答辩状、代理词等书面材料中，当事人明确承认于己不利的事实的，适用前款规定。”本案中，视频中显示马某陈述其对王某欠款 12.7 万元，系在王某提起诉讼期间，马某的陈述构成自认。马某称其系在不清楚已经多还款的前提下作此陈述，其已经还清全部款项，即使为其自认的事实，亦与已经查明的事实不符，不应作为法院定案的依据。因马某对王某的欠条原件未收回，其并未作出合理说明，马某称其多还款，王某称还款还包含利息，虽然在借条中未约定利息，但双方如已经实际支付利息，不超过法律规定的上限，并不违反法律规定，故马某所称多还款，实际应包含相应利息，不能据此推定一审法院认定事实错误，其该项理由不能成立，二审法院不予采纳。（本案法律关系参见表 24）

表 24　争议焦点之一：马某陈述其对王某欠款 12.7 万元的事实是否构成自认

诉讼主体		观点
当事人	王某	马某多次自认尚欠 12.7 万元的本金未偿还，王某提供的视频及微信聊天记录可以佐证该事实，属于自认
	马某	其系在不清楚已经多还款的前提下作此陈述，与已经查明的事实不符，不应作为法院定案依据
法院		在王某提起诉讼期间，马某陈述其对王某欠款 12.7 万元的事实构成自认

案例评析

本案是关于自认规则的典型案例。

首先，自认的概念及法律效果。自认，是指当事人陈述于己不利的事实，或者对于己不利的事实明确表示承认。自认必须发生在诉讼过程中，在证据交换、询问、调查过程中，或者在起诉状、答辩状、代理词等书面材料中，当事人明确承认于己不利的事实的，同样适用。

自认一般应明确表示，但拟制自认除外。拟制自认，是指在审判人员进行释明后对另一方当事人主张的于己不利的事实仍然默示，视为对该事实的承认。拟制自认中法官释明的内容应当包括：(1)对事实本身的说明；(2)对当事人默示行为所可能产生的法律后果的说明。

自认产生的法律效果为：(1)当事人一方陈述于己不利的事实或者承认于己不利的事实后，不能任意撤销或者变更；(2)免除了另一方当事人对该事实的举证证明；(3)法院对当事人自认事实原则上予以确认，但自认事实与法院查明的事实不符的，法院不予确认。

其次，自认的限制。不适用自认规则的情形有如下几种：(1)涉及可能损害国家利益、社会公共利益的；(2)涉及身份关系的；(3)涉及污染环境等公益诉讼的；(4)当事人有恶意串通损害他人合法权益可能的；(5)涉及依职权追加当事人、中止诉讼、终结诉讼、回避等程序性事项的。同时，自认事实与法院查明的事实不符的，法院不予确认。

最后，自认的撤销。当事人基于自身诉讼权利的处分，在法院庭审过程中，自认的认定及效力，对一审、二审法院均产生法律拘束力。无正当理由，作出自认的当事人不能予以推翻。但在经对方当事人同意或者自认是在受胁迫或重大误解情况下作出的，当事人在法庭辩论终结前可撤销自认。

类案参考

裁判要点

一方当事人对于另一方当事人主张的于己不利的事实有附加条件地予以承认的，由法院综合案件情况决定是否构成自认。

裁判观点

在袁某、董某诉钟某、管某民间借贷纠纷案[①]中，法院认为，本案中，双方均认可存在借贷关系，仅对本金数额、利息标准、还款期限存在异议，故法院对双方之间的借贷关系予以确认。关于本金数额，自然人之间借款，双方对支付利息没有约定或者约定不明，应当视为借期内没有利息。袁某、董某主张双方约定了月息1%的利息，钟某、管某对此不予认可，根据民事诉讼证据“谁主张，谁举证”的规则，袁某、董某应当承担举证责任，因袁某、

① 参见陕西省西安市雁塔区人民法院民事判决书，(2021)陕0113民初17448号。

董某未提供充分佐证，法院对其主张不予采纳。故在本案中，钟某、管某偿还袁某、董某的款项均应视为本金，经过计算，钟某、管某尚欠袁某、董某借款本金 1,700,855 元。袁某、董某称钟某、管某在微信聊天记录中明确认可借款本金 200 万元，但是钟某、管某明确表示认可 200 万元的前提是双方不再计算后续利息，且未约定还款期限。最高人民法院《关于民事诉讼证据的若干规定》第 7 条规定："一方当事人对于另一方当事人主张的于己不利的事实有所限制或者附加条件予以承认的，由人民法院综合案件情况决定是否构成自认。"因此，根据公平原则，结合双方提交的证据及陈述，考虑双方并未就重新确定的借款本金及利息、展期等达成一致意见，故法院对袁某、董某的主张不予采纳。

106 在诉讼过程中，借贷一方当事人可否就查明事实的专门性问题向法院申请鉴定？

要点解答

在借款合同纠纷诉讼中，借贷一方当事人可以就查明事实的专门性问题向法院申请鉴定，如笔迹真伪鉴定、印章真伪鉴定等。对于鉴定人的确定，由双方当事人协商确定；协商不成的，由法院指定。当事人未申请鉴定，法院对专门性问题认为需要鉴定的，应当委托具备资格的鉴定人进行鉴定。当事人对鉴定意见有异议的，可申请重新鉴定。

对于专门性问题所作出的鉴定意见，属于借款合同纠纷诉讼的一项重要证据。

典型案例

裁判要点

审查再审申请期间，再审当事人申请人民法院委托鉴定的，人民法院不予准许。

案情简介[①]

杨某、冯某、韩某申请再审称，杨某、冯某、韩某因在子某公司贷款到期，资金周转困难，需要垫资解押。申请人陈某借款290万元。2020年7月16日，陈某分三笔转账290万元，杨某、冯某、韩某出具收条，并让杨某、冯某、韩某只在空白《借款合同》上签字、捺指印。申请对《借款合同》和业务登记表原件调查取证，进行笔迹鉴定。

裁判观点

法院认为，当事人对自己提出的诉讼请求所依据的事实或者反驳对方诉讼请求所依据的事实，应当提供证据加以证明，但法律另有规定的除外。在作出判决前，当事人未能提供证据或者证据不足以证明其事实主张的，由负有举证证明责任的当事人承担不利的后果。本案中，涉案《借款合同》签订于2020年7月，杨某、冯某、韩某于2020年8月5日、8月15日支付两笔29,000元，于8月14日支付4500元。陈某于2021年1月13日提起诉讼，要求杨某、冯某、韩某自2020年9月1日起支付逾期利息，不违背最高人民法院《关于审理民间借贷案件适用法律若干问题的规定》(2020年修正)第31条之规定。杨某、冯某、韩某主张应自2020年10月1日起算，按全国银行间同业拆借中心公布的贷款市场报价利率的1倍标准计付逾期利息，缺乏依据。依据最高人民法院《关于适用〈中华人民共和国民事诉讼法〉的解释》第397条"审查再审申请期间，再审申请人申请人民法院委托鉴定、勘验的，人民法院不予准许"之规定，对杨某所提对《借款合同》和业务登记表原件进行笔迹鉴定之申请，法院不予准许。

107 借款人不偿还到期债务，出借人能否向法院申请支付令？

要点解答

借款人不偿还到期债务的，出借人可向借款人住所地的基层法院书面申

① 参见杨某、冯某、韩某与陈某民间借贷纠纷案，北京市高级人民法院(2022)京民申233号民事裁定书。

请支付令。申请支付令应当符合以下条件:(1)出借人请求借款人给付的标的是金钱等有价证券;(2)债务已到期且数额确定;(3)借贷双方不存在对等给付义务;(4)支付令必须能够送达借款人;(5)出借人未向法院申请诉前保全。借款人应当自收到支付令之日起15日内清偿债务,或者向法院提出书面异议。否则,出借人可以向法院申请执行。

出借人向法院申请支付令,方便快捷还便宜。

典型案例

裁判要点

债务人对督促程序提出异议致使督促程序终结的,申请费由申请人负担,申请人另行起诉的,可以将申请费列入诉讼请求;未列为诉讼请求的,法院不予审查。

案情简介[①]

兰某与徐某于2018年9月27日办理离婚登记手续。兰某自2018年12月16日起至2021年7月13日止向徐某微信转账共计112,859.50元;徐某自2019年1月30日起至2020年1月24日止向兰某微信转账共计21,252.73元。兰某认为其用支付宝向兰某转的全部款项及部分微信转账均系双方之间的借款,并认为徐某向兰某的微信转账系向其归还借款,剩余借款本金共计为104,900元,现起诉要求徐某归还借款。

裁判观点

二审法院认为,关于兰某称本案是支付令失效后转入诉讼程序,一审法院按照另行起诉程序再次收取兰某的全额诉讼费错误的问题,因兰某于2021年9月26日向一审法院申请支付令,一审法院审查后于2021年9月28日作出支付令,徐某收到支付令后于2021年10月9日提出书面异议,一审法院审查后于2021年10月11日作出民事裁定书,终结了本案的督促程序。根据《诉讼费用交纳办法》第36条“债务人对督促程序未提出异议的,申请费由债务人负担。债务人对督促程序提出异议致使督促程序终结的,申请费由申请人负担;申请人另行起诉的,可以将申请费列入诉讼请求”之规定,因本案涉及的支付令因债务人提出异议而终结,申请费用应由兰某

① 参见兰某与徐某间借贷纠纷案,甘肃省平凉市中级人民法院(2022)甘08民终15号民事判决书。

负担，且兰某在起诉时并未将申请费列为诉讼请求，故一审法院对支付令涉及的申请费未予审查正确，兰某的理由不能成立。

108 借款人不偿还到期债务的，享有担保物权的出借人可采取何种措施？

要点解答

借款人不偿还有物权担保的到期债务的，出借人可向担保财产所在地或者担保物权登记地基层法院申请实现担保物权。法院受理出借人的申请后，经审查，符合法律规定的，裁定拍卖、变卖担保财产，出借人依据该裁定可以向法院申请执行；不符合法律规定的，裁定驳回申请，出借人可以向法院提起诉讼。

实现担保物权特别程序实行一审终审机制，此类案件不适用调解。

典型案例

裁判要点

借款人不偿还到期债务的，抵押权人可向法院申请实现担保物权。

案情简介[①]

2018年11月12日，案外人周某与长沙某银行先锋支行签订《最高额借款合同》，约定长沙某银行先锋支行向周某提供最高限额不超过2,570,000元的借款，借款期限自2018年11月12日起至2021年11月11日止。同日，长沙某银行先锋支行与林某签订《最高额抵押合同》，约定林某自愿以其所有的位于长沙市的某处房屋为周某向长沙某银行先锋支行的借款在最高额2,570,000元范围内提供抵押担保。2018年11月13日，长沙某银行先锋支行与林某就涉案房屋办理了抵押登记手续。2019年11月18日，长沙某银行先锋支行向周某发放了贷款1,500,000元，周某出具

① 参见长沙某银行湘江支行与林某实现担保物权案，湖南省长沙市天心区人民法院(2021)湘0103民特710号民事裁定书。

了《借款借据》，确认收到借款 1，500，000 元，借款日期自 2019 年 11 月 18 日起至 2020 年 11 月 17 日止，利率为浮动利率，执行利率为 6.7426%。

因长沙某银行内部调整改制，确认长沙某银行先锋支行为长沙某银行湘江支行的二级支行，长沙某银行先锋支行的债权债务由长沙某银行湘江支行承接。

裁判观点

法院认为，长沙某银行先锋支行与周某之间的借贷关系依法成立，长沙某银行先锋支行依约履行了款项的出借义务，周某应当按约履行还款义务，但其逾期还款，构成违约。因长沙某银行先锋支行与林某签订了《最高额抵押合同》，系双方真实意思表示，内容不违反法律、行政法规的规定，合同合法有效。林某自愿以其所有的，位于长沙市的某处房屋为周某向长沙某银行先锋支行的借款在最高额 2，570，000 元范围内提供抵押担保，且办理了抵押登记，该抵押房产未设定其他在先抵押，且因长沙某银行内部调整改制，确定长沙某银行先锋支行的债权债务由长沙某银行湘江支行承接，故长沙某银行湘江支行请求对林某实现担保物权符合法律规定，法院予以支持。

附录一

相关法条

最高人民法院《关于审理民间借贷案件适用法律若干问题的规定》

第一条 本规定所称的民间借贷，是指自然人、法人和非法人组织之间进行资金融通的行为。

经金融监管部门批准设立的从事贷款业务的金融机构及其分支机构，因发放贷款等相关金融业务引发的纠纷，不适用本规定。

第二条 出借人向人民法院提起民间借贷诉讼时，应当提供借据、收据、欠条等债权凭证以及其他能够证明借贷法律关系存在的证据。

当事人持有的借据、收据、欠条等债权凭证没有载明债权人，持有债权凭证的当事人提起民间借贷诉讼的，人民法院应予受理。被告对原告的债权人资格提出有事实依据的抗辩，人民法院经审查认为原告不具有债权人资格的，裁定驳回起诉。

第三条 借贷双方就合同履行地未约定或者约定不明确，事后未达成补充协议，按照合同相关条款或者交易习惯仍不能确定的，以接受货币一方所在地为合同履行地。

第四条 保证人为借款人提供连带责任保证，出借人仅起诉借款人的，人民法院可以不追加保证人为共同被告；出借人仅起诉保证人的，人民法院可以追加借款人为共同被告。

保证人为借款人提供一般保证，出借人仅起诉保证人的，人民法院应当追加借款人为共同被告；出借人仅起诉借款人的，人民法院可以不追加保证人为共同被告。

第五条 人民法院立案后，发现民间借贷行为本身涉嫌非法集资等犯罪的，应当裁定驳回起诉，并将涉嫌非法集资等犯罪的线索、材料移送公安或者检察机关。

公安或者检察机关不予立案，或者立案侦查后撤销案件，或者检察机关作出不起诉决定，或者经人民法院生效判决认定不构成非法集资等犯罪，当事人又以同一事实向人民法院提起诉讼的，人民法院应予受理。

第六条 人民法院立案后，发现与民间借贷纠纷案件虽有关联但不是同一事实的涉嫌非法集资等犯罪的线索、材料的，人民法院应当继续审理民间借贷纠纷案件，并将涉嫌非法集资等犯罪的线索、材料移送公安或者检察机关。

第七条 民间借贷纠纷的基本案件事实必须以刑事案件的审理结果为依据，而该刑事案件尚未审结的，人民法院应当裁定中止诉讼。

第八条 借款人涉嫌犯罪或者生效判决认定其有罪，出借人起诉请求担保人承担民事责任的，人民法院应予受理。

第九条 自然人之间的借款合同具有下列情形之一的，可以视为合同成立：

（一）以现金支付的，自借款人收到借款时；

（二）以银行转账、网上电子汇款等形式支付的，自资金到达借款人账户时；

（三）以票据交付的，自借款人依法取得票据权利时；

（四）出借人将特定资金账户支配权授权给借款人的，自借款人取得对该账户实际支配权时；

（五）出借人以与借款人约定的其他方式提供借款并实际履行完成时。

第十条 法人之间、非法人组织之间以及它们相互之间为生产、经营需要订立的民间借贷合同，除存在民法典第一百四十六条、第一百五十三条、第一百五十四条以及本规定第十三条规定的情形外，当事人主张民间借贷合同有效的，人民法院应予支持。

第十一条 法人或者非法人组织在本单位内部通过借款形式向职工筹集资金，用于本单位生产、经营，且不存在民法典第一百四十四条、第一百四十六条、第一百五十三条、第一百五十四条以及本规定第十三条规定的情形，当事人主张民间借贷合同有效的，人民法院应予支持。

第十二条 借款人或者出借人的借贷行为涉嫌犯罪，或者已经生效的裁判认定构成犯罪，当事人提起民事诉讼的，民间借贷合同并不当然无效。人民法院应当依据民法典第一百四十四条、第一百四十六条、第一百五十三条、第一百五十四条以及本规定第十三条之规定，认定民间借贷合同的效力。

担保人以借款人或者出借人的借贷行为涉嫌犯罪或者已经生效的裁判

认定构成犯罪为由，主张不承担民事责任的，人民法院应当依据民间借贷合同与担保合同的效力、当事人的过错程度，依法确定担保人的民事责任。

第十三条 具有下列情形之一的，人民法院应当认定民间借贷合同无效：

（一）套取金融机构贷款转贷的；

（二）以向其他营利法人借贷、向本单位职工集资，或者以向公众非法吸收存款等方式取得的资金转贷的；

（三）未依法取得放贷资格的出借人，以营利为目的向社会不特定对象提供借款的；

（四）出借人事先知道或者应当知道借款人借款用于违法犯罪活动仍然提供借款的；

（五）违反法律、行政法规强制性规定的；

（六）违背公序良俗的。

第十四条 原告以借据、收据、欠条等债权凭证为依据提起民间借贷诉讼，被告依据基础法律关系提出抗辩或者反诉，并提供证据证明债权纠纷非民间借贷行为引起的，人民法院应当依据查明的案件事实，按照基础法律关系审理。

当事人通过调解、和解或者清算达成的债权债务协议，不适用前款规定。

第十五条 原告仅依据借据、收据、欠条等债权凭证提起民间借贷诉讼，被告抗辩已经偿还借款的，被告应当对其主张提供证据证明。被告提供相应证据证明其主张后，原告仍应就借贷关系的存续承担举证责任。

被告抗辩借贷行为尚未实际发生并能作出合理说明的，人民法院应当结合借贷金额、款项交付、当事人的经济能力、当地或者当事人之间的交易方式、交易习惯、当事人财产变动情况以及证人证言等事实和因素，综合判断查证借贷事实是否发生。

第十六条 原告仅依据金融机构的转账凭证提起民间借贷诉讼，被告抗辩转账系偿还双方之前借款或者其他债务的，被告应当对其主张提供证据证明。被告提供相应证据证明其主张后，原告仍应就借贷关系的成立承担举证责任。

第十七条 依据最高人民法院《关于适用〈中华人民共和国民事诉讼法〉的解释》第一百七十四条第二款之规定，负有举证责任的原告无正当理由拒不到庭，经审查现有证据无法确认借贷行为、借贷金额、支付方式等案件主要事实的，人民法院对原告主张的事实不予认定。

第十八条 人民法院审理民间借贷纠纷案件时发现有下列情形之一的，应当严格审查借贷发生的原因、时间、地点、款项来源、交付方式、款项流向以及借贷双方的关系、经济状况等事实，综合判断是否属于虚假民事诉讼：

（一）出借人明显不具备出借能力；

（二）出借人起诉所依据的事实和理由明显不符合常理；

（三）出借人不能提交债权凭证或者提交的债权凭证存在伪造的可能；

（四）当事人双方在一定期限内多次参加民间借贷诉讼；

（五）当事人无正当理由拒不到庭参加诉讼，委托代理人对借贷事实陈述不清或者陈述前后矛盾；

（六）当事人双方对借贷事实的发生没有任何争议或者诉辩明显不符合常理；

（七）借款人的配偶或者合伙人、案外人的其他债权人提出有事实依据的异议；

（八）当事人在其他纠纷中存在低价转让财产的情形；

（九）当事人不正当放弃权利；

（十）其他可能存在虚假民间借贷诉讼的情形。

第十九条 经查明属于虚假民间借贷诉讼，原告申请撤诉的，人民法院不予准许，并应当依据民事诉讼法第一百一十二条之规定，判决驳回其请求。

诉讼参与人或者其他人恶意制造、参与虚假诉讼，人民法院应当依据民事诉讼法第一百一十一条、第一百一十二条和第一百一十三条之规定，依法予以罚款、拘留；构成犯罪的，应当移送有管辖权的司法机关追究刑事责任。

单位恶意制造、参与虚假诉讼的，人民法院应当对该单位进行罚款，并可以对其主要负责人或者直接责任人员予以罚款、拘留；构成犯罪的，应当移送有管辖权的司法机关追究刑事责任。

第二十条 他人在借据、收据、欠条等债权凭证或者借款合同上签名或者盖章，但是未表明其保证人身份或者承担保证责任，或者通过其他事实不能推定其为保证人，出借人请求其承担保证责任的，人民法院不予支持。

第二十一条 借贷双方通过网络贷款平台形成借贷关系，网络贷款平台的提供者仅提供媒介服务，当事人请求其承担担保责任的，人民法院不予支持。

网络贷款平台的提供者通过网页、广告或者其他媒介明示或者有其他证据证明其为借贷提供担保，出借人请求网络贷款平台的提供者承担担保责任的，人民法院应予支持。

第二十二条 法人的法定代表人或者非法人组织的负责人以单位名义与出借人签订民间借贷合同，有证据证明所借款项系法定代表人或者负责人个人使用，出借人请求将法定代表人或者负责人列为共同被告或者第三人的，人民法院应予准许。

法人的法定代表人或者非法人组织的负责人以个人名义与出借人订立民间借贷合同，所借款项用于单位生产经营，出借人请求单位与个人共同承担责任的，人民法院应予支持。

第二十三条 当事人以订立买卖合同作为民间借贷合同的担保，借款到期后借款人不能还款，出借人请求履行买卖合同的，人民法院应当按照民间借贷法律关系审理。当事人根据法庭审理情况变更诉讼请求的，人民法院应当准许。

按照民间借贷法律关系审理作出的判决生效后，借款人不履行生效判决确定的金钱债务，出借人可以申请拍卖买卖合同标的物，以偿还债务。就拍卖所得的价款与应偿还借款本息之间的差额，借款人或者出借人有权主张返还或者补偿。

第二十四条 借贷双方没有约定利息，出借人主张支付利息的，人民法院不予支持。

自然人之间借贷对利息约定不明，出借人主张支付利息的，人民法院不予支持。除自然人之间借贷的外，借贷双方对借贷利息约定不明，出借人主张利息的，人民法院应当结合民间借贷合同的内容，并根据当地或者当事人的交易方式、交易习惯、市场报价利率等因素确定利息。

第二十五条 出借人请求借款人按照合同约定利率支付利息的，人民法院应予支持，但是双方约定的利率超过合同成立时一年期贷款市场报价利率四倍的除外。

前款所称“一年期贷款市场报价利率”，是指中国人民银行授权全国银行间同业拆借中心自2019年8月20日起每月发布的一年期贷款市场报价利率。

第二十六条 借据、收据、欠条等债权凭证载明的借款金额，一般认定为本金。预先在本金中扣除利息的，人民法院应当将实际出借的金额认定为本金。

第二十七条 借贷双方对前期借款本息结算后将利息计入后期借款本金并重新出具债权凭证，如果前期利率没有超过合同成立时一年期贷款市场报价利率四倍，重新出具的债权凭证载明的金额可认定为后期借款本金。超过部分的利息，不应认定为后期借款本金。

按前款计算，借款人在借款期间届满后应当支付的本息之和，超过以最初借款本金与以最初借款本金为基数、以合同成立时一年期贷款市场报价利率四倍计算的整个借款期间的利息之和的，人民法院不予支持。

第二十八条 借贷双方对逾期利率有约定的，从其约定，但是以不超过合同成立时一年期贷款市场报价利率四倍为限。

未约定逾期利率或者约定不明的，人民法院可以区分不同情况处理：

（一）既未约定借期内利率，也未约定逾期利率，出借人主张借款人自逾期还款之日起参照当时一年期贷款市场报价利率标准计算的利息承担逾期还款违约责任的，人民法院应予支持；

（二）约定了借期内利率但是未约定逾期利率，出借人主张借款人自逾期还款之日起按照借期内利率支付资金占用期间利息的，人民法院应予支持。

第二十九条 出借人与借款人既约定了逾期利率，又约定了违约金或者其他费用，出借人可以选择主张逾期利息、违约金或者其他费用，也可以一并主张，但是总计超过合同成立时一年期贷款市场报价利率四倍的部分，人民法院不予支持。

第三十条 借款人可以提前偿还借款，但是当事人另有约定的除外。

借款人提前偿还借款并主张按照实际借款期限计算利息的，人民法院应予支持。

第三十一条 本规定施行后，人民法院新受理的一审民间借贷纠纷案件，适用本规定。

2020年8月20日之后新受理的一审民间借贷案件，借贷合同成立于2020年8月20日之前，当事人请求适用当时的司法解释计算自合同成立到2020年8月19日的利息部分的，人民法院应予支持；对于自2020年8月20日到借款返还之日的利息部分，适用起诉时本规定的利率保护标准计算。

本规定施行后，最高人民法院以前作出的相关司法解释与本规定不一致的，以本规定为准。

附录二

相关文书模板

借条模板

借　条

借款人因 __________（借款用途），今通过银行转账向出借人________借到人民币 ________ 元整（大写：__________ 元整），月利率__________ %，于 _______ 年 ______ 月_____ 日到期时还本付息。逾期未还，则按月利率 __________ % 计付逾期利息。

如任何一方违约，守约方为维护权益向违约方追偿的一切费用（包括但不限于律师费、诉讼费、保全担保费、交通费、差旅费、鉴定费等）均由违约方承担。

保证人 ________ 自愿向出借人 ________ 提供 __________（连带 / 一般）责任保证，保证担保范围包括全部借款本金、利息、逾期利息、出借人实现债权的费用和借款人所有其他应付费用，保证期间为__________ 。

身份证载明的各方住址可作为送达催款函、对账单、法院送达诉讼文书的地址，因载明的地址有误或未及时告知变更后的地址，导致相关文书及诉讼文书未能实际被接收、邮寄送达的，相关文书及诉讼文书退回之日即视为送达之日。因借款发生纠纷的，由出借人经常居住地人民法院管辖。

借款人：	保证人：
身份证号：	身份证号：
住址：	住址：
联系电话：	联系电话：
年　月　日	年　月　日

欠条模板

欠　条

因 ________________（产生原因），经双方结算，尚欠___________人民币___________ 元整。将于 ________ 年 ____ 月 ____ 日前一次性还清，如逾期未还，按月利率 ______ % 支付利息。

欠款人：

年　月　日

*** 特别提醒：**

（1）欠条产生的原因是多方面的，借款、买卖、服务、赔偿均可能产生。

（2）金额应当大小写一致。

（3）应当附欠款人身份证明材料。

起诉状模板

民事起诉状

原告：甲某，男，_______ 年 _______ 月 _______ 日出生，_____族，住 ___________ ，身份证号码 ____________ ，联系电话 __________ 。

被告：乙某，女，_______ 年 _______ 月 _______ 日出生，_____族，住 ____________ ，身份证号码 ___________ ，联系电话 ___________ 。

诉讼请求：（根据案件实际选择项）

1. 请求判令被告乙某偿还原告欠款本金及利息 ______ 元；

2. 请求判令被告乙某向原告支付违约金 ______ 元；

3. 请求判令被告 ____________ 对上述款项承担共同偿还责任；

4. 请求判令被告 ____________ 对上述款项承担连带清偿责任；

5. 请求判令原告对被告 __________ 提供的抵押/质押物折价或拍卖、变卖所得价款享有优先受偿权；

6. 请求判令被告 ____________ 对上述款项承担补充赔偿责任；

7. 请求判令被告承担原告为实现债权的律师费、差旅费、保全费等 __________ 元；

8. 请求判令案件受理费由被告承担。

事实与理由：

……（写明借款的原因，借款的期限及利息，夫妻关系事实，担保情况，被告的还本付息情况，确定尚欠借款的金额等）。

原告为保护自己的合法权益，特向法院提起诉讼，请求法院判决支持原告的诉讼请求。

此致

____________ 法院

附：

1. 起诉状副本 __________ 份；

2. 相关证据。

具状人：

______ 年 ____ 月 ____ 日

答辩状模板

民事答辩状

答辩人：乙某，女，_______ 年 _______ 月 _______ 日出生，_____ 族，住 __________，身份证号码 ________，联系电话 ______。

被答辩人：甲某，男，_______ 年 _______ _______ 日出生，_____ 族，住 __________，身份证号码 _______，联系电话 ______。

因甲某诉乙某民间借贷纠纷一案，现答辩人根据法律规定，结合案件事实，针对被答辩人的诉讼请求和陈述作出如下答辩：

……（写明借款未支付，借款已清偿完毕，借款合同无效，不属于夫妻共同债务，担保期限已届满，担保合同无效，股东出资已到位，出资期限未至，不存在人格混同等）。

综上所述，____________。请求人民法院查明事实，秉公处理，以维护答辩人的合法权益。

此致

____________法院

附：

相关证据。

答辩人：

______年____月____日

证据目录模板

证据目录（原告提交）

编号	证据名称	证明内容及对象	证据来源	页数	备注
1	原告身份资料	原告主体适格	原告提供	1	
2	被告身份资料	被告主体适格	被告提供	2	
3	借条	原被告之间存在借贷关系，被告向原告借款______元，尚欠借款本金及利息________元	被告提供	2	
4	支付凭证	原告通过银行转账向被告支付了________元	原告提供	3	
……					

支付令申请书模板

支付令申请书

申请人：甲某，男，______年______月______日出生，____族，住__________，身份证号码__________，联系电话__________。

被申请人：乙某，女，______年______月______日出生，____族，住____________，身份证号码________，联系电话__________。

请求事项：

1. 请求贵院向被申请人发布支付令，督促被申请人偿还欠款及利息__________元；

2. 请求本案申请费由被申请人承担。

事实与理由：

……（写明借款的原因，借款的期限及利息，申请人的还本付息情况，确定尚欠借款的金额等）。

申请人为保护自己的合法权益，特向法院提出申请，请求法院支持申请人的请求。

此致

__________法院

附：

相关证据。

申请人：

______年____月____日